幼儿园家庭教育指导形式与方法

晏 红◎著

中国轻工业出版社

图书在版编目(CIP)数据

幼儿园家庭教育指导形式与方法/晏红著. —北京：中国轻工业出版社，2013.8（2019.9重印）
ISBN 978-7-5019-9322-2

Ⅰ.①幼… Ⅱ.①晏… Ⅲ.①学前儿童－家庭教育 Ⅳ.①G78

中国版本图书馆CIP数据核字（2013）第131698号

总 策 划：石铁
策划编辑：高君　　　　　　责任终审：杜文勇
责任编辑：吴红　高君　　　责任监印：刘志颖

出版发行：中国轻工业出版社（北京东长安街6号，邮编：100740）
印　　刷：三河市鑫金马印装有限公司
经　　销：各地新华书店
版　　次：2019年9月第1版第3次印刷
开　　本：710×1000　1/16　印张：16.50
字　　数：169千字
印　　数：7001—9000
书　　号：ISBN 978-7-5019-9322-2　定价：34.00元

读者热线：010-65181109，65262933
发行电话：010-85119832　传真：010-85113293
网　　址：http://www.chlip.com.cn　http://www.wqedu.com
电子信箱：1012305542@qq.com
如发现图书残缺请与我社联系调换
130362Y1X101ZBW

前　言

很多幼儿教师都深有感触：班级工作好做，家长工作难做；小朋友好照顾，"大朋友"难照顾。有些初入职的教师甚至没有想到，原来幼儿园教育不只是面对幼儿，还要面对家长做很多工作，如果家长工作开展得不顺利，幼儿教育效果会大打折扣。其实，这就是幼儿教育的特点。家长是幼儿的第一任启蒙教师，会对孩子产生持久的、深刻的影响，幼儿园教师必须与孩子的"启蒙老师"加强沟通、携手并进，才能圆满地实现幼儿教育目的。正如前苏联著名教育家苏霍姆林斯基在《给教师的建议》中所说：教育的完善意味着家庭作用的增强。两个"教育者"——学校和家庭，不仅要一致行动，要向儿童提出同样的要求，而且要志同道合，始终从同样的原则出发，无论是在教育的目的上、过程上还是手段上，都不要发生分歧。只有在这样的条件下，才能有助于儿童实现和谐的全面发展。

即使坚定了"志同道合"的家园共育信念，有的教师还是感觉力不从心。有的教师认为现在很多家长的学历比自己高，他们重视家庭教育，关于家庭教育的知识和信息了解得比自己多，与他们沟通的时候感觉自己"指导"不了家长，很难让家长信任自己。也有人持有一种片面观点，认为幼儿园和幼儿教师的主要任务是为家长提供服务，于是在实践中存在迎合家长需求、弱化幼儿园指导家庭教育功能的情况。以上情况只能说明幼儿教师在家庭教育指导方面遇到的困难与问题，却不应该是教师否认或者忽视幼儿园指导家庭教育的正当理由。

家庭教育指导是幼儿教师既熟悉又陌生的一个领域。熟悉的原因在于教师每天都在接触家长，每天都会涉及一些家长工作；陌生的原因在于教师对家庭教育指导未必完全了解，未必都受过专业培训。家庭教育指导与幼儿园教育指导有很大的差异。幼儿园的主要教育对象是未成年人，是以儿童心理学和儿童教育学为主要依据，属于基础教育。家庭教育指导属于成人教育、继续教育和家庭教育领域，它所涉及的主要教育对象是成人，是以家庭教育学为主要依据的，属于继续教育和终身教育的范畴。而幼儿教师每天不仅要与幼儿打交道，还要与大量的家长打交道，可以说，家庭教育指导能力是幼儿教师的一项基本功。因此，接受过幼儿师范学校教育的教师如果仅仅掌握了系统的幼儿教育学与幼儿心理学知识以及娴熟的教育技能，却缺乏家庭教育专业知识，不知道家庭教育指导的基本规律，不了解家长的基本特点，那么进入幼儿园工作的时候，就不知道如何开展家长工作，不会回答家长的问题，有的年轻教师甚至不敢与家长沟通。

长期以来，家庭教育指导的研究、教学与培训一直处于基础薄弱的状态。绝大部分文献资料都是以家长为指导对象的，目的是指导家长怎样做好家庭教育；而以教师为指导对象，指导教师怎样帮助家长做好家庭教育，一直缺乏持续、系统和深入的研究。即使是以培养幼儿教育师资为己任的幼儿师范学校，家庭教育指导在它的课程体系中也是非常薄弱的；幼儿教师入职之后的继续教育和园本培训也较少涉及家庭教育指导方面的专业指导与培训。这种薄弱的研究、教学与培训现状与教师迫切的实践工作需求形成鲜明的反差。

本书愿为减少这种反差而尽绵薄之力。本书共包含十三章，第二至十三章介绍了十二种家庭教育指导形式，基本概括了目前绝大多数幼儿园可实施的家庭教育指导形式及其方法，帮助教师树立"一览无余"的系统观念，为教师"高屋建瓴"地选择和实施家庭教育指导方式提供参考。

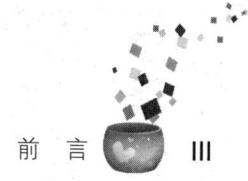

第一章虽然不是家庭教育指导形式,但它是本书的"纲领",力图帮助幼儿教师了解家庭教育指导的基本专业知识与基本专业理论,它是正确操作家庭教育指导形式的基础,帮助教师更加清楚地认识到家庭教育指导是幼儿教师的一项基本功。

家庭教育指导既是幼儿园的传统工作、常规工作,也是一个需要不断创新的工作。但愿本书具有启发和借鉴作用,为幼儿教师开创家庭教育指导工作的新局面助一臂之力!

晏 红

2013年4月于清华园

目 录

◆ ◆ ◆

第一章　家庭教育指导能力是幼儿教师的基本功……………………1
　　一、家庭教育指导是幼儿教育工作的重要内容…………………2
　　二、幼儿教师指导家庭教育必备的能力…………………………3
　　三、幼儿教师在家庭教育指导方面的主要问题…………………7
　　四、幼儿家庭教育指导工作的难点………………………………10
　　五、幼儿家长最需要的家庭教育指导内容与形式………………18
　　六、指导、服务与合作相辅相成…………………………………20
　　七、幼儿教师与幼儿家长共同成长………………………………23

第二章　发挥家长委员会的凝聚作用………………………………27
　　一、家长委员会的特殊意义………………………………………27
　　二、家长委员会存在的主要问题…………………………………30
　　三、家长委员会的选举与组建……………………………………32
　　四、家长委员会工作开展方法……………………………………40

第三章　让家长学校有实效…………………………………………49
　　一、家长学校的特殊意义…………………………………………49
　　二、当前家长学校存在的主要问题………………………………50
　　三、家长学校的组织管理与建设…………………………………53
　　四、家长学校工作开展方法………………………………………57

第四章　让家长开放日活动巩固家长的信任……63
- 一、家长开放日活动的特殊意义……63
- 二、家长开放日活动存在的主要问题……65
- 三、家长开放日活动的多种形式与设计方案……68
- 四、家长开放日活动的组织与实施策略……76

第五章　把家长会还给家长……89
- 一、家长会的特殊意义……89
- 二、家长会存在的主要问题……91
- 三、家长会的多种形式与筹备……94
- 四、家长会的组织与实施策略……105

第六章　让家访成为良好家园关系的催化剂……111
- 一、传统家访式微的原因……111
- 二、传统家访的优势不可替代……112
- 三、传统家访需要创新……114
- 四、工作需要决定家访类型……116
- 五、现代家访的实施策略……119

第七章　接送交流时的家庭教育指导……127
- 一、接送交流的特殊意义……128
- 二、接送交流的类型……131
- 三、接送交流的主要内容……134
- 四、接送交流的关键策略……139
- 五、加强指导接送交流时的亲子教育……143

第八章　发挥家长志愿者的模范带头作用……147
- 一、家长志愿者的特殊意义……147
- 二、家长志愿者的组建……149
- 三、家长志愿者的工作种类……155
- 四、家长志愿者的培训……157

第九章 让个别约谈为孩子量身制作助长方案 ····· 167
- 一、个别约谈的特殊意义 ····· 168
- 二、个别约谈的主要情形 ····· 171
- 三、个别约谈的关键策略 ····· 173
- 四、个别约谈的危机处理 ····· 176

第十章 让无声的环境会说话 ····· 181
- 一、环境沟通的特殊意义 ····· 181
- 二、环境沟通的主要形式 ····· 183
- 三、环境沟通的主要内容 ····· 185
- 四、环境沟通的关键策略 ····· 189

第十一章 幼儿成长档案促进家园共育个性化 ····· 195
- 一、幼儿成长档案的特殊意义 ····· 195
- 二、幼儿成长档案的创建 ····· 198
- 三、幼儿成长档案的记录方法 ····· 203

第十二章 在幼儿园课程中渗透家庭教育指导 ····· 219
- 一、幼儿园课程的特殊意义 ····· 219
- 二、幼儿园课程在家庭教育指导中的主要问题 ····· 222
- 三、幼儿园课程渗透家庭教育指导的关键策略 ····· 226

第十三章 搭建家庭教育指导网络平台 ····· 233
- 一、家庭教育指导网络平台的特殊意义 ····· 233
- 二、家庭教育指导网络平台的主要形式 ····· 236
- 三、家庭教育指导网络平台的主要问题 ····· 238
- 四、家庭教育指导网络平台的关键策略 ····· 240
- 五、网上留言与回复的方法 ····· 243

附录 全国家庭教育指导大纲（幼儿部分） ····· 247

第一章

家庭教育指导能力是幼儿教师的基本功

◆ ◆ ◆

幼儿从家庭走进幼儿园,从此开始接受教师的关怀和教育,但是这并不意味着教师把幼儿教育好,就能完成教育任务,事实上,如果教师对家长的帮助和指导滞后,那么幼儿的发展就很有可能停滞不前。宋老师就遇到了这样的烦恼:

在与欣怡家长沟通的过程中,宋老师得知欣怡挑食,尤其不喜欢吃木耳,看到木耳就呕吐。木耳是很有营养的食物,幼儿园的食材中也经常有木耳,于是宋老师决定帮助欣怡渐渐喜欢吃木耳。宋老师先引导欣怡观察木耳的颜色与形状,并介绍木耳的营养价值,然后鼓励她先尝一小块,欣怡坚决地摇了摇头,宋老师没有勉强她。第二次吃木耳的时候,宋老师也是先耐心地教育欣怡,欣怡再次拒绝,宋老师仍没有勉强她。第三次吃木耳的时候,宋老师向欣怡"撒娇":"吃一口嘛,就吃一口。"欣怡拒绝,宋老师继续"撒娇",最后欣怡无奈地笑着吃了一口。宋老师说:"木耳没有那么难吃吧,以后是不是要吃呀?"欣怡点点头。宋老师把孩子的进步告诉了家长,并请家长配合教育孩子。但是,等到下一次吃木耳的时候,宋老师又发现欣怡一口不吃了,她问欣怡:"前几天你不是答应老师吃木耳,今天怎么不吃了?"欣怡理直气壮地说:"每次在家里吃饭,妈妈都把木耳挑出来,说不爱吃就不吃吧,所以我不吃了。"

放学的时候,宋老师把孩子的情况反馈给家长。欣怡的妈妈听后很委屈地说:"老师,您不知道,每次吃木耳,她都哭得梨花带雨,我心疼她就放弃了，只想把她交给老师，老师一定会把她管教好的。"宋老师说："您的心情我理解，可是欣怡刚不排斥吃木耳，您这么一说，我们老师就很难再培养欣怡吃木耳了。"欣怡妈妈一听着急起来："那怎么办呀？"宋老师给家长提出了四条建议：不能因为心软而放弃教育孩子；可以尝试像老师那样用"撒娇"的口吻劝孩子吃；与孩子比赛，家长吃一大口，孩子吃一小口；吃完后与孩子拉钩儿，说下一次还陪妈妈吃木耳。之后的一个星期，欣怡不吃木耳的现象果然好转，虽然她吃得少，可是已经有很大的进步。宋老师不但在全体幼儿面前表扬了欣怡，也在家长的面前表扬了她，欣怡听了很高兴。

从宋老师的家庭教育指导案例中可以看出，家长也很想培养孩子形成良好的饮食习惯，但对教师有依赖心理，也缺乏有效的方法。这是家长在家庭教育中出现的常见问题，需要教师及时给予提醒并提供适宜家长操作的小策略，最终不但可以增强家园共育的效果，也能树立教师在幼儿和家长心目中的威信，为以后深入开展工作奠定良好的基础。

一、家庭教育指导是幼儿教育工作的重要内容

正因为家庭教育指导具有使幼儿园（学校）教育工作事半功倍的效果，所以，很多教育名家都非常重视幼儿园（学校）教育对家庭教育的指导作用。我国著名的幼儿教育家陈鹤琴先生说："对于教育机构来说，家庭教育指导要解决的是儿童教育的根本问题——健康和发育、父母教育和女子教育。"前苏联教育家马卡连柯在论述学校教育和家庭教育的关系时，简洁而明确地说："学校应当领导家庭。"

可是，有的教师认为现在很多家长的学历比自己高，他们也十分重视家庭教育，关于家庭教育的知识和信息了解得比自己多，因些，与他们沟通的时候感觉自己"指导"不了家长，很难让家长信任自己。也有教师持

有一种片面观点，认为幼儿园和幼儿教师的主要任务是为家长提供服务，于是在实践中迎合家长需求，弱化幼儿园指导家庭教育的功能。以上情况只能说明幼儿教师在家庭教育指导方面遇到的困难与问题，却不应该是教师否认或者忽视幼儿园指导家庭教育的正当理由。

家庭教育指导是法律赋予教育工作者的义务与职责，我国多部教育法律对此都有明文规定。《中华人民共和国教育法》第四十九条规定："学校、教师可以对学生家长提供家庭教育指导。"《幼儿园工作规程》（以下简称《规程》）对家庭教育指导提出更加明确的要求："幼儿园应主动与幼儿家庭合作，帮助家长创设良好的家庭教育环境，向家长宣传科学保育、教育幼儿的知识，共同负担教育幼儿的任务。"《幼儿园教育指导纲要（试行）》（以下简称《纲要》）同样指出："家庭是幼儿园重要的合作伙伴。应本着尊重、平等、合作的原则，争取家长的理解、支持和主动参与，并积极支持、帮助家长提高教育能力。"

可见，幼儿园领导和班级教师应该把家庭教育指导作为日常工作的一项重要内容，一方面不逃避现实，客观地面对和分析当今家庭教育指导工作出现的新情况与新问题，另一方面积极主动地想办法加强学习、培训与研究，切实提高家庭教育指导的专业水平和实践能力，最终让孩子在幼儿园和家庭都能享受到科学的教育。

二、幼儿教师指导家庭教育必备的能力

幼儿园家庭教育指导是指幼儿园以幼儿家长为主要指导对象、以幼儿家庭教育为主要内容的教育活动，旨在帮助家长树立正确的教育观念、掌握正确的教育方法、营造良好的家庭环境，形成家园合力，促进幼儿全面、和谐、健康地成长。

家庭教育指导不同于幼儿园教育。幼儿园的主要教育对象是未成年人，是以儿童心理学和儿童教育学为主要依据，属于基础教育。家庭教育

指导属于成人教育、继续教育和家庭教育领域，它所涉及的主要教育对象是成人，以家庭教育学为主要依据，属于继续教育和终身教育的范畴。而幼儿教师每天不仅要与幼儿打交道，还要与大量的家长打交道，可以说，家庭教育指导能力是幼儿教师的一项基本功。因此，接受过幼儿师范学校教育的教师如果仅仅掌握了系统的幼儿教育学与幼儿心理学知识以及娴熟的教育技能，却缺乏家庭教育专业知识，也不了解家长的基本特点，不懂得与成人沟通的基本方法，那么，进入幼儿园工作的时候，就不知道如何开展家长工作，也不会回答家长的问题，有的甚至不敢与家长沟通。

家庭教育指导具有一定的专业性，对于幼儿教师来说，需要从以下三个方面学习和锻炼自己的能力。

（一）家园共育的意识与方法

在整个基础教育阶段，幼儿园是最重视与家长合作共育的，幼儿园与家庭的联系最密切、最频繁，这与人的成长规律密切相关。因为家长是孩子的第一任教师，家庭是孩子出生后的第一个生活环境与教育环境，家长和家庭对孩子的影响最早、最直接，也最深刻。孩子越小，对家长的依赖性就越强。我国的家庭教育经典著作《颜氏家训》说："夫同言而信，信其所亲；同命而行，行其所服。"意思是说，同样的言行指导，孩子更愿意听从父母家人的教导。父母为他们带来了生命，满足了他们的基本需求，为他们创造了生命之初的安全感，所以他们热爱、信任父母，也更乐意接受父母的教导。也正是因为这个原因，幼儿园教育需要得到家长的认可、支持与合作，才会取得良好的效果；如果家庭教育与幼儿园教育南辕北辙，幼儿园的科学保教措施也难以在幼儿身上产生实际效果。

家园共育的重要性是幼儿教育工作者必备的常识，家园共育是幼儿园的常规工作之一。《规程》第八章即"幼儿园、家庭和社区"指出，幼儿园应主动与幼儿家庭配合；应建立与家长联系的制度；应成立家长委员会等。家园共育的方法与形式也是多种多样的，大致可以分为静态的宣教

第一章 家庭教育指导能力是幼儿教师的基本功

类和动态的活动类。比如幼儿园和班级环境中出现的家庭教育宣传栏目、家园共育小报、家园联系手册以及幼儿园网络宣传平台等都属于静态的家园共育方法；动态的家园共育方法则包括家长个别沟通、家长开放日活动、亲子活动、家庭教育讲座、家长助教、家长会等。家园共育内容则会涉及幼儿园管理、班级工作、幼儿教育观念、家庭教育方法、儿童心理、个体差异以及幼儿的生活习惯、学习习惯、交往习惯和性格特点等各个方面。可以这样说，在幼儿园哪里有需要，哪里就有家园共育。牢固的家园共育意识和丰富的家园共育方法是幼儿教师应该具备的最基本的家庭教育指导能力。

（二）与家长沟通交流的能力

在幼儿园的实际工作中，有的教师非常善于组织家园共育活动，但是家长工作开展得并不顺心如意，问题主要出在与家长个别沟通方面。有的家长有较多的特殊需求，有的家长因为性格原因比较难相处，还有的家长特别袒护自己的孩子，这样的家长对教师的沟通技巧要求很高。有的教师遇到沟通困难的情况就心烦意乱，有的教师遭到沟通失败的打击后会心灰意冷地说："我见了孩子就高兴，见到某些家长就害怕，就头疼。"

可见，在幼儿教育工作中，组织活动是一种能力，与人沟通则是另一种能力，两者不能相互取代。从某种角度说，组织活动凸显"领导力"，与人沟通则凸显"攻心术"，它不是简单的张嘴说话，而是一门人际交流的科学与艺术。所有的孩子及其家长都是自己的工作对象，教师不能选择沟通对象，只能选择沟通艺术。有效的沟通取决于沟通者对沟通对象的充分了解与尊重，并依据沟通对象的个性特点采取因人而异的沟通方式。家长是一个复杂、多元的群体，有不同的年龄、性别、性格、职业和文化背景，所以教师不能无视他们的差异而采取单一、雷同的沟通方式，同时不能对每个家长进行过于主观的猜测和推断，需要整体把握他们的基本特征，为解决自己所面临的沟通问题提供参考，也就是说，教师要把家长的个性特征与共性特征有机地结合起来，才能提高与家长沟通的效率。

沟通是一门熟能生巧的技术，它的全部秘密在于现代管理学之父彼得·德鲁克所说："一个人必须知道该说什么，一个人必须知道什么时候说，一个人必须知道对谁说，一个人必须知道怎么说。"教师可以用"4个W"来记忆德鲁克所说的沟通要点，即what（说什么）、when（什么时候说）、who（对谁说）、how（怎么说），同时从这四个方面来锻炼和反思与家长的沟通技巧。

（三）家庭教育的专业知识

家庭教育的专业知识是用来解决与家长沟通"说什么"的问题。与家长聊家庭教育似乎不是一门太深奥的学问，因为人人都有家庭教育的经历与经验，但不是人人都能从专业的、科学的角度来分析和认识家庭教育现象。专业技能需要专门的学习与持久的锻炼，靠自然常识和朴素经验只能把握家庭教育的部分真理，却不能系统地把握家庭教育体系，不能用综合的、辩证的思维方式来分析家庭教育现象，因而在实践中很容易出现顾此失彼、厚此薄彼的情况。

在互联网铺天盖地的影响下，早教论坛、亲子日记、家长博客、父母群……各种网络途径使年轻的父母获得了丰富的育儿知识与信息。当每个人都有可能通过互联网把自己的想法与经验"公开发表"的时候，说明知识的传播已经不需要传统的课堂和专业门槛，专家和教师的权威地位也随之下降。但是网络上传播的个人经验并非都是科学的早教知识，有些是似是而非的道理，有些甚至是伪科学，如果没有系统和牢固的专业知识与理论对其进行分析与辨别，会给科学的幼儿教育带来混乱。可见，教师掌握牢固的家庭教育专业知识引导家长趋利避害，是新时代家园共育需要迫切解决的新课题。

在家庭教育指导专业化方面，目前存在的主要问题是教师容易混淆家庭教育指导与幼儿园教育指导的概念。幼儿园教育属于正规的集体教育,家庭教育属于非正规的个体教育,这是两者的根本区别,决定了两者在教育指导上的差异,要求教师采取区别对待的方式加强专业指导。但有的教师用幼儿园教育的思维来指导家庭教育,对家长的指导只是局限于配合幼儿园教育,片面地要求家长做幼儿教育的"配角",忽视家长的主体作用以及家庭教育的相对独立性。在指导策略方面,有的教师所推荐的方法偏向幼儿园化,便于教师在幼儿园操作,却不便于家长在家庭中操作,忽视了家庭环境的特殊性以及家长作为非专业群体的特殊性,导致指导空泛,缺乏实效性。因此,教师还应加强家庭教育的学习、研究与实践,培养家庭教育指导的思维方式与思维习惯,急家长之所急,想家长之所想,这样才能真正走进家长的育儿世界,真正成为家长的教育伙伴。

三、幼儿教师在家庭教育指导方面的主要问题

绝大部分幼儿教师都非常重视家庭教育指导工作,使家长及时获得很多的提醒与切实的帮助。如果从进一步提高实效的角度来审视,幼儿教师的家庭教育指导工作还存在一些问题,需要引起幼儿教师的重视并加强改进。

(一)反映问题较多,缺乏具体的指导

有的教师意识到孩子有问题就应该与家长及时沟通,希望家长改进教育方法,促进幼儿健康成长。但是他们发现跟家长多次反映孩子的情况,孩子及其家长的行为却没有什么变化,于是教师得出结论,原因是家长不配合!可是,事实并非完全如此。

朱老师说,她班里有一个小男孩,其父母长期在外打工,小男孩一直由爷爷奶奶照顾。这个孩子喜欢找同伴玩,却不善于与他人交流,且攻击性很强。他无聊的时候会招惹别人,别人不小心碰到他,跟他说了"对不起",他还会打人。朱老师说:"平常苦口婆心地教育他与同伴友好相处,

可是一次又一次地失败,每次总因为他让我们浪费很多时间来处理问题,我真的感觉很苦恼。"更让朱老师苦恼的是,她与小男孩家长的沟通经常是"不欢而散"。她提醒爷爷奶奶不要溺爱孩子,爷爷说:"小孩子嘛,很正常呀,现在的社会竞争激烈,孩子个性太软弱了就会被欺负。"朱老师生气地说:"不跟家长谈了!只要看紧点,孩子在幼儿园不出事就算了!"

朱老师遇到的问题在幼儿家庭教育中很普遍。这个孩子及其家长固然有其自身的问题,但是教师指导家庭教育的方法也有待改善。教师不能总是像"告状"一样向家长反映孩子的问题,然后把问题抛给家长去解决;从家长的角度来说,每个家长都不希望孩子出现问题,但出于自身教育观念、教育方法或者家庭环境的局限性,才"不得已"出现了问题。因此,教师除了向家长反映问题,还要向家长提供具体的、有效的教育方法。比如,了解孩子动手打人的原因是什么,引导孩子懂得遇到这种情况应该怎么做。针对案例中爷爷的错误观念,教师还要引导家长懂得从小培养孩子友好交往的重要性。另外,不管是孩子的不良习惯,还是家长的错误观念,都不是教师的一两次教育和沟通就能立即改变的,而且孩子和家长也很需要教师的鼓励,不能让他们总是感觉到自己是在教师的责难中度过每一天的,这样会导致师幼关系和亲师关系紧张。

(二)抽象说教较多,方法的操作性不强

幼儿教师是专业的教育工作者,表现在他们经常用"概念"来观察和总结事物,久而久之,"概念"就变成"常识",他们自己也不觉得"概念"是抽象的,这样在与他人沟通的时候,如果遇到同样爱用概念思考和解决问题的专业人士,沟通的效率就比较高;而在与非专业人士沟通的时候,教师自以为很平常的概念对于有的家长来说可能就是抽象的、难以理解的,甚至会产生歧义和误解。比如上述案例中,朱老师在与爷爷奶奶沟通的时候,说到"攻击"、"无聊"、"溺爱"等词语,在家长看来,这些首

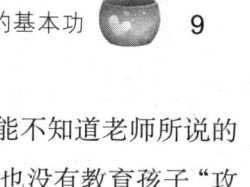

先属于贬义词，对之就会有抵触情绪；同时，他们可能不知道老师所说的"攻击"、"无聊"、"溺爱"具体指的是什么，因为他们也没有教育孩子"攻击"、"无聊"，也不想"溺爱"孩子，所以家长可能感觉很委屈、百思不得其解，最后的结果只能是"不欢而散"。

为了避免过多的抽象说教，教师需要把孩子的问题描述为清晰可见的行为，这样一来家长就很容易明白老师的意思。比如上述案例中，朱老师可以向孩子的爷爷奶奶这样描述"无聊"的原因和具体表现：

现在的独生子女在家里没什么可玩的时候，就会感觉寂寞，为了摆脱无事可做的情况，孩子就会找有趣的事情做。于是，有的孩子就会用不安、喧闹和攻击来制造新鲜刺激，以吸引家长的注意力，而且他们分辨不清楚自己的行为哪些是文明的、哪些是不文明的。这时候，家长仅仅制止孩子的不良行为是不够的，还要引导孩子做一些既有趣又有益的事情，否则孩子还会陷入无事可做的境地。所以，家长照顾孩子不能图省事，不能嫌孩子烦，不能把孩子交给电视和玩具就不管了，还要多陪陪孩子，多和孩子做做亲子游戏。

这样与家长沟通孩子的"无聊"问题，既让家长明白了孩子无聊时的表现、原因和不良影响，还提供了与"无聊"问题相对应的操作性强的家庭教育指导方法。

（三）"以幼儿园为中心"的倾向明显

幼儿园指导家庭教育的出发点是帮助家长发挥家园共育合力，促进幼儿健康成长，但在实际工作中很容易出现"以幼儿园为中心"的倾向，容易从幼儿园的工作需要和教育特点出发要求"家长配合幼儿园教育"。比如调查发现，很多园长和教师都希望"通过家庭教育指导让家长了解幼儿园，理解老师，配合幼儿园的各项工作；欢迎家长在人力、物力、财力上提供力所能及的支持与帮助，共同提高幼儿园教育质量。"因此，在实际的家庭教育指导形式与内容上,幼儿园的家长会和家长讲座等集体指导较多,以宣传和说教为主要形式,指导内容侧重幼儿园教育内容与要求。教师倾向于将幼儿园的教育标准与教育任务告诉家长,如果家长知晓或者配合了,教师就认为已经进行了家庭教育指导,而家长所关心的指导内容和渴望的指导形式问题却没有得到充分地解答。调查显示,家长希望与教师经常进行一对一的沟通,喜欢进班观察幼儿,参加丰富多彩的亲子活动;在家庭教育内容上,希望得到幼儿身心发展特点与规律的指导,希望教师根据自己孩子的个性特点提供有针对性和实效性的教育建议。可见,幼儿园"所为"与家长"所需"有一定的差距,造成这种局面的关键原因在于幼儿园的本位主义思想,即幼儿园只从自己的角度想问题。

家庭教育指导"以幼儿园为中心"的倾向并非完全错误,让家长了解和配合幼儿园的科学保教观念是非常有必要的,但是它的问题在于家庭教育指导应该"以家庭为中心",突出家庭教育内容和家长的主体性。幼儿教师应该通过观察和沟通了解幼儿及其家庭的基本特点,帮助家长客观地、全面地了解和分析幼儿以及自己的家庭教养方式,并为家长解决育儿过程中的烦恼提供有效的意见和建议,进而帮助家长提高自我教育意识和教育孩子的能力。可见,科学的家庭教育指导对教师的要求是很高的,幼儿教师作为兼职的家庭教育指导工作者,需要在实践中勤于思考、加强学习、不断锻炼,把幼儿园教育工作和家庭教育指导工作有机地结合起来,不断提高自己的家庭教育指导能力。

四、幼儿家庭教育指导工作的难点

在一次针对幼儿教师指导家庭教育的大型调查问卷中,有这样一个问题:"在家庭教育指导方面,您遇到的最大困难是什么?"教师根据自己的工作经验反映了各自遇到的具体困难,总结起来主要集中在两个方面:一个是"不知道怎样指导家长",另一个是"指导之后,家长不配合"。

第一章 家庭教育指导能力是幼儿教师的基本功

比如,有的教师提出"年轻教师经验不足,对家长不知道说什么"、"家长提出问题该如何解答"、"怎样指导家长正确对待孩子的社交问题"、"家长说的情况与幼儿在园表现不一样,怎么办"等。诸如此类的问题都属于"不知道怎样指导家长"。

有的教师提出"在家庭教育指导中指出幼儿的问题,家长不予理睬"、"家长的观念比较顽固,不同意教师提出的建议"、"指导家长时,家长总是为孩子辩护,不相信老师"等,诸如此类的困难都属于"指导之后,家长不配合"。

虽然每个教师遇到的困难的具体表现不同,但主要是由以下几个原因造成的。

(一) 家庭教育指导的专业知识不足

家庭教育指导的专业知识不足,分为两种情况:一种情况是初入职的年轻教师,由于经验积累不足,不知道家庭教育指导将会遇到什么问题,自己应该做些什么准备,所以不知道如何回答家长提出的问题。另一种情况是虽然有的教师入职时间比较长,已经拥有一定的专业知识和经验,但是教师的解释能力不足,在某些家长面前缺乏威信,难以取得他们的信任。也就是说,教师能正确地判断家长的问题之所在,并能准确地向家长传达自己的意见和建议,但是建议缺乏针对性,导致家长不以为然,或者家长只是表面上认可教师的建议,实际上并没有调整自己的教育观念及方法。

在访谈中,有的教师说:"有的家长脾气暴躁,孩子犯一点小小的错误就会大声斥责或者使用暴力,导致孩子的性情也很暴躁,攻击性行为比较多,我多次提醒家长,家长也认可我的意见,但他们也很无奈,说自己脾气上来的时候控制不住。"这是一个常见的家庭教育指导问题。相信教师一定向家长分析了脾气暴躁和使用暴力对孩子的不良影响,家长也认识到自己存在的问题,但是由于教师的解释能力不足,只是"多次提醒家

长",却对家长"脾气上来的时候控制不住"的行为缺乏更加有力的解释与进一步的指导,所以教师会觉得再跟家长说什么也没有用了。

不良习惯的形成非一日之寒,因此需要他人多次提醒和监督才能有所改变。但是多次重复性地提醒不但不能促进对方发生改变,而且还可能让人充耳不闻甚至产生逆反心理,所以,教师需要"变着法儿"地加以提醒,旨在通过多个角度促进家长的理解与合作,不能翻来覆去只说那几句话。比如在上述案例中,"脾气暴躁"已经成为家长的性格特点,让家长改变脾气是很不容易的,教师需要在"控制情绪"方面再增加一些更有说服力和针对性的专业知识与方法。教师可以通过向同事、同行求助,研读相关专业书籍或者利用互联网搜索引擎查询关键词等途径来掌握这些知识与方法。

对于脾气暴躁的家长,教师可以先做如下解释:

"脾气暴躁"的人常常以为自己就是控制不住情绪,实际上任何人都可以控制情绪,问题的关键在于是否真正想控制自己的情绪。有研究表明,情绪是由大脑的边缘系统产生的,由它迅速地根据外在的刺激自动生成各种各样的情绪。从这个角度来说,情绪的产生是生理性的,无法避免的,但这也不意味着情绪是不可控制的。因为大脑边缘系统的反应速度极快,它的反应速度是负责思考的脑皮质的反应速度的80000倍,情绪早于理性思考出现的时差大约是6秒钟,如果把握住情绪出现的这头6秒,"冲动是魔鬼"的现象就完全可以避免了。

随后,教师可以为家长提供积极暗示法、放弃完美法、呼吸放松法、肌肉放松法、默默数数法、转身回避法等多种控制情绪的方法。

- 积极暗示法:如果想做情绪的主人,那么我们首先要在脑海里给自己积极的暗示,默默地告诉自己:"虽然我的消极情绪是不可避免的,但是我有控制情绪的能力。"或者对自己说:"发脾气对我和孩子都没有好处,我必须要改变自己,而且能够改变自己。"在6秒钟内做通自己的思想工作，才会产生调节情绪的动力和意志力。家长也可以把自己以上的想法说给自己的配偶听，向他们表达改变自我的意愿，让他们知道自己要做的事情，从而增添一份监督自己的外在力量。

- 放弃完美法：如果家长对孩子要求很高，对自己要求也很高，容易产生完美主义倾向，进而容易情绪急躁。比如有的家长认为"自己必须教育好孩子"、"孩子必须听自己的"、"自己的孩子必须是最棒的"、"自己必须是最棒的家长"……太多的"必须"使家长的心弦绷得过紧，稍微出点差错就恐慌。事实上，只有完美的梦想，没有完美的现实，放弃完美主义，接受不太完美却很美好的现实生活，心情就会放松许多，孩子的成长环境也会宽松许多。

- 呼吸放松法：有人一旦情绪激动就呼吸紧张，而习惯性的呼吸短促、心跳加速会对心脏功能产生不良影响，有人甚至可能出现呼吸临时中断、呼吸痉挛现象，这样不仅难以管理情绪，更是危害身体。有的家长感觉到："虽然在思想上我能说服自己，但我还是禁不住心跳加速，焦虑不安，我难以控制自己。"出现这种情况的家长可以尝试呼吸放松法。

　　呼吸放松法，也叫腹式呼吸法，或深呼吸法。它要求人们尽可能地吸进一大口气，让腹部膨胀，然后憋住气，再慢慢、均匀地吐出来，同时暗示自己吐出了心中的紧张、烦恼和不快乐；这样来回做两三次，就能大大减缓心慌气促的状态。一个足够长的呼吸，用时就能超过3秒钟，两次深呼吸以后，冲动情绪出现需要的6秒就过去了，这时，大脑的理性系统开始启动，我们就可以更好地去思考当前的情况，做出更理智的反应。同时，深呼吸还释放了由情绪所产生的身体的紧张感，使我们能更好地运用脑力进行思考。

- 肌肉放松法：人们发脾气的时候会伴随肌肉紧张，因此如果让肌肉放松，也能有效降低情绪反应。肌肉放松法也叫神经肌肉渐进式放松法，即通过充分地绷紧肌肉，然后再放松肌肉，交叉体会紧张和放松的不同，最终达到放松的目的。肌肉放松法可以从手开始，也可以从手臂、眼睛、脖子、肩或者脚开始。一般情况下，从手开始比较方便，即先握紧拳头，直到紧得不能再紧了，然后慢慢地伸开手掌，体会放松的感觉。

- 默默数数法：这是一种最简单的方法。当我们意识到自己即将或者正在发脾气，立即闭上嘴，也可以同时闭上眼睛，在心里默默数数，当数到6时，最冲动的一股情绪就已经过去；再坚持6秒，就会感觉情绪压力减小许多；接着坚持6秒，将会感觉到发脾气已经没有必要，这时自己已经变成情绪的主人。

- 转身回避法：当人们发脾气的时候，通常会怒目而视、表情对抗。有的家长会把孩子的这种情绪反应看做大不敬、大不孝，看做孩子对自己的挑衅，于是自己的不良情绪升级。因此，为了避免这种情况出现，家长可以有意识地背过身去或者转身走到一个安静的角落，待情绪稍微舒缓之后，再理性思考解决问题的方法。

如果教师既给予家长理性的指导，又给予家长方法上的支持，那么家长改变自我的难度就会大大降低，进而也会提高家庭教育指导的专业性与实效性。这一切都需要幼儿教师勇于实践，勤于学习，善于总结，最后将"功夫不负有心人"。

（二）家庭教育指导缺乏个性化方案

幼儿在成长过程中有很多共同的特点，也有很大的个体差异，家庭教育指导的实效性主要取决于，教师对幼儿及其家庭个体差异的认识水平高低与分析能力强弱以及所提供的家庭教育指导方案是否具有个性化。这就意味着，教师既需要根据幼儿的发展水平、个性特点和家庭环境，还要根据家长的理解水平、合作态度与教育能力，提供适合幼儿家长操作的教育指导方案。可见，教师需要同时考虑幼儿和家长两个指导对象，而且

第一章　家庭教育指导能力是幼儿教师的基本功

即使是针对同一个问题，对不同的家长也有不同的沟通方式和指导方案。目前，教师指导家长的主要问题就是缺乏个性化的指导方案，表现在三个方面：一是只描述现状，缺乏方法性指导；二是既描述现状，又提供方法，但方法缺乏针对性；三是教师的教育指导观念是正确的，提供的方法也很多，但教师对家长是否理解和接受这些观念，是否能操作这些方法缺乏足够的分析与思考。

比如注意力不集中是幼儿常见的行为问题，教师经常会与家长交流孩子的这种情况，但每位教师制订家庭教育指导的个性化方案的水平差异很大。有的教师仅仅是多次描述孩子在幼儿园注意力不集中的各种表现，今天跟家长说孩子不认真听老师讲故事，坐在那里一会儿东张西望，一会儿拉拉小凳子，一会儿拽拽衣角，一会儿动动旁边的小朋友；明天跟家长说户外活动的时候，其他小朋友都能一个跟着一个走，而这个孩子边走边玩，然后就落在后面或者跑出队伍了；后天再跟家长说孩子注意力不集中的另一件事情。每次交流完毕之后，教师都叮嘱家长："要注意从小培养孩子良好的行为习惯，提高孩子的注意力。"这种家庭教育指导实际上就是"告状＋要求"。这样的指导一方面可能会让家长产生心理上的超限效应，另一方面家长也不知道该怎样培养孩子的注意力。

超限效应是一种由于刺激过多、过强或作用时间过久，从而引起人们不耐烦、麻木或逆反心理的现象。有一则马克·吐温关于超限效应的故事广为流传。据说有一天，马克·吐温听牧师演讲，最初感觉牧师讲得很感人，于是打算捐出身上所有的钱。10分钟后，牧师还没讲完，他不耐烦了，决定只捐些零钱。又过了10分钟，牧师还一直继续着他的演讲，唾沫横飞，马克·吐温厌恶至极，改变初衷，决定不捐了。最后等到牧师结束他冗长的演讲开始募捐时，气愤的马克·吐温不仅分文未捐，还从盘子里拿走了2元善款。

有的教师给家长提供的方法往往只是泛泛而谈，缺乏针对性。比如针对孩子注意力不集中的问题，有的教师会提醒家长不要娇惯溺爱孩子，不要对孩子包办代替，让孩子自己的事情自己做，培养孩子的动手能力和自理能力；还有的教师提出培养孩子的责任心、兴趣，等等。这些方法和要求都是正确的，但是它们与"集中注意力"之间并没有直接关系。

有的教师既观察孩子注意力不集中的表现，还研究家长的接受水平，这样提出的教育建议就是个性化的指导方案。

注意力作为学习品质的一个重要方面，是张老师一直都很关注的内容。她发现丹丹小朋友在幼儿园里游戏时间短，游戏中容易受到别人干扰，且易半途而废，属于注意的稳定性比较差的孩子。与其家长沟通后，张老师得知丹丹在家也是玩玩具时间短，总是摸摸这个玩具、摸摸那个玩具，玩得不深入。教师在沟通中还得知丹丹的父母比较忙，在家很少陪伴孩子，但是经常给孩子买玩具，家里玩具也很多，家长就以为孩子只要玩具多就不会感到寂寞，于是晚上回家后就把孩子交给玩具了，自己则忙于工作。

综合分析以上因素，张老师就制订了比较清晰的指导方案。她决定首先跟丹丹家长分析玩具太多会分散孩子的注意力的道理，然后再跟家长分析孩子玩玩具的水平与特点——虽然孩子喜欢玩具，但是孩子年龄小，玩法单一，而且具有与他人分享玩具的心理需求。之后再告诉家长可以让孩子先自己玩，培养她独立游戏的能力，但是当孩子玩法单调、缺乏探索、感觉寂寞的时候，家长就应该及时介入孩子的游戏，这样就能有效地延长孩子的游戏时间，锻炼孩子的注意力，也能满足孩子的亲情需求。最后，引导家长自然地得出结论：不能让玩具和电视充当孩子的"代理家长"，亲子游戏的价值是不可替代的。

可见，个性化指导方案并不是在家长面前堆砌"大而全"的理论知识与方法，把家长推向判断和选择的困境中，导致某些家长依旧无所适从，而是给予家长最需要的知识和方法。当然，教师也确实需要准备"大而全"的理论知识与方法，这样才具备分析问题的基础，才更有能力帮助家长解决"小而细"的问题。

（三）有效经验的总结与提升不够

在针对幼儿教师指导家庭教育的大型调查问卷中，调查对象涉及的教龄从1年到35年不等，调查结果发现，不同教龄的教师在家庭教育指导方面所遇到的最大困难没有显著差异，这一方面说明家庭教育指导工作有很大的共性，另一方面也说明教师在从教生涯中对家庭教育指导有效经验的总结与提升还存在很大的不足。也就是说，在教师不断增长的从教生涯中，他们会遇到大量相似的家庭教育指导难题，并持续为家长提供相应的指导工作。这些难题依旧困扰着教师，则说明教师的重复劳动主要是在工作上带来量的积累，而在思维上缺乏质的突破，教师常年的工作总结和有效成果主要停留在感性经验层面之上，还没有达到反映家庭教育指导规律的理性认识层面，所以困扰年轻教师的家庭教育指导难题同样困扰着老教师。

家庭教育指导有效经验的总结与提升不够的问题可以分为两种情况：一种情况是教师入职时间短，没有太多有效的经验可以总结；另一种情况是教师入职时间至少在3年以上，已经具有一定的家庭教育指导经验，但是疏于总结和提升，这样，有效经验就以"隐性知识"的状态存在于个别教师"内心"之中了，这些教师自己既不明了这些经验是什么，也无法与别人分享。如果有效经验以"显性知识"的状态显现出来，那么教师本人既能用语言、文字等符号把它清晰地表征出来，也能传递给别人倾听、学习和思考，这些"显性知识"在表征和传递过程中会不断地得到丰富和修订，最终形成反映家庭教育指导实践的客观规律。教师再通过学习和实践这些规律性的知识，最终在整体上提高家庭教育指导能力。

一位从教33年且深受幼儿园领导和家长信任的老教师，在接受访谈时说，她自己在家庭教育指导中遇到的三个最大的困难分别是：家长溺爱孩子，不配合老师的工作；家长总是以负面行为来教育孩子；家长对幼儿园老师的工作不支持,以致幼儿无法积极有效地参与活动。当问她"在家庭教育指导方面,您最希望得到的帮助是什么"时,她说了三条:举行教师座谈会,交流如何与家长沟通的小窍门;希望有一本与家长沟通所需语言技巧的小册子;请专家谈谈与家长建立信任关系的好方法。

事实上,这33年以来,这位老教师一定成功地处理过不少家庭教育指导案例,有过不少沟通技巧和建立信任的方法,但是因为她的成功经验都是"隐性知识",所以她依旧在"追寻"成功的经验。

可见,这种状况要求幼儿园不仅要加强家庭教育指导实践,还要加强家庭教育指导研究。

五、幼儿家长最需要的家庭教育指导内容与形式

幼儿家长最需要的家庭教育指导内容分为两种情况:一种是家长已经意识到问题之所在,希望得到帮助,愿意主动调整自己的家庭教育;另一种是家长并没有意识到问题之所在,对接受外界的家庭教育指导缺乏积极性和主动性。这两种情况给幼儿教师带来的工作难度和工作感受差别很大。前一种家长如"刘备式诚恳",会激发教师的服务热情,家长的配合程度也高,容易取得理想的家庭教育指导效果;后一种家长主动性弱、配合程度低,有的家长甚至对家庭教育指导置之不理,教师对存在的问题看在眼里、急在心里,却难以取得理想的家庭教育指导效果,饱尝"屈原式困苦"。即便如此,教师的专业性和责任心要求他们不但从服务的角度帮助家长排忧解难,想家长之所想、急家长之所急,关注家长重视的问题;而且从专业的角度发现存在的现实问题,想家长所未想、急家长所未急,关注一些很重要但容易被轻视或被忽视的问题,给家长提个醒,帮助家长预见问题,防患于未然。

幼儿家长最需要的家庭教育指导内容还涉及两个主体对象,一个是以

幼儿为主体的家庭教育指导内容，一个是以家长为主体的家庭教育指导内容。综合家庭教育指导内容的两种情况和两个主体对象，3—7岁幼儿的家长最需要的家庭教育指导内容主要涉及以下10个专题，教师在日常工作中遇到的许多家庭教育问题都可以归属到相关专题之中。教师在平时工作和学习中养成收集和归拢问题的好习惯，既有助于自己拓展相关的专业知识，提高指导水平，也有助于及时总结经验，提升自己的逻辑思维水平。

- 儿童每个年龄阶段的身心发展特点。
- 儿童的心理健康、安全、营养、保健与体育。
- 儿童的个性特点及其与儿童社会性发展的关系。
- 儿童良好的生活、卫生、学习与交往习惯。
- 尊重儿童，做儿童成长的好伙伴与引领者。
- 全面关心儿童，学会观察与分析儿童。
- 帮助儿童适应幼儿园集体生活与教育环境。
- 营建良好的家庭关系，包括亲子关系、祖孙关系、夫妻关系与婆媳关系。
- 家长实施以身作则、严慈相济、快乐有趣的教育方法。
- 加强亲子沟通，丰富孩子的生活和感知经验。

科学的家庭教育知识与方法仅存于教师的"内心"还是不够的，还需要"传达"出来，"转化"成为家长的家庭教育实践。从这个角度来说，良好的工作方法与正确的工作内容同样重要，教师需要采取适合家长的指导方式，才能使家庭教育指导工作真正产生实效。

通过对家长的调查与访谈得知，各种传统与现代的家庭教育指导形式都受到家长的高度认可，其中家长最喜欢的家庭教育指导形式有以下三种。

1. 及时的个别沟通

不是说只有孩子出现问题的时候，教师才需要与家长沟通；孩子没有任何问题也需要教师与家长沟通，因为孩子在幼儿园的一言一行、一颦一笑都受到家长的关注,所以家长最喜欢这种家园联系方式。家长可以从中更加全面地了解孩子,分析孩子也会变得更加客观。

2. 丰富的亲子活动

大多数家长认为现在的孩子不缺乏物质条件,就缺乏小伙伴,缺乏集体生活环境。家长送孩子入园的最大意义就在于培养孩子的社会适应能力,让孩子享受集体生活的快乐,而丰富的亲子活动可以让家长亲自感受到和谐的班级氛围与孩子的积极心态,也能够让家长学会更多的游戏形式和教育方法。

3. 互联网联系

手机短信、飞信、微博和班级校友录等互联网形式深受家长喜爱。一方面这种方式具有快捷、及时的特点。现在的幼儿家长一般都很年轻,照顾孩子缺乏经验,对孩子在集体生活中的变化与需要也不是太了解,所以他们非常需要教师各种及时的提醒与指导。另一方面这种方式可以存储信息,让工作繁忙的家长可以自己安排时间随时关注孩子的生活与学习状况,有助于家长统筹安排工作与家庭教育。

六、指导、服务与合作相辅相成

"指导者"是幼儿教育工作赋予教师的一个基本角色,是一个职业教师应该具有的专业水准。但"指导"并不是居高临下的高谈阔论,而是因势利导、循循善诱;"指导者"也不是教师承担的唯一角色,需要与教师的多重角色结合,才能真正发挥教师的指导作用。对于幼儿教师而言,家庭教育指导、家长服务与家园合作共育相辅相成,三者缺一不可。

(一)服务是指导的基础,指导是专业化的服务

服务是指导的基础,指导是基于家长需要的专业化服务;教师需要先用良好的服务赢得家长的信任,家长才会接受与配合教师的家庭教育指

第一章 家庭教育指导能力是幼儿教师的基本功

导。但是在实际工作中,有的教师并不明了两者之间的关系,结果做了很多家庭教育指导工作,却换不来家长的理解与配合。

张老师是个热心肠,很有责任心。新学期张老师所在班转来一个插班生,他的爸爸第一天就向张老师交代了孩子的基本情况,他担心孩子年龄小又胆小,到了新环境不适应,会给老师添麻烦。张老师爽快地说:"没关系,把孩子放在班里您就放心吧。"张老师细心地照顾这个孩子,同时仔细地观察他,结果发现这个孩子自理能力弱,注意力不集中,不与其他小朋友交往,班里小朋友都会的一些基本技能他也不会。

张老师主动与其家长约谈,说孩子适应得还不错,但是希望家长针对孩子的这些问题加强教育,发挥家园合作共育的积极作用。孩子爸爸虽然承认孩子存在的问题,也感谢老师的指导,但是他又向其他家长和老师了解张老师是不是有点厉害,张老师知道后很不开心,没想到自己是为孩子好,却遭来家长的怀疑。后来,张老师又向家长解释自己的良苦用心,没想到越解释,家长的担心越多,最后张老师只好暂时中止家庭教育指导工作。张老师认为指导家长从小"扳一扳"孩子的小毛病,对他以后的健康成长非常重要;现在的问题出在孩子的爸爸身上,是孩子的爸爸太敏感了,也太溺爱孩子了。

其实,问题主要出在张老师没有妥善地把握家庭教育指导工作的进度,急于求成,超越了家长对幼儿园和班级老师的现有了解水平和信任程度,结果导致事倍功半。家长与孩子一样,面临新环境需要先观察,先感受,有了安全感,才会"听进去"教师的指导建议。否则,教师的一番话会让家长思虑万千:是不是老师嫌孩子能力弱,不喜欢孩子?是不是老师要求高,挫伤了孩子的自信心?是不是老师觉得自己不会教育孩子?这些想法不是因为家长"太敏感"、"小心眼",而是在新环境中的人之常情。因此,教师首先要无条件地接纳孩子及其家长,热忱地为家长服务,让孩子及其家长都能真切地感受到教师的爱心与耐心,让他们对新人、新环境建立起安全感和信任感，教师的指导和建议才能顺利地走进他们的内心。

"指导"容易使教师站在教育要求的角度观察和分析幼儿及其家长，这样虽然保证了教育导向的正确性，却忽视了指导对象的现有水平和心理接受程度。为了避免这一不足，教师既要有指导的高度，又要有服务的态度；既能站在工作要求的角度看待问题，又能站在幼儿及其家长的角度理解问题；既要知道自己应该给幼儿及其家长什么样的教育，还要知道他们现在最希望得到什么样的教育。

经过对家长的调查与访谈，笔者了解到家长最希望得到的教育虽然没有幼儿园追求的质量高，但非常实在，也十分具体。家长最关心的四大问题是：幼儿园是否安全；老师是否有爱心；孩子在幼儿园是否开心；小朋友能不能友好相处。之后，他们关心的才是幼儿在园的学习状况。至于幼儿园最关心的扩大规模、获取荣誉和提高教研水平，并不是家长最关心的。因此，幼儿园和教师应该先让家长把最关心的问题变成最放心的问题，把服务家长的工作做牢固、做扎实，其他更高水平的工作才有可能水到渠成地完成。

（二）指导与服务都需要家园合作才能促进孩子发展

指导、服务与合作在实际工作中密不可分，但是在分析与思考这三个问题的角度上还是有差异的，这就要求教师既不能割裂它们，又不能把它们混为一谈。服务是站在对方的角度认识和理解问题，即从家长的角度想家长所想，行为目标是满足家长的需求；指导是站在教育和发展的角度认识和理解问题，即从幼儿教育专业的角度想家长所未想，行为目标是促进家长改善教育方法，促进孩子的健康成长；合作则要求教师和家长相互换位思考，发挥合作共育的最大优势。教师和家长既能分别履行自己的职责，又能在观念、态度和方式方法上互相支持与配合，发挥对方最大的教育功能。合作是最理想的家园共育关系，默契是最理想的合作状态。

家园合作是幼儿教师最耳熟能详的概念了，没有人会否认和忽视家

第一章 家庭教育指导能力是幼儿教师的基本功

园合作对于幼儿教育的意义，但是在实际操作过程中，教师和家长之间仍然会出现貌合神离的现象。比如，有的教师认为家长要求什么，自己尽力满足就是尽职尽责了，但对需求本身缺乏判断与引导；有的教师认为自己已经告诉家长教育孩子的正确观念与方法，但是只尽告知义务，对家长教育孩子缺乏跟踪关怀与指导；有的教师认为家园合作就是要求家长配合教师的工作，对家长的主体性不够尊重……凡此种种说明，教师与家长之间存在形式上的"沟通"，但实际上可能存在"沟而不通"的状态，即双方之间有形式上的"说话"与"谈话"，但未必有真正的"对话"。因此，教师对家长的指导与服务工作不要仅仅满足于表面上的完成任务，而要追求服务到位、指导有方、合作愉快的理想工作状态。

七、幼儿教师与幼儿家长共同成长

家庭教育指导既能帮助家长提高教育水平，也能帮助教师提高自身的教育指导水平，它是一个幼儿教师与幼儿家长共同成长的过程。成长是每个人的终生任务，且每个人的成长都与周围人的成长息息相关。有的教师可能认为与"水平高"的家长交流，对自己的启发更大，更有利于自己的成长；而与"水平低"的家长交流，自己只是"输出"信息，不能从家长那里"输入"更有价值的知识与信息。其实，这是对成长的误解。家庭教育指导作为幼儿教师的一项基本功，教师需要锻炼自己与各种家长沟通交流的能力，掌握各种因人而异的家庭教育指导方式。教师的各种能力（不仅是家庭教育指导能力）、心理素质甚至人格魅力都在这个过程中得到全面的锻炼与提升。为此，教师需要从以下三个方面加强实践，与家长建立共同成长的教育伙伴关系。

（一）以家长为主体的原则

教师应尊重家长，体现以家长为主体的原则，与家长建立教育合作伙伴关系。尊重，已经成为现代社会人们的一种共识。尊重儿童、尊重家长应是教师坚定不移奉行的教育信念，但是在实际工作中，由于每个教师的理解水平有限，会出现一些有违尊重理念的想法和做法。比如有的教师把尊重简单地理解为听从与认可，于是出现一味地顺从家长、迁就儿童的情况；有的教师把"为了家长好"、"为了孩子好"等同于尊重，出现把正确的观念和方法强加于家长或者孩子的做法，虽然教师的用意是善良的，但是超越了家长和孩子的现有状况，让他们感觉紧张、有压力，他们就会出现担忧、怀疑、不自信甚至对抗等负面情绪。

尊重是一个微言大义的词汇，人人都能脱口而出，却未必都能真切地体会。尊重是一种换位思考，即使自己不认同也能设身处地地理解他人，倾听与交谈之时会顾及对方的感受，让对方感觉到放松与被尊重。因此，要真正做到尊重家长，教师首先要善于倾听，不管是否认同家长的观念，都要尊重家长表达的意愿，然后根据家长的性格特点或者沟通时的具体情形，直接向家长表达自己的意见或者间接地说"我再想一想您的意见"，以表达自己保留意见的态度。只有这样，家长才能敞开心扉与教师沟通，教师与家长之间才能逐渐产生信任感，然后才可能进行深度对话。

尊重家长，教师还要认可和支持家长是家庭教育的主人，鼓励家长根据自己的家庭特点，结合孩子的实际情况，选择适宜的育儿内容和方法。教师要帮助家长改变把孩子交给幼儿园之后，自己就对孩子不管不问的错误观念，帮助家长认识幼儿园教育和家庭教育不可相互替代的道理，帮助家长分析可以利用的家庭教育资源，指导家长平时观察和分析孩子行为特点的方法，引导家庭成员采取协同一致的教育策略，促使家长成为幼儿园教育的合作伙伴。

（二）以幼儿发展为本的原则

教师应帮助家长，秉承以幼儿发展为本的原则，做孩子健康成长的引领者。"以幼儿发展为本"要求教师在家庭教育指导工作中坚持科学的原则，把握正确的导向性，向家长宣传科学的儿童观、教育观，指导家长创建良好的教育环境氛围，运用正确的教育行为和技能。这些良好的愿望在有的家庭不能得到实现，是因为虽然所有的家长都是爱孩子的，但并不是所有家庭的教育功能都是完善的。由于家庭关系的复杂性和家长性格的多样性，有的家庭存在教育功能缺失的状况，有的家庭存在家长过于强势的状况，更加关键的问题是，即使教师发现了这些问题，也难以帮助某些家庭和家长改善教育状况，如一些单亲家庭、重组家庭、留守儿童家庭、流动人口家庭等。如果这些家庭的家长教育孩子无能为力，家长个人素质不高或者家庭教育环境非常不好，那么这些家庭就有可能存在教育功能缺失的状况。教师能做到的就是一方面走访家庭，尽量帮助家长认识到自己的教育责任，发挥自己的教育能力；另一方面发挥幼儿园教育对家庭教育的补偿作用，帮助孩子在幼儿园健康地成长、快乐地生活，让孩子在幼儿园和老师那里找到归属感，尽量减少和摆脱家庭对孩子成长的不利影响。

与家庭教育功能缺失相反，有的家长很有主见，对家庭教育投入很大的热情，希望按照自己的想法规划孩子的未来，对孩子的期望值很高，但是忽略了孩子的能力、基础和性格特点，结果给孩子带来很大的压力。还有的家长自身条件优越，有能力为孩子的成长另辟蹊径，对孩子比较放任，过于重视孩子的个性自由，却不重视孩子规则意识的培养和社会性发展，导致孩子的习惯、性格与集体生活环境的要求不匹配。有的教师对这两类家长都做过工作，但是家长坚持己见，那么教师能做到的依然是发挥幼儿园教育对家庭教育的补偿作用，尽量为孩子建设良好的精神家园。

（三）家庭教育指导个性化原则

教师应反思自我，坚持家庭教育指导个性化的原则，做一个主动成长的专业教师。如果教师把家庭教育指导工作看做一个主动成长和自我成长的过程，那么教师不但可以提高与家长合作共育的效率，还有助于提高自己的专业指导能力。客观地说，要想家庭教育指导出效果需要教师和家长的密切合作，未见成效的原因既有可能是教师的指导水平不高，也有可能是家长的配合程度不高。但是很多人都有一个不自觉的思维习惯，那就是容易把成功的原因归于自己的内在因素，把失败的原因归于他人和外在因素，因此，当家庭教育指导效果不理想的时候，教师倾向于分析家长不配合的原因与程度，而对自己的家庭教育指导方式与方法缺乏相应的反思。其实，家长的配合程度高或者低都是相对而言的，对于一个专业教师来说，既不能凭个人喜好，只选择配合程度高的家长去指导；也不能避重就轻，回避配合程度低的家长。教师需要仔细地观察和总结家长的个体差异，把不同类型的家长特点归类总结，逐渐形成分类分层指导家长的经验体系，并在实践中不断修正、补充和完善工作经验。

　　教师反思自我的方向是如何促进家庭教育指导个性化。每个家长对家庭教育指导的需求是不同的，教师要做到心中有数。有的家长是经验少，不会带孩子；有的家长是有理论知识，但缺少方法；有的家长是工作忙，不会统筹兼顾地教养孩子；有的家长是苦恼于家庭成员教育孩子的标准不一致；有的家长则是疲于应付工作上的烦恼和紧张的家庭关系，忽视了孩子的精神需求；有的家长则误以为让孩子物质丰富，吃饱喝足就行了……凡此种种，都需要教师设计具有针对性的家庭教育指导方案。即使是同样的家庭教育问题，教师的指导策略也要因人而异。比如父亲、母亲、祖辈家长和保姆由于各自年龄、文化、教育观念和家庭地位的不同，教师就需要选择不同的话语指导家长，确保他们能够顺畅、积极地理解家庭教育指导方案，此外还要培养他们从观念转化成行为的能力。在这个过程中，教师的专业能力将不断得到锻炼与提高。

第二章

发挥家长委员会的凝聚作用

◆ ◆ ◆

幼儿园刚开学的时候，李老师就在家长会上向家长宣传了幼儿常见传染病的预防方法以及管理制度。两个月以后的一次晨检，李老师发现一个小朋友患了手足口疾病并得到确诊，按照规定幼儿需要在家隔离10天之后才能入园，但是家长说自己工作忙，家中无人照看孩子，坚持要送孩子入园。李老师耐心地解释幼儿园的管理制度以及集体环境预防交叉感染的重要性，家长依旧坚持自己的想法并与李老师发生了争执。班级家长委员会的一位成员得知情况后，主动与这位家长沟通，成功劝说家长将孩子领回家休养。这样，一场家园沟通危机经由家长委员会成员的介入顺利得到化解。

一、家长委员会的特殊意义

家长委员会是一个由幼儿园和家长共同组建的群众性自治组织，以家长和儿童的根本利益为宗旨，代表全体家长参与幼儿园的民主管理，支持、协调和监督幼儿园做好各项工作，既是家长与幼儿园沟通联系的桥梁，又是幼儿园建设依法办园、自主管理、民主监督、社会参与的现代学校制度的重要内容。《规程》明确规定："幼儿园应成立家长委员会。家长委员会的主要任务是：帮助家长了解幼儿园的工作计划和要求，协助幼儿园工作；反映家长对幼儿园工作的意见和建议；协助幼儿园组织交流家庭教育的经验。"2012年2月，中华人民共和国教育部为贯彻落实《国家中长期教育改革和发展规划纲要（2010-2020年）》，推进现代学校制度建设，完善中小学和幼儿园管理制度，专门颁布了《关于建立中小学幼儿园家长委员会的指导意见》（以下简称《指导意见》），从"充分认识建立家长委员会的重要意义"、"明确家长委员会的基本职责"、"积极推进家长委员会的组建"、"发挥好家长委员会支持学校工作的积极作用"、"为家长委员会的建设提供有力保障"五个方面做了具体指导，许多省、市、区都转发了《指导意见》，并依据《指导意见》颁布了本省、市、区的实施意见或者方案。

家长委员会如此受重视，是因为它在当今社会有着特殊的意义与重要性。

（一）保障家长的基本权益

建立家长委员会，体现了尊重家长对幼儿园教育工作的知情权、评议权、参与权和监督权。家长把孩子送到幼儿园接受科学的保育和教育，应该知道幼儿园的基本办园理念、工作计划和重要举措，对幼儿园和教师的工作有权实施监督和评议，有权对事关幼儿和家长切身利益的事项提出意见和建议。家长行使这些基本的教育权利，满足了当今家长的维权需求和对幼儿教育高度重视的心理需求，是幼儿园民主管理的重要体现。

（二）促进幼儿园加强自律和开放办园

自主管理是幼儿园现代化建设的一个重要方面，它对办园标准和幼儿园发展规划提出了更高的要求，它是幼儿园正确行使权力、履行责任与义务、尊重幼儿教育规律、坚持专业发展的必经之路。然而，自主管理不是自由管理，也不是封闭办园，它需要幼儿园打破"一言堂"的唯我独尊心态，对社会、社区、家长和公众秉承公平、公正和开放的精神，主动接受各方监督，善于协调各方意见与矛盾，最终办一个家长满意、群众满意和社会满意的幼儿园。

（三）提高家园沟通效力，整合家长教育资源

在幼儿园，家园沟通的方式有很多，其中"一对一"、"点对点"的沟通方式比较多，主要是教师与个别家长沟通孩子在幼儿园的各种情况；而"面对面"的群体沟通比较少，主要局限于幼儿园向家长进行宣教、发布通知之类的单向沟通。家长委员会则是家长群体的代表，能够代表大多数家长的意见、态度与幼儿园直接对话，这样家园沟通的效力更高。家长委员会还能够在更加宽广的范围内发挥与整合家长教育资源，为幼儿园和班级的各项工作群策群力，提供资源和志愿服务。

（四）有利于发挥"家长教育家长"的积极作用

众所周知，教师每天都需要做大量的家长工作，大部分家长经过与教师的良好沟通，都能顺利地解决问题。但是家长的个体差异很大，有的家长比较有个性，说话做事特立独行；有的家长对幼儿园新出台的重大举措缺乏理解，不愿接受；有的家长思路狭隘，遇到问题总是从个体利益出发，缺乏集体观念；还有的家长教育观念和教育方法不得当，致使孩子没有养成良好的行为习惯，对其他孩子产生不良影响……这些家长的工作都比较难做，有的家长不愿接受幼儿园和班级老师的规劝，甚至与教师产生对立情绪。在这种情况下，家长委员会成员可以发挥积极的作用。因为家长委员会成员是家长这个群体推选出来的代表，具有一定的影响力和威信，如果幼儿园与他们建立良好的沟通关系，如果幼儿园的重大举措得到他们的理解和确认，那么家长委员会做家长工作比幼儿园和班级老师更容易得到家长的信赖与认可。可见，家长委员会具有"家长教育家长"的特殊功能，可以成为幼儿园管理的得力助手，成为家长们提高家庭教育意识与水平的参谋和顾问。

二、家长委员会存在的主要问题

虽然《关于建立中小学幼儿园家长委员会的指导意见》是2012年颁布实施的，但家长委员会在幼儿教育界并不是一个新鲜事物。绝大多数幼儿园都组建过家长委员会，积累了一定的工作经验，家长委员会也发挥了一定的积极作用，但是家长委员会的发展并不十分令人满意，存在很多问题。

（一）家长委员会不受重视

在我国，家长参与幼儿园教育的传统不够深厚，有的家长认为把孩子交给幼儿园，自己就可以撒手不管了，对自己的各项教育权利都不够重视；有的家长虽然有教育权利意识，但是长期以来，家长委员会工作浮于表面、不够深入、形同虚设，家长就失去了参与热情。有的幼儿园就以家长参与意识不强烈为借口，忽视家长委员会的建设工作。有的幼儿园担心家长"抱团"、"找茬"，或者认为家长的参与能力比较弱，不但对幼儿园工作无法提供帮助，反而会"添乱"，甚至会"捣乱"。实际上，家长的参与意识和能力需要尊重、保护与培养，问题主要出在幼儿园缺乏家长委员会的制度建设与运作机制方面。

（二）家长委员会成员不具有代表性

家长委员会的成员应该在家长群体中具有普遍的代表性，能够反映不同类型家长的基本需求和共同心声，但是有的幼儿园在组建家长委员会的时候并非民主选举家长，而是直接"内定"了，尤其是具有社会地位和影响力的官员身份的家长或者收入丰厚、能捐资助学的经济上富裕的家长优先被"选入"，由此使家长委员会的委员非富即贵。能够进入家长委员会，俨然成了家长身份尊贵与否的象征；而一些没有头衔、没有资源的家长，因为很难在家长委员会中"发挥作用"而被拒之门外，家长委员会的形象与威信由此受到不良的影响。

（三）家长委员会工作内容单一，功能被异化

当笔者访谈家长的时候，有的家长坦言家长委员会工作"走形式"、"没意思"。家长反映幼儿园每学期召集家长委员会开一次会议，主要是通报幼儿园取得的成绩和工作计划，家长的主要任务是"听会"，家长主动反映的很多问题会被幼儿园解释成没有问题。有的幼儿园比较强势，希望家长委员会成为幼儿园"形象的维护者"和"品牌的宣传者"，却不愿意面对自己的问题。还有的家长反映幼儿园过度利用家长资源，名义上是请家长支持幼儿园的工作，实际上家长不得不做很多打杂的事情，如复印文件、冲洗照片、出车等；有的幼儿园还借助家长委员会的名义收钱，为幼儿园拉赞助，为幼儿园找关系办事情。这样一来，家长被误导，家长委员会的功能被异化，家长委员会难以发挥它应有的正面作用。

（四）家长委员会工作比较被动

有的幼儿园认为家长委员会工作被动是家长的原因，比如家长工作忙、家长不热情或者家长能力有限，实质原因则是强势的幼儿园不愿放权导致的。有的幼儿园在平衡维权与放权方面缺乏工作经验，比如曾经遭受过过度放权导致的被动与混乱局面，然后矫枉过正，不敢再放权。

在国外，许多幼儿园都有历史悠久的家长委员会工作机制。家长委员会所特有的独立性和参与性，在某种程度上既尊重和满足了家长的教育权利，又减轻了幼儿园管理的负担。美国的"全国家长教师协会"经过100多年的发展，已成为全面维护儿童利益的全国性志愿者团体。它除了代表父母行使教育参与权、参与学校管理外，还在家庭教育斡旋、家长教育、健康指导、学校安全、教育资助等方面发挥作用。日本的家长委员会在推动义务教育及教科书的无偿化、学校保健安全法、学校午餐法等教育法规的制定方面，都发挥了举足轻重的作用。英国、法国等传统

欧洲国家历来也都很重视家长在学校教育管理中的作用。

可见，家长委员会本身并没有问题，幼儿园需要培养家长参与教育管理的意识并弘扬与之对应的文化传统，不断地摸索和积累家长委员会工作中的有益经验，使之在良性轨道上发展。

三、家长委员会的选举与组建

家长委员会的选举与组建是家长委员会能否发挥积极作用的关键。家长委员会的规模应该根据幼儿园规模的不同而有所不同。规模较大的幼儿园，可以分别组建园级家长委员会、年级家长委员会和班级家长委员会，规模较小的幼儿园至少应该组建园级家长委员会。不同级别的家长委员会涉及不同层面的家长委员会工作。

（一）家长委员会的选举

家长委员会是代表全体家长行使相关权利、承担相关义务的组织，因此家长委员会的成员不是随心所欲安排出来的，应该按照一定的条件和工作程序通过公开选举产生，这样才有利于发挥家长委员会的正面作用，提高家园共育的实效。

1. 家长委员会的选举要具有代表性

家长委员会代表的是全体家长，而能否选举出具有代表性的家长，取决于幼儿园对家长整体情况的了解和分类角度。幼儿园可以从不同的角度对家长群体进行分类，如性别、年龄、性格、学历、职业、职务、收入以及家庭结构、教养观念、教养方法等，不同类型的家长既具有共性，也在价值观、教育观及兴趣、态度等方面具有不同程度的差异，选举家长委员会则主要需要考虑家长群体的差异性。比如部队所办幼儿园的家长职业差异很小，大学所办幼儿园的家长学历差异很小，高收费幼儿园的家长收入差异很小，那么选举家长委员会就要多从其他分类角度考虑。为此，在开学初期发放的幼儿及家庭情况调查表中,幼儿园和班级要设计一项专门针对家长分类的填表栏目,以便对家长群体的整体构成状况有一个清晰的了解,这样在招募家长委员会的时候就能较好地选举出具有代表性的家长。

需要特别提醒的是,幼儿园和班级不仅要关注比例较多的家长群体,还要关注比例较少的家长群体(如单亲家庭、流动人口家庭等),后者若不能进入园级家长委员会,可以进入班级家长委员会,因为幼儿园要尊重和关怀所有家长的教育需求,不能因为家长存在个别状况就忽略他们。同时,还要关注学前教育的一些特殊现象,比如平时与孩子接触较多的是女性家长,家长委员会为此要有意识地吸纳男性家长,引导父亲多参与到孩子的早期教育之中;祖辈家长和保姆群体对孩子的影响也很大,他们的想法和做法需要倾听和引导,因此有必要把他们也纳入家长委员会。

2. 家长委员会成员应具备的基本条件

被选入家长委员会的成员不仅要具有代表性,还要具备一些基本条件,才能有效地承担家长委员会委员的职责。

(1)热爱幼儿教育,具有良好的教育观念与能力

家长委员会的宗旨是促进幼儿园提高办园质量和保障幼儿健康快乐地成长,因此家长委员会成员在家长群体中应该具有一定的先进性,重视和热爱幼儿教育,具有正确的教育观念和科学的教育方法,是引领其他家长不断提高教育意识和教育能力的带头人。

(2)待人平等,处事热情,乐于奉献,具有公益心

家长委员会成员不但要关心自己孩子的教育,还要关心幼儿园和班级中其他小朋友的健康成长,所以家长委员会的家长要待人平等,不能偏袒;处事热情,能够耐心地倾听家长的心声,并愿意为大家服务,乐于奉献。可见,拥有责任心、正义感、较强的公益观念以及办事公道的家长比较适合承担家长委员会工作。

(3)具有一定的沟通能力和组织能力

家长委员会成员是家长群体的牵头人,需要一定的沟通能力和组织协调能力。家长委员会成员要善于听取各类家长的意见以及幼儿园的意见，并在幼儿园领导、班级教师和家长群体三者之间进行有效的沟通，在工作需要的时候能够调动家长参与的积极性并且在与幼儿园的合作之中发挥一定的组织协调能力。

（4）有时间参与家长委员会的工作

家长委员会工作需要家长无偿地付出一定的时间和精力，如果有的家长其他条件都很好，但是工作繁忙，没有时间和精力参加家长委员会的会议与活动，那么他就不能成为家长委员会成员。幼儿园或者班级教师在设计家长调查问卷的时候，要专门设计家长是否有时间参与家长委员会工作的问题，比如："您请假方便吗？ A.比较方便；B.不太方便。""如果请假的话，您每次可以请多长时间？""您希望幼儿园多久组织一次家长委员会活动？ A.每学期一次；B.每学期两次；C.每月一次；D其他"……这样，教师就能够比较明确地了解哪些家长有时间参与家长委员会工作了。

（二）家长委员会的结构

一般情况下，家长委员会规模不大，但结构完整、分工明确，同时合作性也很强。家长委员会可设会长、副会长、秘书长等职务，每个职务可以由园领导和家长代表共同承担。家长委员会可以按照年级的不同，分别设立大班家长委员会、中班家长委员会、小班家长委员会和婴儿班家长委员会，每个年级家长委员会再推选代表参加园级家长委员会。家长委员会还可以按照分工的不同，设立总务委员、教育委员、卫生保健委员、宣传委员、安全委员、联络委员等，分别负责幼儿园工作的不同方面，以便发挥每个委员的特长和能力。

（三）家长委员会的招募

家长委员会成员需要公开选举产生，因此应该有一个招募程序。招募工作安排得是否周全、细致、得当，是否广而告之激发广大家长的积极性，

直接影响家长委员会的组建效果。

1. 招募方式

家长委员会的招募过程本身就具有宣传教育的意义，既尊重了家长的知情权和参与权，也可以唤起广大家长对幼儿园管理与幼儿园教育的关注，为家长委员会以后开展工作奠定群众基础。因此，家长委员会的成员不应该小范围地私下"内定"，而是面向全体家长公开招募。招募过程要按照一定的民主程序，本着公正、公平、公开的原则，在自愿的基础上，与班级推荐或者家长推荐相结合，选举出真正能代表家长意愿的家长委员会成员。

2. 招募时间

招募之前需要宣传，同时，幼儿园和班级教师需要有意识地观察和了解家长，还要创造机会让家长之间相互了解，为推荐选举做准备。一般情况下，可以在新学年（期）开始就张贴招募通知或者招募海报，让家长广泛地知晓招募事宜。然后，根据教师和家长之间相互了解与熟悉的程度来决定家长填写家长委员会招募表的时间，它可能是新学期开学后一个月或者两个月之后。家长递交招募表的时间可以持续两周，以便给家长充分的思考时间，也给教师预留与家长沟通的时间。然后，幼儿园和班级教师根据申请情况开会讨论招募人员的具体事项，教师尤其要善于与有热情却因名额有限而不能进入家长委员会的家长沟通，保护这类家长的热情和参与的积极性。每年都会有家长因大班幼儿毕业或者其他原因而离开家长委员会，此时家长委员会成员就需要及时补充。家长委员会成员是否连任取决于家长是否愿意连任以及家长委员会工作实际开展的效果。

3. 招募动员

家长报名参加家长委员会的数量太多或者太少都会给幼儿园的沟通与协调工作带来挑战：数量太多，难以劝退；数量太少，比较尴尬。针对报名踊跃的情况，有的幼儿园采取多种形式满足家长参与的意愿，比如把一部分家长按照大班家长委员会、中班家长委员会、小班家长委员会和婴儿班家长委员会进行组建，把另一部分家长按照餐饮组、教育组、卫生保健组、宣传组、安全组、联络组进行组建，然后园长、副园长和年级主任分别参加不同的家长委员会，最后再统整家长委员会工作。幼儿园也可以把一部分家长组建为家长志愿者或者家长义工队伍。

有的幼儿园家长报名冷清，这既与家长的参与意识差有关，也与幼儿园的宣传动员不到位有关。教师要主动与适合家长委员会工作的、有潜质的家长沟通，在尊重家长意愿的基础之上，增加家长对家长委员会的理解，消除家长可能存在的误解。如果有的幼儿园开展家长委员会工作的经验不够丰富，可以先从某个年级家长委员会做起，或者从餐饮组、安全组、教育组等某个小组做起，然后再逐渐扩大家长委员会的规模，逐步完善家长委员会的组织结构。

4. 招募通知

制作一张清晰而且吸引人的招募通知是组建家长委员会的关键步骤。招募通知可以分为严肃型和活泼型两大类。严肃型通知措辞书面化，显得比较理性；活泼型通知富有感情，措辞轻松、活泼。

（1）严肃型招募通知

家长委员会招募通知

（一）总则

成功的教育必须是幼儿园、家庭与社会三方面合作的结果。为了充分发挥家长在幼儿园发展和幼儿教育中的作用，促进幼儿园和家长的沟通与合作，特成立本家长委员会。家长委员会是家长自愿参加的群众性组织，代表广大家长和幼儿的意愿，维护幼儿和家长的权益，参与、支持、监督、促进幼儿园的管理、教育、后勤等各项工作，还能帮助家长提高家庭教育的能力和水平。

（二）家长委员会的宗旨

一切为孩子服务、为班级服务、为幼儿园服务，促进家庭和幼儿园共同为孩子营造一个快乐、温馨的成长环境。

（三）家长委员会成员应符合的基本条件

（1）本园幼儿家长，本人自愿。

（2）爱孩子，爱幼教，能够积极学习并懂得一定的教育规律。

（3）主要承担孩子的家庭教育任务，具有一定的经验与思考能力。

（4）关心幼儿园发展，有时间和精力承担委员工作，履行委员的权利与义务。

（5）公正无私，待人诚恳，认真负责，客观理智，思想开明。

（6）工作与活动能力较强，能及时参加家长委员会组织的活动。

（7）主动、及时地向幼儿园反馈信息，并提出意见或建议。

（四）家长委员会成员

家长委员会设会长1名，委员10名。家长委员会采取分工协作原则，设四个部，即组织部、财务部、后勤部、宣传部，各部相互配合地开展工作，每年根据工作情况调整一次。委员会成员名单确立之后将公示，各成员将有序开展工作。

（五）家长委员会职责

1. 会长

会长负责家园联系，做好组织、协调和服务工作。

2. 组织部

（1）起草活动计划，预算活动经费，组织落实活动时间、地点、参加人员，主持现场活动。

（2）负责家长委员会成员分组联系，包括日常联系、活动联系，组织开展各种活动。

（3）负责收集和传递来自幼儿、家长以及教师所反馈的信息、意见或建议，对幼儿园和班级的各项活动等提出建设性意见。

（4）组织一些"家长助教"或者"家长志愿者"，为幼儿开展教育活动，拓宽幼儿的视野。

3.财务部

(1)负责家长委员会经费和班费收支管理,定期公布账目,做好财务事项解释工作。

(2)配合组织部做好各项活动的预算。

(3)配合参与其他部的活动。

4.后勤部

(1)负责家长委员会相关活动的物资采购。

(2)负责活动安全保障工作,维护秩序。

5.宣传部

(1)动员家长支持幼儿园和班级工作,组织家长开展家庭教育经验交流活动。

(2)负责文字材料的收集,鼓励家长积极撰写家庭教育类文章。

(3)负责家长委员会信息的收集、整理及宣传工作。

(六)经费管理

经费采取自愿捐助的原则,设立专门的财务人员进行费用的管理和反馈。家长委员会在执行职责的过程中应本着节约、高效的原则进行经费支出,任何活动都必须由家长委员会严格地策划、预算和公示。

各位亲爱的家长,为了更好地促进家园共育,让我们的孩子快乐、健康、充实地度过幼儿园生活,抓紧报名啦!

(2)活泼型招募通知

家长委员会开始招募啦!

亲爱的家长朋友们:

是孩子让我们相识,是孩子让我们相伴。为了让孩子拥有幸福的童年,为了让孩子拥有美好的明天,让我们共同携手创建一个让孩子快乐成长的家园!现在,我们盛情邀请您了解和加入家长委员会。

如果您有时间、有爱心、有资源、有能力，请加入我们的家长委员会吧！欢迎您经常与老师面对面地进行交流，欢迎您代表家长的心声向我们提出宝贵的意见与建议，欢迎您把您温暖的博爱和丰富的资源分享给每个孩子，更欢迎您为老师和家长们解决后顾之忧。

以下内容是家长委员会组织架构及主要职责，请您认真阅读后根据自己的情况，通过自我推荐或者互相推荐的方式进行跟帖报名。对您的关注和参与，我们再次表示感谢！

家长委员会组织架构及主要职责：

1. 会长（1名）

（1）协助负责各项活动的策划与筹备。

（2）统筹全局安排与部署工作。

（3）对外联系、宣传及领导。

2. 副会长（1名）

（1）配合会长做好各项活动的筹备、联络与协调。

（2）必要时可代理行使会长职责。

3. 组织部（2名）

（1）协助幼儿园开展教育教学、科研活动以及其他重要的文艺活动。

（2）整合家长资源，支持和帮助幼儿园把教育活动向外延伸。

4. 宣传部（2名）

（1）配合幼儿园和班级进行网站和QQ群的管理。

（2）及时保存及上传网站信息与资料。

（3）推广、拍摄、记录幼儿园和班级的活动。

（4）适时向家长宣传科学的教育理念与方法。

5. 采购部（2名）

（1）有效地收集和分析采购需求。

（2）节约、高效地为活动提供物资保障。

6. 财务部（2名）

（1）筹措必要的活动经费并进行管理。

（2）定期通报经费收支情况。

亲爱的家长朋友，谢谢您的阅览！我们在等您哦……

5. 特别招募

家长委员会成员既要具有代表性，还要具备一定的基本条件，而有的家长群体可能不能两者兼备，比如祖辈家长和保姆群体也需要推选出代表参加家长委员会，但这类家长可能缺乏组织与协调能力，甚至在教育观念上还存在一些误区，这就需要采取特别招募策略。招募他们进入家长委员会的目标是有机会倾听他们的心声，让他们在参与家长委员会活动的过程中获得鼓励、启发和成长，帮助和支持他们在某个群体中发挥模范带头作用。特别招募的成员不必太多，需要幼儿园或班级教师与个别家长沟通，如果他们不够自信，可以让他们从服务工作开始，并动员其他家长委员会成员对他们表示欢迎并在工作中给予支持。

（四）家长委员会的公示

家长委员会组建之后，可以在第一次家长委员会上向各个委员颁发聘书，并在幼儿园公示名单。公示的目的是既增强家长委员会成员的角色意识和责任心，又让其他家长知道家长委员会成员，方便家长主动向家长委员会表达心声，反映问题。

四、家长委员会工作开展方法

家长委员会若想卓有成效地开展工作，需要幼儿园和家长的通力合作。幼儿园作为组建者，应该加强规范管理，主动承担建章立制的责任，并有义务开拓创新工作方法，鼓励家长主动、积极、自信地投入到相关工作之中。

（一）根据家长委员会的基本职责制订工作计划

家长委员会成立之后，就可以开展丰富多彩的工作了。在开展工作之前，幼儿园应该首先制订工作计划，可以是学期工作计划，也可以是学年工作计划。家长委员会的工作计划要根据幼儿园的实际需要，围绕家长委员会的基本职责制订。

《教育部关于建立中小学幼儿园家长委员会的指导意见》明确规定了家长委员会的三项基本职责。

1. 参与幼儿园管理

家长委员会应对幼儿园的工作计划和重要决策，特别是事关幼儿和家长切身利益的事项，提出切实可行的意见和建议。家长委员会还应对幼儿园教育教学和管理工作予以支持，积极配合；对幼儿园开展的教育教学活动进行监督，帮助幼儿园改进工作。

2. 参与教育工作

家长委员会应发挥家长的专业优势，为幼儿园的教育教学活动提供支持；发挥家长的资源优势，为幼儿园开展园外活动提供教育资源和志愿服务；发挥家长自我教育的优势，交流、宣传正确的教育理念和科学的教育方法。

3. 沟通幼儿园与家庭

家长委员会应向家长通报幼儿园近期的重要工作和准备采取的重要举措，听取并转达家长对幼儿园工作的意见和建议；向幼儿园及时反映家长的意愿，听取并转达幼儿园对家长的希望和要求，促进幼儿园和家庭之间的相互理解。

可见，幼儿园在制订工作计划的时候，要体现家长委员会在参与幼儿园管理与幼儿园教育以及家园沟通三个方面的具体内容。

家长委员会工作计划示例如下：

幼儿园家长委员会第二学期工作计划

(一) 指导思想

《纲要》指出:"家庭是幼儿园的重要合作伙伴。应本着尊重、平等、合作的原则,争取家长的理解和主动参与,并积极支持、帮助家长提高教育能力。"可见,教育幼儿既是幼儿园的任务,也是家庭的责任。而幼儿园教育的成功与否,在很大程度上取决于幼儿园是否指导家庭共同采取科学的教育方法。因此,我们需要以幼儿园的三年发展规划和全园工作计划为导向,以示范园为新的起点,进一步树立大教育观念,加强家庭与幼儿园之间的双向沟通,发挥家长委员会的积极作用,将幼儿园教育、家庭教育与社会教育结合起来,形成1+1>2式的教育合力。

(二) 工作任务

本学期各年级家长委员会成员共由15人组成,上学期已经顺利地开展了许多工作。本学期大型活动比较多,幼儿园需要调动家长委员会为幼儿园活动出谋划策的积极性,鼓励他们协助参与幼儿园大型活动的组织管理,并将指导家长委员会深入各班参与助教活动,提高家园沟通与家园共育实效。具体任务如下:

1. 帮助家长了解幼儿园工作的指导思想、工作重点、办园理念,协助幼儿园开展各项工作。

2. 及时收集并反馈家长对幼儿园工作的意见和建议,做好沟通工作。

3. 协助幼儿园组织、实施本学期幼儿园将要开展的各种大型活动。

4. 组织交流和推广家庭教育先进经验。

5. 积极撰写育儿文章,及时上传幼儿园网站。

(三) 工作措施

1. 开学初召开一次家长委员会集体会议,就本学期的全园工作计划和家长委员会工作计划征求家长的意见与建议,委托各年级家长委员会部署具体工作,制订活动方案。

2. 采取问卷调查、访谈与随机交谈的方式,及时收集和了解家长对幼儿园各项工作的意见与建议,通过面谈、电话和网站等多种途径向家长反馈幼儿园的改进措施。

3. 向家长宣传《家园沟通报》的栏目和投稿要求,鼓励家长总结和交流育儿经验,鼓励家长投稿。

4. 班级教师指导家长助教参与各种形式的教育活动。

5. 帮助家长提高参与幼儿园大型活动的安全保卫和组织协调能力。

(四)每月安排

1. 三月份

(1)召开家长委员会新学期工作启动会议。

(2)鼓励家长向《家园沟通报》投稿。

2. 四月份

(1)协助组织大班走进军营活动。

(2)协助组织中班走进社区活动。

(3)协助组织小班亲子活动。

(4)鼓励家长进入班级开展助教活动。

3. 五月份

(1)协助准备和组织各班的六一儿童节活动。

(2)鼓励家长进入班级开展助教活动。

4. 六月份

(1)协助组织大班幼儿的毕业典礼活动。

(2)组织中班和小班开展家长育儿经验交流活动。

5. 七月份

(1)征集家长对本学期工作的意见与建议。

(2)总结家长委员会工作经验。

(二)家长委员会工作权力要收放有度

家长委员会要代表家长对幼儿园履行一定的管理权和参与权,所以幼儿园不能过度限制家长委员会开展工作的思维与方式，也不必对家长委员会开展的活动大包大揽，否则不但会增加幼儿园的工作负担，也会挫伤家长委员会成员的工作积极性。当然，幼儿园也不能完全放手不管家长委员会的工作，因为家长委员会成员是兼职幼儿园管理与幼儿园教育工作，对幼儿园教育宗旨和幼儿园工作规律并不是很熟悉，若某一教育导向或者工作环节被忽视，会直接影响实际工作效率和工作成果。因此，《规程》规定："家长委员会在幼儿园园长指导下工作。"《关于建立中小学幼儿园家长委员会的指导意见》也规定："家长委员会应在学校的指导下履行职责。"可见，幼儿园和班级教师在信任家长委员会的同时，更应该全程关注家长委员会的工作，必要的时候加以指导和提示，对家长委员会的工作权力做到收放有度。

六一儿童节是幼儿园最重视的庆祝活动，为了创新活动形式与内容，幼儿园请家长委员会自由讨论，提供活动建议。家长委员会成员普遍认为家长在六一儿童节都会给孩子送各种各样的礼物，那么这次就统一给孩子送新衣服，然后举办一场儿童时装秀，既满足孩子对新衣服的喜爱之情，又可以培养孩子大方的仪容仪表和大胆表现的能力。幼儿园认为家长的想法是为了促进孩子的发展，也很有创意，但是还要做一定的调整，因为穿"新衣服走秀"容易助长家长和小朋友之间的攀比之风，可以改为"废旧材料时装秀"，即在教师的带领下家长和孩子一起用塑料袋、纸张、布等废旧材料设计和制作时装。幼儿园的建议得到家长委员会的一致认可，于是一场环保、富有创意、快乐、文明的时装秀成为六一儿童节最亮丽的风景线！

（三）家长委员会工作要疏密有度、安排得当

家长委员会的工作密度主要取决于幼儿园的实际工作需要和家长委员会自身的独立工作能力。成熟的家长委员会能够成为幼儿园的得力助手，但是幼儿园不能因此给家长委员会摊派太多的工作，以致占用家长较多的工作时间和生活空间。幼儿园应尽量减少开会的次数和时间，每次

第二章 发挥家长委员会的凝聚作用

开会的时间尽量安排在家长参加班级活动时，这样可以减少家长请假的次数。同时，幼儿园应该向家长发出加盖幼儿园公章的正式邀请函或者会议通知，用以方便家长请假。如果把家长委员会活动安排在双休日，幼儿园需征得大多数家长的同意，不宜过多占用家长的休息时间。

家长委员会成员的独立工作能力既与幼儿园对家长的支持和信任程度有关，也与家长委员会成员自身的素质有关。如果幼儿园比较开明，对家长委员会持大力支持的态度，而且家长委员会成员对自身的职责与权利的认识、把握水平较高，那么家长委员会就会比较有效地开展工作。

某国际幼儿园的家长群体主要是外籍人士和出国留学回来的创业者，他们积极参与家长委员会工作。其中，会长和副会长由两位高学历的全职妈妈担当，她们热情地、无偿地同时又很有计划地为幼儿园和家长委员会做了许多事情，幼儿园也为她们提供了专门的办公室。

家长委员会成立之初，她们自费去香港和日本考察幼儿园家长委员会的工作内容与方法，然后向家长委员会汇报考察结果并征求大家的意见和建议。有的家长提议每月进幼儿园食堂随机抽查一次，主要是监督午餐的食材和卫生状况，这一要求获得家长委员会的一致认可，幼儿园也积极地配合。有一个家长反映自己孩子所在的班级是新装修的教室，孩子最近总是咳嗽，担心教室空气质量不达标。针对家长的疑问，家长委员会不但出示了幼儿园已有的空气质量检测合格证书，还另外请一家检测机构证实教室空气质量是达标的。此外，家长委员会还经常旁听幼儿园的教研活动和教师培训课程，从中体会到幼儿园工作的专业性和严谨性，对班级老师的辛苦和成绩给予充分的肯定和积极的评价。这一届家长委员会卓有成效的工作成绩为幼儿园以后的家长委员会工作积累了经验，树立了信心。

（四）要善于协调家长委员会工作中的矛盾

家长委员会需要培养公开、公平、民主的工作氛围，而同时因为每个家长的需求、个性及个人修养的不同，就可能会导致家长之间产生观念上的冲突和行为方式上的差异,这时就需要幼儿园善于协调家长委员会工作中出现的矛盾。首先,幼儿园和家长委员会要允许和鼓励大家自由表达,对于一些不适宜的建议和想法,不必断然否定或直接拒绝,应该以倾听的态度对待家长的想法,并注意挖掘家长意见的可取之处,然后再找时间商量如何以可行的方式采纳家长的意见。

幼儿园从是否有利于幼儿发展的角度来协调矛盾,容易规劝家长放弃一己之见,最终达成共识。

某班级要组织秋游,有的家长提出开私家车去,并且动员没有私家车的小朋友与有私家车的小朋友坐在一起,这样还能增强小朋友之间的友谊。该班教师充分肯定了家长的热情态度和良好的用意,同时告诉他们这样会造成车队过长,反而影响秋游的效率;而且个别有私家车的小朋友可能会有优越感,没有私家车的小朋友可能会感到自卑。听到教师的解释后,有的家长认为这些都是小事,可以忽略不计。于是,教师从幼儿发展的角度建议小朋友还是坐大巴去秋游更好,因为在老师的教育下,小朋友都能具有环保意识,明白坐大车不但节约能源,而且减少交通堵塞;小朋友都坐在一辆车里,可以与更多的小朋友交流,得到的快乐更多;教师也可以关注到所有的小朋友,确保秋游队伍的安全。

(五)及时对家长委员会工作进行总结

工作总结与工作计划同样重要,只有计划没有总结,就无法及时梳理和提升经验,也无法向家长委员会汇报工作。工作总结可以由幼儿园来做,也可以由家长委员会来做;不仅要总结成绩,还要尽量体现新认识和新想法,为家长委员会的可持续发展奠定基础;内容不必太长,简明扼要即可,但是应该充满热情与鼓励之词,加深幼儿园与家长委员会之间的信任与感情。

家长委员会工作总结示例如下:

中(1)班家长委员会工作总结

快乐紧张的一个学期即将结束了。本学期,我们中(1)班家长委员会在幼儿园家长委员会和幼儿园领导的关心指导下,在各位家长的全力支持下如期成立。虽然最初大家并不太熟悉,但是家长委员会的成员们齐心协力、群策群力、各尽所能,经过一学期的摸索和实践,现在我们已经是一个团结的集体,基本完成了家长委员会的工作计划。当然,我们在工作中也有不足之处,需要在以后的工作中进一步改进。

(一)本学期家长委员会所做的工作

1. 成立家长委员会

我们制订了中(1)班家长委员填报表,通过认真阅读和分析全体家长自愿填表内容,同时又做了大量细致的工作,深入了解了幼儿及家长的情况,最后确定五位家长当选为本届家长委员会成员,并于9月底正式成立了中(1)班家长委员会。

2. 制定家长委员会章程

我们根据幼儿园家长委员会章程制定了中(1)班家长委员会章程。

3. 特色活动进班级

我们发挥家长的特长和优势资源举办了有特色的家长委员会活动。我们得知李阳小朋友的奶奶擅长剪纸,就先把她的剪纸作品拿到班里请小朋友欣赏,培养小朋友对剪纸艺术的兴趣,然后请李阳小朋友的奶奶来班里教小朋友们剪纸,小朋友的兴致特别高,学得津津有味。家长委员会组织的活动增进了陌生家庭彼此间的了解和友谊。家长委员会良好的组织行为,使整个活动有条不紊,调动了家长参与班集体活动的热情。

4. 家长育儿经验交流会

家长委员会动员家长们利用接送孩子的时间自由组合,讨论育儿经验,然后每个小组选派一个代表撰写育儿经验交流文章。班级还为此在11月份召开了一次育儿经验交流会,很多家长贡献出自己的养育技巧和心得体会,让更多的家长受到启发、获得帮助。

(二) 需要改进的地方和存在的问题

1. 家长参与活动的积极性有待提高

家长调查问卷的回收率为90%，部分家长至今没有反馈调查问卷。可能的原因是接送孩子的家长是爷爷奶奶和保姆，教师跟孩子父母直接接触较少，导致问卷有去无回。因此，我们还需要与孩子的父母增加沟通，促进家长多加关注幼儿园的活动。

2. 家长委员会活动的宣传力度不够

本学期家长委员会组织了两次活动，但参与的家庭只占一半，这也与家长委员会活动的宣传力度不够有关。这就要求家长委员会在以后组织活动时要预留宣传的时间，不能太仓促，要让每位家长都能了解活动的内容与意义，尽量都参与进来。

3. 多与家长沟通

班级教师还要多与家长沟通、交流，更加充分地了解各个家庭的情况，尽量将各个家庭的资源优势发挥出来，更好地促进家长委员会开展各项工作与活动。

总之，家长委员会工作是一种双向互动活动，需要幼儿园和家庭相互支持、相互配合。本学期的家长委员会工作促进了家园之间的沟通与和谐，为幼儿营造了家园合作共育的良好氛围，特别要感谢家长朋友们的支持与付出！希望下学期我们继续携手开展更加丰富和有意义的活动，让小朋友们深切地感受到老师和家长们对他们的真爱与关怀！

第三章

让家长学校有实效

◆ ◆ ◆

虽然是星期六,但是幼儿园大礼堂里人满为患,幼儿园甚至还在过道里加了座位,但还是有家长站在后排。家长们放弃休息时间来到幼儿园就是为了听一场关于幼儿心理健康教育的讲座。讲座过程中,幼儿园请的专家用深入浅出的语言讲解了幼儿心理健康教育的重要性和方法,用大量的事例剖析了幼儿在日常家庭生活情境中常见的心理问题和对应的教育策略,家长从中了解到许多司空见惯的现象中其实蕴含着丰富而且深刻的教育内涵。有的家长说:"虽然家长都是孩子的启蒙老师,但是大多数家长没有经过专业的幼儿教育培训,而且来自各行各业,如果不是幼儿园为家长组织这种学习活动,家长很难得到这样好的学习机会。教育孩子不能只凭经验,得用专业知识。非常感谢幼儿园举办这种高品质的讲座!"很多家长还向幼儿园呼吁,幼儿教育内容很丰富,仅仅一次讲座是不够的,应该定期组织讲座,让家长获得系统的幼儿教育专业知识。家长的建议促使幼儿园制订了编排家长学校教材的计划。

一、家长学校的特殊意义

家长学校以未成年人的家长及抚养人为主要对象,是为了提高家长素质和家庭教育水平而成立的成人教育机构,是宣传正确的家庭教育思想和普及科学的家庭教育知识的主要场所,是幼儿园开展家庭教育工作和进行公民素质教育的有效途径。我国非常重视家长学校的建设工作，先后颁布了《全国家长学校工作指导意见（试行）》、《关于全国家长学校工作的指导意见》和《关于进一步加强家长学校工作的指导意见》。可见，我国一直都在加强家长学校的管理与指导工作，力图把家长学校建设成为联系幼儿园、家庭和社会，促进形成三结合教育网络的工作桥梁。

众所周知，家长的教育权利应该得到尊重和保护。家长委员会主要是从家长的知情权、参与权和管理权等方面来保障家长的教育权利，家长学校则主要是从满足家长的教育培训需求、获得家庭教育学习机会以及提高家庭教育能力等方面保障家长的教育权利。前苏联著名教育家苏霍姆林斯基坚定地认为："教育学应该成为所有人都懂得的一门科学——无论教师或家长都应该懂得它"，因为"生活向学校提出的任务是如此复杂，以致如果没有整个社会首先是家长的高水平的教育学素养，那么不管教师付出多大的努力，都收不到完满的效果。学校里的一切问题都会在家庭里折射出来，而学校的复杂的教育过程中产生的一切困难的根源，也都可以追溯到家庭"。可见，家长学校的特殊功能是不能被忽视和随意替代的。

二、当前家长学校存在的主要问题

《关于全国家长学校工作的指导意见》在2004年被颁布之后，全国兴起大办家长学校的热潮。据2011年的统计数据显示，全国有各级各类家长学校43万余所，社区家庭教育指导中心11万余所，家长学校已经成为宣传科学家庭教育的主要阵地。可以说，家长学校是一个投资不大而收益大的家庭教育指导途径，但是，进一步的调查与研究发现，家长学校仅在数量上有规模还不能真正满足家长的受教育需求，家长学校在办学质量和办学实效方面还有待改进与提高。当前，幼儿园的家长学校存在的问题主要有以下几个方面。

（一）单向宣教多，互动沟通少

幼儿园的家长学校是家长接受正规幼儿教育信息来源的主要渠道，根据相关规定，家长学校的主要任务就是向广大家长宣传党和国家的教育方针、政策和法规；帮助和引导家长树立正确的家庭教育观念，掌握家庭教育的科学知识和方法；向家长介绍未成年人生理、心理发展特点和营养保健常识，指导家长进行科学的家庭教育；帮助家长加强自身修养，营造良好的家庭环境，提高家庭教育水平，促进社会主义精神文明建设。

因此，有的幼儿园就把印发和宣读相关资料作为家长学校教育的主要内容。但是有多少家长真正阅读了资料呢？有多少家长结合自己的实际情况进行了反思呢？有多少家长在理解上还存在具体障碍？家长还需要哪些指导与帮助？家长在实际操作中还存在哪些困难？对于这些问题，家长学校的调查和研究还很不足。结果，家长学校单向宣教多，与家长的互动沟通少，对家长遇到的实际困难缺乏关心与了解，导致家长学校的工作模式变成了只走形式，缺乏实效。

（二）教材编排抽象，教学形式单一

很多幼儿园在家长学校成立之后，就开始编排教材，制订教学计划。目前，家长学校教材版本很多，但是编排体例和主要内容大同小异，基本上都是采取大中专教材的编排思路，有系统性却缺乏实效性，理论性过强以致难以实现通俗易懂，这样的教材不符合幼儿家长群体的学习特点。家长虽然是孩子的第一任启蒙老师，但并不是专职教师。他们的学习时间是零碎的，对教育的观察与思考也是情境式的，他们难以做到用系统的专业知识去理性地思考问题和全面地解决问题。他们迫切需要解决眼前遇到的实际问题，所以家长学校的教材采取问题式、生活化而非学术化的编排思路，更能吸引家长的阅读兴趣，更切合家长的实际需要。

讲座、授课是家长学校的主要教学形式，这两种形式具有规模大、覆盖率高、宣传效果好的优势,幼儿园总结家长工作成绩的时候也能留下可供观看的照片与录像资料,因此,很多家长学校的主要工作内容就是每学期安排一两次讲座。但只是采取讲座、授课等"上大课"的教学形式,实际上难以保证家长学校工作有实效。首先,"上大课"对主讲人的要求较高,主讲人需要具备一定的演讲水平才能控制住听众的注意力;其次,"上大课"对家长的出勤率要求较高,家长的出勤率低不但会影响主讲人的讲课情绪,也会影响其他家长的听课热情;最后,"上大课"对讲课内容要求较高,并不是所有的家长都对同一专题感兴趣。因此,讲座、授课是有必要的,但不是唯一的教学形式。

(三)师资队伍能力薄弱,专业素养有待提高

家长学校要有一定的专业师资队伍才有可持续发展的基础。从表面上看,家长学校并不缺师资,一般情况下,园领导、业务干部、班主任和骨干教师都可以是家长学校的教师,大中专学校和研究机构的专家、学者也经常被家长学校聘请为讲师,但实际上并不是所有的教师都可以成为家长学校所需要的合格师资。家长学校的师资不但要有丰富的教学经验和心理学知识,还应该具有优良的教育学素养、一定的心理咨询素养和较好的演讲宣教能力,其中家庭教育学素养是必不可少的。否则,幼儿园领导和班级教师容易以幼儿园教育为中心,大中专学校和研究机构的专家、学者则容易以自己的学术研究为中心,结果导致虽然领导、教师、专家、学者的讲课内容都是"正确"的,却因为缺乏家长思考问题的角度和家庭教育指导思路,难以真正走进家长的心田。

目前,还有一种现象是专家、学者来源广泛,它既给家长学校带来了机遇,也带来了挑战。由于大众传媒的影响力和出版行业的改革,现在的网络宣传无门槛,著书立说平民化。一些并非从事教育行业的人士热心幼教,见解敏锐,勤于写作,善于演讲;还有一些家长因为自己的孩子取得了较好的成绩或者考上较好的大学,于是总结经验,出书演讲,在一定范

围内很快产生一定的影响力。于是，有的家长学校就聘请他们作为讲师，为家长树立学习的榜样。他们的优势在于具有鲜明的家庭教育思维特点，贴近广大家长的实际情况，但未必具有系统的教育学素养，能够真正总结和把握客观的教育规律。有些授课人员总结经验具有鲜明的个性化色彩，带有较强的片面性和随意性，一些"教育法宝"、"教育妙招"也比较肤浅与刻板，有些说法甚至违背我们应该倡导的核心价值观和主流教育观念，给家庭教育指导带来舆论上的混乱。可见，幼儿园作为正规的教育机构，选择和培养专业化的师资队伍是家长学校建设过程中的重点。

（四）出现商业行为，容易引起家长反感

现在，幼儿教育不仅是政府、幼儿园和家庭关注的焦点，也被商家认为是一个潜力巨大的利好市场。许多教育公司都开始研发各种幼教产品，包括书籍、光盘、玩教具以及系列培训课程；许多公司还有自己的讲师队伍。主动与幼儿园合作是许多教育公司拓展市场的主要策略之一。从幼儿园的角度来说，家长学校需要聘请讲师，需要丰富教学内容，有些教育公司的产品也确实不错，于是幼儿园会有选择性地与外界合作办学。但是从家长的角度来说，由于现代家长的维权意识和隐私意识越来越强烈，家长不愿意轻易地在"签到表"中透露自己的姓名和手机号码，也不愿意在学习的时候被商家的宣传所引导，更不愿意接受名为公益讲座、实则隐含兜售行为的现象，因此，即使是"委婉"、"隐蔽"的商业宣传，也容易引起家长的反感。一旦家长对家长学校产生了这种不良印象，就会大大降低幼儿园和家长学校在家长心目中的威信，家长学校以后再开展工作就比较困难了。

三、家长学校的组织管理与建设

《关于进一步加强家长学校工作的指导意见》指出："家长学校要按照

阵地共用、资源共享、节俭办学、务求实效的原则,努力达到有挂牌标识、有师资队伍、有固定场所、有教学计划、有活动开展、有教学效果的规范化建设目标,因地制宜地开展宣传实践和教育指导服务。在组织管理上要健全工作机构,完善管理制度,不断提高家长学校的办学质量和水平。"因此,幼儿园应该围绕以上"四个原则"和"六有目标"不断完善家长学校的组织管理与师资队伍建设工作。

(一)家长学校的组织结构

根据《关于进一步加强家长学校工作的指导意见》,家长学校设立的领导小组一般由园长、保教主任、教师代表、家长代表等人员组成,负责家长学校的日常工作。其中,园长对家长学校工作负有领导责任。家长学校的领导成员应该避免直接以自然身份进入家长学校,避免过度依赖本位主义思维方式领导家长学校;领导成员应该首先加强学习,在家长学校的重要性、性质和主要任务上达成共识,清楚地把握幼儿家长的总体情况和家庭教育指导的基本思路,使家长学校真正为提高家长的教育素质服务,而不是片面地强调家长学校为配合幼儿园的工作服务。只有这样,才能带动幼儿园的全体教师树立正确的、全面的家庭教育指导思想,把家长学校办成"家长"的学校,而不是只做"幼儿园的配角"。

(二)家长学校的规章制度

家长学校持续、有效地开展工作需要一定的规章制度作为保障,并根据工作需要逐步完善各种规章制度,如家长学校领导选举制度、家长学校监督考核制度、家长学校考勤制度、家长学校表彰奖励制度、家长学校档案管理制度等。

家长学校工作制度

(1)家长学校的主要任务是提高家长素质,坚持家长学校的公益性。

(2)把家长学校工作纳入整体工作计划之中,并作为目标考核的重要

内容。

（3）家长学校领导小组每学期初召开计划讨论会，学期末召开工作总结会。

（4）家长学校领导小组负责监督和检查家长工作的实施过程，并有检查记录。

（5）严格遵守家长学校的考勤制度，确保90%以上的活动出勤率，对全勤学员家长和优秀学员家长给予表彰。

（6）每次活动后都收集家长的意见与建议，切实提高家长学校的实效。

（7）建立完整的家长学校工作档案，不断积累家长学校的办学经验。

（8）幼儿园各个部门加强分工与合作，确保家长学校的工作有序进行。

（9）鼓励班级创新家长学校工作内容与形式，效果显著者给予表彰。

（10）主动总结和研究家长学校规律，不断提高家长学校的工作质量。

（11）自觉接受上级有关领导、专家对家长学校的检查、督导与评估。

（三）家长学校的师资队伍建设

家长学校需要一支专兼职师资队伍，才能保证师资力量的专业性与稳定性。幼儿园既要善于外请师资，更需要培养自己的师资。因为本园教师比较稳定，如果幼儿园拥有一支既善于带班又善于进行家庭教育指导的骨干教师队伍，那么家长学校师资队伍的稳定性就有了保障。可是，现在很多幼儿园举办家长学校的思路依然是以外聘讲师为主，对本园教师的家庭教育指导能力不够信任，也没有着手培养自己的家庭教育讲师，这样不但不利于教师的专业发展，也不能完全满足家长的需求。因为现在的家长学历水平和自学能力都比较高，他们通过阅读书籍和浏览互联网可以学到很多家庭教育基础知识，而且学习时间自由、灵活，不用为来园学习而专门请假，所以泛泛而谈的家庭教育指导未必能调动家长的学习积极性，这也是家长学校出勤率不高的主要原因之一。家长最需要的是个性化的家庭教育指导,只有班级教师最了解本班幼儿及其家长的具体情况,他们的指导也更有针对性,能够更好地引发家长的关注和学习的动力。所以,幼儿园要把班级教师培养成为家长学校讲师的主力军。为此,幼儿园可以采取一系列的园本培训和激励管理制度,支持和鼓励班级教师成长为合格的家庭教育指导师。

除了外聘专家、班级教师以外,优秀家长也是家长学校师资队伍的来源之一。幼儿园发现了一批既教子有方又有教育素养的家长后,可以采取班级教师与家长共同备课的方法,鼓励优秀家长承担家长学校的宣教任务,条件成熟的家长可以被聘请为家长学校讲师。同时,幼儿园还应该有长远的眼光,为家长讲师专门建立档案,即使他们的孩子已经离开幼儿园,幼儿园也要有意识地跟踪个别幼儿的发展情况并与家长保持深度沟通,共同挖掘影响幼儿成长的关键因素,总结家庭教育指导策略,当幼儿的发展水平和家长的认识水平迈上新台阶之时,再次邀请家长返回幼儿园家长学校,向家长们介绍具有可持续发展意义的家庭教育观念与家庭教育方法。通过这种途径成长起来的家长学校讲师,对其他家长将会产生更大的积极影响。

家长学校师资队伍管理制度

(1)幼儿园高度重视家长学校师资建设,努力打造一支专兼职讲师队伍。

(2)家长学校以外聘专家、本园教师和优秀家长为主要师资力量。

(3)幼儿园把家庭教育指导纳入教师岗前培训、在岗培训和骨干培训中。

(4)讲师要了解学员的思想动态,及时反馈家长的信息,切实提高教学质量。

(5)家长学校讲师应集体备课、认真上课,了解学员的学习需求,对学员的学习效果负责。

(6)采取形式多样的教育教学活动,学员对每次活动填写反馈表,对教学进行监督与评价。

(7)家长学校讲师每次活动后要进行教学反思,每学期要进行工作总结。

(8)幼儿园建立听课与考评制度,以加强对家长学校的组织管理。

(9)幼儿园收集和整理家长学校教案,不断完善家长学校各种档案。

(10)幼儿园每学期对优秀讲师进行一定的奖励。

四、家长学校工作开展方法

家长学校虽然附属于幼儿园,是幼儿园工作的重要组成部分,但是以幼儿为对象的教育工作与以家长为对象的教育工作有很大的区别,这就需要幼儿园既要遵循幼儿教育的规律,还要遵循家长教育的规律,以这样系统兼顾的思路开展工作,才能提高家长工作的实效性。

(一)了解家长,办具有区域特征的家长学校

家长学校工作重在办出实效,而办出实效的关键在于了解区域特征,符合家长需求。从某种意义上说,家长学校比幼儿园更加难以开展工作。因为幼儿园的创建与工作开展已经有一套成熟的管理模式,幼儿园的保教生活也有相对规范与稳定的流程,而家长学校是一种新型的成人教育模式,很多幼儿园教师虽然是幼儿教育的行家里手,却是成人教育的新手。另外,家长群体具有鲜明的区域特点,所处社区的文化传统、习俗习惯和生活背景会导致一个区域的家长所思、所想和需求与另一个区域的家长有所不同,这样幼儿园就不能简单地套用其他家长学校的现成经验,而是首先了解幼儿园所处社区的特点以及家长群体的区域特点。

幼儿园应该与社区相关部门加强联系,了解社区各个年龄段儿童的数量、性别和基本家庭情况,了解适龄儿童的主要看护人、父母的职业和文化程度等,然后把这些信息进行统计与分析,对社区儿童及其家长的基本状况有一个大致的了解。此外,班级教师要加强与家长的沟通,了解家长的家庭教育现状,同时配合发放家长调查问卷,了解家长对幼儿教育的基本态度、观念以及对家庭教育指导的需求。幼儿园据此设计家长学

校的主要教学内容与形式，日积月累地将有助于形成具有区域特征的家长学校课程与教育模式。

（二）加强宣传，让家长学校广为知晓

很多幼儿园都为家长学校创设了固定的教学场地，并悬挂家长学校的校牌或者标志，这在一定程度上起到广而告之的作用，但是宣传的力度还不足。鉴于人们常常把教育对象锁定在孩子身上，忽视了成人也是一个应该继续学习和受教育的群体，那么家长学校的重要性和教育对象未必人人皆知，所以幼儿园要加强宣传，帮助家长和社区居民树立以身作则、终身学习的意识与习惯。

幼儿园把可以把静态宣传和动态宣传相结合。家长学校挂牌、社区橱窗、资料发放、网站微博、电视广播、海报横幅、布置展板等，都是静态的宣传途径，这些途径的宣传内容保存时间比较长，家长可以根据自己的生活与工作节奏，安排关注与阅读的时间，尤其是网站宣传的容量非常大，家长可以通过专栏和目录选择阅读内容，有助于快速拓展家长的教育信息和家庭教育知识。

动态宣传主要是依托人与人之间的互动交流。幼儿园要善于调动社区妇联、居委会、计生办、宣教科、卫生所等部门的积极性，通过社区渠道宣传家长学校举办的各种活动；同时，班级教师应主动与家长沟通，向家长详细介绍家长学校的办学意义与课程，培养家长不但关注孩子成长也关注自身成长的意识，让家长学校在居民和家长心中充满活力。

家长学校还要拓展宣传教育的对象。幼儿园作为社区的一个教育机构，承担着社区幼儿教育和家庭教育指导的双重任务。幼儿园应该向整个社区辐射幼儿园的优势教育资源。《关于进一步加强家长学校工作的指导意见》明确指出："有条件的幼儿园要向周边社区延伸家庭教育活动，做好社区0—3岁和未入园儿童的家庭教育指导工作。"因此，幼儿园的家长学校不但要为本园3—6岁幼儿的家长提供教育服务，还应该对社区0—

3岁非本园儿童的家长提供教育服务,这种做法符合0—6岁托幼一体化教育体系的发展趋势。实践证明,高质量的0—3岁早期教育不但有助于孩子3岁以后的入园适应,而且会为他们一生的发展奠定坚实的基础。

(三)分门别类,提高家庭教育指导的针对性

家长学校是所有家长的学校,旨在关怀所有家长的教育需求;同时,家长学校开展工作需要分门别类,旨在关怀不同家长的教育需求。众所周知,孩子的年龄不同,家长对教育的关注点也不同,家长的教育困惑具有明显的年龄特点,所以家长学校可以按照幼儿年龄分为孕期家长学校、0—3岁婴幼儿家长学校、托班幼儿家长学校、小班幼儿家长学校、中班幼儿家长学校和大班幼儿家长学校。

幼儿的看护人具有多元化的特点,不同看护人的身份和家庭角色不同,他们对教育的认识水平以及在家庭中的教育地位也不同,所以家长学校可以根据看护人的身份特点分为母亲学校、父亲学校、保姆学校和祖辈家长学校,其中母亲学校还可以分为全职妈妈学校和非全职妈妈学校。

家长学校分门别类,有助于幼儿园调查和研究不同家长群体的教育特点和主要困惑,为幼儿园分门别类设置培训课程提供依据,提高家庭教育指导的针对性。从教师成长的角度来说,让家长学校的讲师分门别类地备课,有助于提高教师的研究意识和专业水平;不同的家长学校尽量固定讲师,讲师反复授课,不但能提高熟练度,而且有助于讲师不断丰富和完善课程,进而提高教学水平。

(四)划分专题,提高家庭教育指导的专业性

家长学校聘请讲师的时候,很自然地会想到按照专题寻找授课专家或者根据专家的专长确定授课专题,其目的是为了突出家庭教育的专业性,解决家长的实际问题。但事实上,幼儿教育和家庭教育指导涉及的内容非常丰富和具体,而且本园教师最了解本园家长所存在的教育问题和

教育困惑，外请专家未必能满足家长的实际需求。所以，幼儿园要有自己培训讲师和自主研发课程的意识，指定教师划分专题是一个有效的发展途径。

"指定教师"意在一个教师一个专题，有能力的教师也可以承担多个专题，每个教师长期钻研、反复锻炼，直到把自己所承担的专题搞清楚、研究透、讲熟练，久而久之，逐步走上研究型、专家型教师成长路线。"划分专题"则应该根据家长的实际问题和教师的驾驭水平来确定，比如有的教师对帮助新生适应入园比较有经验，就可以承担"幼儿入园分离焦虑的解读与应对策略"专题；有的教师对幼小衔接教育比较有经验，就可以承担"幼儿入学准备"专题；有的教师在养成教育方面比较有经验，可以承担"家园共育好习惯"专题，等等。

（五）教学手段多样，提高家长学习的效果

家长学校的任务是向广大家长宣传和普及科学的幼儿教育观念与方法，这就意味着家长学校的教学内容并不高深晦涩，都是幼儿和家长常见的教育现象，但是要想使这些内容为家长所喜闻乐见并且是通俗易懂，就要特别注意采取丰富多样的教学形式与手段，达到让家长一听就懂、一看就会、一做就行的效果，而照本宣科、长篇大论、抽象说教必然会大大降低教学效果。

为了提高教学效果，讲师可以根据教学内容的需要，把传统教学手段与多媒体教育、现代远程教育以及参与式培训手段相结合。讲师首先要认真准备课件。课件能促进家长把听觉学习与视觉学习以及阅读文字结合起来，有助于家长的理解与记忆；有的家长学校还会事先把课件打印出来发给家长，供家长听课的时候梳理学习内容，提高学习效果。在课件中根据需要适当插入图片和视频非常重要，它能把抽象的理论与具体现象相结合，有助于家长联想自己的教育情境，提高家长的反思水平。而这一切都需要讲师辛勤地收集资料，认真地制作课件。

对于很多家长来说，掌握现代远程教育手段非常有必要。他们可能因为工作繁忙、在外打工或经常出差，无法到幼儿园学习，那么远程教育可以突破时间与空间的限制，帮助家长了解家长学校的学习内容。有条件的幼儿园可以尝试建设"网上家长学校"，通过与"实体家长学校"相结合，用以满足不同家长的学习需求。

除了传统的讲座以外，融入参与、体验、互动、讨论、发言、提问、反思等多种教学形式，都有助于激发家长的思考与学习热情。

（六）教学内容以《全国家庭教育指导大纲》为依据

众所周知，幼儿园教育要以《规程》和《纲要》为依据，幼儿园家长学校的教学内容除了要与《规程》和《纲要》的要求一致以外，还要以《全国家庭教育指导大纲》为依据。为了进一步规范家庭教育指导内容和要求，提高家庭教育的科学性、针对性和实效性，2010年2月，全国妇联与教育部、中央文明办、民政部、卫生部、国家人口计生委、中国关工委联合颁布了《全国家庭教育指导大纲》，这是一部经过深入研究论证制定的国家层面的家庭教育指导大纲。《全国家庭教育指导大纲》从制定依据、适用范围、指导原则、指导内容与要求、保障措施等方面规范家庭教育指导的基本精神与行为，是全国各级各类家庭教育指导服务机构和家庭教育指导者开展家庭教育指导的重要依据。

《全国家庭教育指导大纲》的指导内容涵盖了新婚夫妇、孕妇、18岁以下儿童的家长或监护人的家庭教育指导行为，其中细分了0—3岁和4—6岁儿童的家庭教育指导（见附录），从儿童的身心发展特点和家庭教育指导内容要点两个方面描述了幼儿园家长学校指导者应知应会的基本内容。

第四章

让家长开放日活动巩固家长的信任

◆ ◆ ◆

一位妈妈说,前几天参加了孩子的家长开放日活动,很激动能有这样一个零距离感受幼儿园的机会。自孩子入园以来,这位妈妈一直对他在幼儿园的学习和生活充满了好奇与担心,所以每天回家都会问孩子今天在幼儿园学的什么、吃的什么、玩的什么……家长开放日活动,让她真真切切地感受到了孩子的成长过程与老师对孩子的爱护。无论是在老师的带领下,孩子们排着队伍一起喊口号;还是听完老师讲的故事,孩子们争先恐后地回答问题;还是孩子们排队喊着口号如厕的场景,都让她感受到:孩子长大了!活动中,老师以游戏的方式让孩子们在学中玩、玩中学,鼓励孩子们大胆地发言、表演,让孩子们的各项能力得到了培养和锻炼,同时,在学习中孩子们也收获了开心和快乐。家长衷心地感谢老师对孩子们的付出,同时也进一步明确:家长应该多给孩子们一些锻炼的机会,不要总是帮助孩子们做这做那,应该让孩子们自己学会做一些力所能及的事情。

一、家长开放日活动的特殊意义

家长开放日是幼儿园定期或不定期邀请家长来园参观幼儿活动情况以及教师保教工作的家园沟通形式。"百闻不如一见。"没有任何语言沟通能够代替亲眼所见的效果,家长开放日活动为家长提供了亲自观察的机会，它给予家长的视觉冲击与思维启迪是生动而深刻的，因而深受家长欢迎。幼儿园实施家长开放日制度，不仅是满足家长需求的表现，而且是执行幼教法规的体现。《规程》指出："幼儿园可实行对家长开放日的制度。"

（一）有利于帮助家长理解保教结合的含义

保教结合，即保育与教育相结合，是幼儿园教育区别于中小学教育的根本特征。保育就是要求教师精心地照看和保护身心稚嫩的孩子，做好安全、卫生、保健方面的工作；但是还要逐渐教育孩子学会照顾自己，培养孩子的生活自理能力，使孩子在情感、社会性、个性等方面都得到良好的发展。保教结合对应的家庭教育要求就是养教结合，即养育与教育相结合，这就要求家长既要悉心照顾孩子，还要锻炼孩子独立做事的能力。但是因为家长与孩子有着血脉亲情，独生子女在家庭中既享受了充分的父母之爱和家庭温暖，也存在着家长对独生子女过度照顾、束缚孩子动手操作的不利影响。家长开放日活动让家长看到孩子入园以后，在老师的帮助下能够自己的事情自己做，有助于帮助家长减少教养分离、养育多教育少的问题。

（二）有利于向家长宣传全面发展的教育观

做父母的，大都希望孩子早日成才。这种愿望是好的，但是在家长心目中对何为"成才"存在不同程度的误解。在有的家长看来，成才等于学习好，学习好等于知识多，知识多等于大量的记忆和训练。事实上，教育要按照人的成长规律和教育规律进行，家长不能随心所欲地将自己不切实际的主观意志强加于孩子，更不能采取死记硬背、强行灌输、揠苗助长的错误教育方法对孩子进行知识灌输、技能训练的片面教育。家长开放日活动向家长宣传了科学的幼儿园教育应该注重根据幼儿的心理特征，采取适合孩子接受的内容与游戏的方法，量力而行，循序渐进。幼儿园教育应以丰富孩子的生活经验为主，提高孩子的具体形象思维和动手操作能力，使他们在健康、语言、社会、科学、艺术五大领域得到全面发展。

（三）有利于增进家长对教师工作的了解

很多家园沟通障碍源于家长对幼儿教育工作缺乏了解，即使有所了解，也因为缺乏细致的观察和深入的体验而无法改变已有的观念。家长容易站在自己的角度看待教师的工作，当教师没有满足自己和孩子的个别需求的时候，就会对教师产生这样或那样的意见。如果家长参加开放日活动，家长就有机会设身处地地感受到很多情况下，不是教师不愿意照顾孩子的个别需求，而是集体环境本身就决定了孩子应该增强适应能力。比如教师作为很多孩子而不仅仅是一个孩子的"代理妈妈"，要尽量做到公平对待每个孩子，帮助孩子在生活中学会等待、在游戏中学会分享、在交往中学会互惠、在锻炼中学会坚强。可见，家长开放日活动不仅有助于家长理解教师工作体力上的辛苦，更有助于体会教师的良苦用心，体会到教师的所作所为都是在为孩子的长远发展着想。

二、家长开放日活动存在的主要问题

当前，家长开放日活动已经受到普遍重视，很多幼儿园都会举办频率不同的家长开放日活动，以满足家长的知情需求，同时对家长参与和监督幼儿教育的工作、进一步了解孩子以及改进自己的家庭教育等方面，也具有积极的作用。当然，当前的家长开放日活动也存在一些问题。

（一）家长开放活动过程中对家长的指导与要求不足

由于教师在设计家长开放活动的时候，过多地关注幼儿的表现以及自己的组织过程，忽视了家长的表现对幼儿行为以及其他方面的影响，以致活动效果并不理想。比如对家长在开放活动中应该看什么，教师心里不清楚；对活动人数不加限制，每个孩子都带来多位家长，导致活动场地狭窄；有的家长只顾给自己的孩子照相，有的家长总是大声地说话或者接听手机，影响了孩子们的活动；有的家长不会处理孩子"人来疯"以及同伴冲突现象，对孩子实施了错误的教育；有的家长不会观察与比较孩子，对孩子进行了错误的评价；有的家长不理解老师的教育意图，对孩子包办代替……家长容易出现的这些问题和幼儿容易出现的问题一样重要，需要教师密切关注和精心指导。家长不仅是开放活动的参观者，也是参与者和学习者，教师只有充分地考虑家长在开放活动中对孩子的影响，在设计开放活动方案的时候考虑对家长的指导目标，才能充分地发挥家园共育的作用。

（二）家长开放活动的内容与形式比较单一

已有的调查、研究发现，大多数教师会选择"教学活动"作为开放日活动的主要内容，其次是亲子活动，较少选择区角活动和自由活动。这是因为家长的传统观念认为孩子受教育就应该学习知识和技能，所以顺应家长的需求，教师较多地展示"教学成果"；而亲子活动能够带来快乐的气氛，所以也颇受家长和教师欢迎。开放日的组织形式则以集体活动为主，较少有自主和自由的活动形式；活动环节设计的结构性较强，较少有自然放松的活动形式。从专业的角度来说，区角游戏和自由活动更能展现孩子在自然状态下的习惯、个性与能力，更加有助于家长全面地了解孩子的真实面貌，然后采取有针对性的教育方法。事实上，"展示成绩，回避问题"的思维方式是教师和家长在教育心态上不平衡、不客观的表现，"紧张有余，放松不足"的组织形式则是教师不够自信和家长不够了解如何科学教育幼儿的表现。

（三）家长开放活动的"开放度"不够

《规程》对家长开放日制度的要求，是促进幼儿园开放办园的体现。但是，目前幼儿园的一些做法的开放度很有限。

1. 开放次数过少

有的幼儿园主要是放在学期初，重点是向新生家长开放；或者主要是放在学期末，重在向家长汇报；学期中间则很少开放，导致家长对幼儿教育的了解与参与程度不够。笔者调查发现，大多数家长希望一个月开放一次。

2. 场所不够开放

幼儿园向家长开放活动时，主要是在园内甚至是班内进行，导致开放日时人多拥挤，相互干扰。幼儿园对广阔的社区和社会资源以及家长资源利用不够。

3. 开放思路保守、谨慎

幼儿园总怕出事、不愿多事，所以有计划、有组织的开放较多，自然的、全面的开放较少。

实际上，成熟的开放目标应该是"天天向家长开放，欢迎家长随时来访"，这不但是幼儿园开放办园的体现，也是自信办园、管理有序的体现，还是幼儿园、家长和社区都具有较高素质以及拥有高水平合作关系的体现。

（四）家长开放日活动的专题研究与培训不受重视

幼儿园都会要求班级教师组织与实施家长开放日活动，主要是从例行工作常规的角度使之制度化，但是专门针对家长开放日的教科研与培训活动较少。年轻教师主要是通过班主任的言传身教以及配合班主任工作的途径，来领悟家长开放日活动的设计与实施方法。幼儿园对家长开放日活动的现状、问题以及教师的困惑，缺乏足够的园本教研和园本培训，这样即使有的教师在家长开放日活动方面有经验、有想法，但因为缺乏相应的研究、交流与培训平台，教师在这方面的专业成长也难以获得深入的、持续的关怀与指导，这样导致年轻教师组织家长开放活动的压力很大，进而导致他们缺乏参与活动的积极性、主动性与自信心。

三、家长开放日活动的多种形式与设计方案

幼儿教师应该根据实际需要,灵活地设计家长开放日的活动形式和具体活动方案。

(一)家长开放日活动的多种形式

在幼儿园实际工作中,家长开放日的活动形式多种多样,有突出某种类型的开放活动,也有以一种形式为主、其他形式为辅的混合性开放活动。教师可以根据班级或者家长的实际情况灵活设计。

1. 半日生活型

家长把孩子送到幼儿园之后,对孩子在幼儿园的生活、学习、游戏和锻炼等情况都很好奇,他们很想亲眼看见孩子的一日生活到底是怎样进行的。孩子真的像老师所说的进步那么大吗?所以,向家长展示孩子的半日活动是家长很期盼的内容。为此,教师平时要注意对孩子的常规习惯进行培养,如洗手、吃饭、如厕、睡眠、收拾玩具、举手发言等,让家长看到孩子入园以后所养成的良好习惯,尤其是独立生活能力的展示最容易打动家长,让家长真正感受到"孩子长大了"。

2. 能力展示型

在开放日向家长展示孩子最近学习到的知识与本领,是很多教师经常设计的活动内容,因为家长乐意看见孩子在幼儿园学到的具体能力。经过一段时间的积累,教师可以把幼儿在幼儿园学习的儿歌、歌曲、舞蹈、故事、绘画、折纸、游戏以及运动项目等,遵照人人都有展示机会的原则,把孩子的学习内容排成一台节目,向家长有序地展示。节目排练过程要注意劳逸结合,保护孩子的健康与兴趣;活动程序要与幼儿商量,能力强的中、大班孩子可以直接参与节目的设计与组织工作。

3. 游艺制作型

在家长开放日，邀请家长来园参与亲子游艺或者亲子制作活动，是促进家园关系和亲子关系良性发展的良好形式。在室外，可以组织亲子运动会、亲子游艺会。在室内，可以让孩子选择活动区，邀请家长一起从事搭建、手工制作、阅读等区域活动；也可以统一组织亲子绘画、亲子歌唱、亲子表演、亲子游戏等活动；还可以组织亲子一起动手包饺子、做面点、拌色拉。在组织游艺制作型活动时，教师要注意充分准备操作材料，发动家长自备部分材料，更要注意操作安全与食品卫生。

4. 亲子采摘型

长久生活在城市的孩子需要走进大自然观察一些基本生物的生长环境，否则他们会以为花生长在树上、西瓜种在水里、面粉天生就是粉末。现在很多幼儿园都会在秋季组织亲子采摘活动，让幼儿走进田野观察大自然，体验丰收的乐趣，如拔花生、挖红薯、摘樱桃、摘苹果等活动都是不错的选择。活动之前，教师要对幼儿进行相关生物的知识铺垫。教师观察后发现在采摘现场，很多孩子对采摘果实并不感兴趣，而对田野里的土、草、泥、虫非常感兴趣，于是有的家长就强行命令孩子与自己一起"采摘果实"，这时教师要引导家长尊重孩子的兴趣，引导家长理解带领孩子采摘的目的实际上是为了帮助孩子了解大自然。

5. 庆祝节日型

每年的主要节日，都是幼儿园举办家长开放日活动的好时机。以往，幼儿园通常会采取文艺表演的形式，但是因为文艺表演一是训练时间较长，二是只涉及少数才艺表演能力较强的小朋友，致使大部分孩子没有参与到节日庆祝活动之中，所以现在被很多幼儿园放弃了，取而代之的是大型游艺活动。比如三个班级组织联合游艺，每个班级设计三个游戏，每位教师主持一个游戏，每个游戏占据一个场地，如果一个班级三位老师，那么三个班级九个老师就可以在九个场地为亲子提供九个游戏，所有孩子都能轮流参与每个游戏。这样的家长开放活动场面盛大、气氛热闹，亲子玩完一个游戏再玩一个游戏，自始至终兴趣盎然。

6. 教学展示型

虽然幼儿所需掌握的知识与能力并不复杂、高深，但是很多家长的教育方法很单一，只会采取解释和灌输等成人学习的方式，导致孩子的学习兴趣不浓，学习效果也不好。幼儿教师的专业性就体现在教育方法的游戏性、丰富性与灵活性方面。此外，幼儿教师在教育内容的选择方面也尊重幼儿的年龄特点，尤其是在音乐、美术、舞蹈、手工等方面的技能技巧及教学方法都高于普通家长。因此，教师可以在家长开放日向家长展示科学的教学方法，提高家长的教育水平，展现教师的教学风采。

7. 教研观摩型

现在的幼儿园都很重视园本教研，会举行频繁的教学观摩与研讨活动，教师的教研水平不断得到提高，但绝大多数幼儿园都是"关门做专业"，很少向家长开放教研活动，家长并不清楚原来教师在如此严谨、认真地钻研幼儿教育。因此，教师可以尝试设计教研观摩开放活动，可以先让家长观摩教师对幼儿进行的教学活动，再让家长观摩教研组所有教师针对某一节教学活动开展的研讨活动，最后请家长谈一谈自己对教学活动和教研活动的感受或者建议。开放教研活动会让家长体会到如今的幼儿教育不再是以经验为主导的"简单的生活照顾和简单的知识技能教育"，而是以幼儿心理学和幼儿教育学为基础开展的科学的、专业的教育。

（二）家长开放日活动的设计方案

我国幼儿园的家长开放日活动传统是有目的、有准备、有组织的活动，这样有助于提高家长开放活动的效率，较好地传达幼儿园在家园共育方面的态度、理念与操作方法，所以家长开放日活动应该像日常保教或者教研观摩活动一样，需要教师设计活动方案。家长开放日活动方案与日常保教计划或教研活动方案有相同之处，也有不同之处。

一套完整的家长开放活动方案应该包括活动由来、活动目标、活动

第四章 让家长开放日活动巩固家长的信任

准备、活动过程、活动延伸与活动反思六个部分。从结构上说，它与日常保教计划或教研活动方案是一样的，但是在内容和具体要求上会有所不同。

1. 活动由来

教师组织任何活动都不是"无厘头"的，而是有想法、有根据、有背景的，家长开放活动更是如此，教师不能仅仅因为幼儿园要求必须开放才被动地、应急地设计活动方案，而是要从自己的理解与班级的需求主动思考本次家长开放活动的原因与目的。家长开放活动的内容是动态的、跟进的，与学期保教进程、幼儿发展状况以及教师的家庭教育指导思路密切相关。因此，教师要在活动由来中简要地描述幼儿的年龄特点与个性特点、最近一段时间内幼儿的生活与学习发展状况，以及教师对家长育儿态度与方法的观察、思考和建议，这样有助于增强开展家长开放活动的针对性。下面是一位中班教师设计家长开放活动的由来：

我们的中（1）班是一个新家庭，部分幼儿来自原小（1）班和原小（2）班，还有8名新转来的幼儿，一共有32名幼儿，其中男生20名，女生12名。经过近期的观察与了解，我们发现幼儿新学期适应得比较好，在常规方面有所提高，新的早操也已基本学会。目前的主要问题是小朋友之间及家长之间彼此还不是很熟悉，小朋友们在交往的时候会有一些冲突，不但会影响他们相处，也会影响家长对孩子进行同伴交往的教育。因此，本次召开家长开放活动的主要目的除了通过视频播放小朋友在园良好的生活与游戏情况以外，还通过一些团体游戏活动，创造机会让大家相互了解，感受集体环境的愉悦气氛，鼓励大家共同创建其乐融融的新家庭。

2. 活动目标

笔者通过查阅家长开放活动方案发现，很多教师把活动目标仅仅锁定在幼儿发展方面。比如某教师设计的两个目标分别是：①引导幼儿通过观察图片，跟随故事情节的发展，逐步体验帮助别人的快乐。②引导幼儿观察，大胆想象，结合生活经验表达自己的想法。这种设计思路与幼儿园集体教育活动一样。其实，家长开放活动与集体教育活动有很大区别。家长开放活动不但承担着促进幼儿发展的任务，还承担着加强亲子沟通、指导家庭教育的任务。目前，有的教师也考虑到亲子教育的目标，但是思考得比较浅显。比如某教师设计的两个目标分别是：①培养幼儿之间的团结合作能力和反应能力。②通过活动增进亲子间的感情，体验共同游戏活动的乐趣。第二个活动目标泛泛而谈，缺乏针对性，可以适用于绝大多数家长开放活动。因此，教师应该根据活动由来和活动目的思考本次活动希望达到的具体目标。

鉴于家长开放活动对幼儿、家长和教师都具有积极的促进和锻炼作用，这种"三位一体"的进步与成长都应该被纳入活动目标的设计之中，以便充分发挥家长开放活动作为综合活动的综合意义。

一位小班教师设计的新年联欢会的家长开放活动目标是：

(1) 幼儿发展目标：在集体面前大胆地展示自我，提高自信心和成就感。

(2) 家长教育目标：了解自己的孩子在集体环境中的表现，发现孩子的长处与问题；通过孩子的表现，感受集体教育的作用，理解教师的工作，增强家园共育意识。

(3) 教师成长目标：提高设计、组织联欢会的能力；锻炼应对现场突发情况的能力。

3. 活动准备

幼儿园的集体教育活动准备一般分为物质准备和经验准备，可以将之延伸到家长开放活动的准备思路之中。此外，针对家长的相关准备也应考虑进去。比如亲子活动前需要与家长联系，沟通活动内容与活动方式，如果家长需要请假参加活动，教师应与幼儿园联系，出具盖有公章的通知或者邀请函。活动的时候是否需要家长的协助、是否采纳家长主动提出的意见或者建议以及需要家长在亲子活动中应该注意的问题等事项，

第四章 让家长开放日活动巩固家长的信任

教师都要做到心中有数、有所准备。

一位大班教师设计的新年联欢会的家长开放活动准备是：

(1)物质准备：各节目所需要的音乐、话筒、服装、头饰、道具、化妆品等。

(2)经验准备：幼儿参与节目的积极性与主动性，自主制作海报与节目单，以及节目主持人的推选与排练等。

(3)家长准备：家庭亲子节目的增删与协调。

4.活动过程

在家长开放活动过程中，教师要注意设计和发挥家长的多重角色。家长首先是一个观察者，观察的效果取决于是否拥有正确的观念，而不是简单地用眼睛看。教师要引导家长在开放活动中掌握观察幼儿、观察环境、观察教师和观察教育活动的方法，使家长做到旁观的时候不要插手。同时，在需要家长互动的时候家长不要旁观，因为家长还是开放活动的参与者和评价者，而家长在亲身参与活动的过程中能够更加深刻地了解幼儿的发展特点和幼儿教育工作特点。另外，活动过程按照时间顺序或者活动顺序陆续展开，教师在设计的时候应注意自然流畅、逐步深入，环节之间衔接紧凑，尽量减少频繁更换场地，尽量避免幼儿和家长在活动场地来回走动。

一位大班老师一个月以来一直与小朋友一起开展环保主题教育活动，为了将环保意识延伸到家庭，鼓励家长与幼儿园一起将幼儿的环保意识发展为环保好习惯，教师特别设计了环保主题的家长开放活动，活动过程如下：

(1)自然引入：小朋友们最近关注的话题是什么？小朋友们与家长一起带来哪些环保资料？我们为什么要环保？我们班的环保口号是什么？

(2)环保口号：请各个小组向父母介绍和宣传自己的环保口号并展示学过的环保儿歌。

(3) 播放视频：向小朋友和家长播放环保主题活动的精彩片段。

(4) 学会总结：引导各组幼儿总结自己在环保主题活动中所做的事情。

(5) 家长反馈：请家长讲一讲孩子最近发生的变化。

(6) 环保启发：向小朋友和家长出示废旧材料，启发亲子思考变废为宝的方法。

(7) 亲子制作：亲子一起动脑、动手对废旧材料进行改造，注意安全使用工具。

(8) 作品展示：引导幼儿随着音乐节奏有序地展示和介绍自己的作品。

5. 活动延伸

活动延伸的目的是帮助家长把在幼儿园获得的科学教育知识与教育方法带回家，增强家长的家园共育意识及家庭教育指导能力。活动延伸，一般是指把教师的意图以"家庭作业"或者"温馨提示"的形式传达给家长。比如环保主题的家长开放活动结束之后，教师可以布置一项"家庭作业"，请家长与幼儿在家庭或者社区完成一项环保作业，可以是一件环保作品，也可以是一段视频，还可以创编环保儿歌。教师还可以通过"温馨提示"提醒家长：平时要注意节约用水，节约用电，给孩子树立学习的好榜样；还要教导幼儿珍惜粮食、爱护玩具，指导幼儿将环保意识体现在生活细节之中，体现于一言一行之中。

6. 活动反思

活动反思可以涉及整个活动过程的方方面面，比如准备是否充分；目标是否达到；教师分工与合作情况；幼儿的表现；家长的参与、互动和反馈；计划在实施中是否有变动；突发事件的应对情况；关键的成功经验以及不足之处，等等。教师可以对其中部分内容进行重点反思与总结，但不能每次都简单地总结为"活动顺利，家长满意"。

一位小班教师在家长开放活动后进行了反思：这次新年联欢会取得了很大的成功，家长们普遍反映很好。我沉静下来，仔细梳理出这次活动

第四章 让家长开放日活动巩固家长的信任

的有效经验。

1. 教师做了充分的准备

（1）从容地排练节目。从12月初开始，班级教师就灵活地安排时间排练节目，并注重用游戏的方式进行排练，避免给幼儿太大的压力。张弛有度的排练节奏使孩子们牢固地掌握了相关的经验和技能，保证了联欢会的演出效果。比如练习舞蹈《小海军》时，教师创设了这样一个情境："我们的海面上来了只海盗船，小海军们准备集合，一起去打海盗！"孩子们对老师创设的情境很感兴趣，积极地跟着老师学习动作，情绪也很慷慨激昂。

（2）活动准备细致、周全。从借服装到做头饰，到下载、剪接音乐，再到准备话筒、小凳子、奖状，最后是编写主持词，班级教师做了充分的准备。同时，邻班的教师也伸出了热情的援助之手，帮助小朋友们化妆。这些准备工作为联欢会增色不少，令家长们眼前一亮。

2. 活动组织有条不紊、形式多样

这次联欢会以节目表演为主线，中间穿插亲子游戏、"圣诞老人"送礼物、颁奖典礼，使孩子们和家长朋友避免了疲劳、乏味之感，整个活动显得流程顺畅、内容丰富，使孩子和家长感到惊喜不断。

3. 教师灵活应变，足智多谋

有几名淘气的小朋友，在联欢会进行到邀请舞时按捺不住了，纷纷趴到地上了。教师见状立即播放音乐，然后拉着这些小朋友们开始跳舞，成功地化解了他们的闹剧。在陆续颁奖的过程中，孩子们和家长难免出现"骚动"的场面，于是教师用倒数的方法宣布下一轮颁奖开始，有效制止了"骚动"。

联欢会结束后，家长朋友们通过口头致谢、网站留言等方式表达了自己的感动和感谢。我们看到活动后家长们的积极反馈，倍感欣喜和鼓舞！

四、家长开放日活动的组织与实施策略

有的教师在设计活动方案的时候感觉很不错,但是在实施过程中总会遇到这样或者那样的问题,影响了活动效果。其中的原因不能总是归结为"孩子见了家长太兴奋",即便如此也应该有解决方案,出现问题的主要原因应该是教师的组织与实施策略不足,很多问题事先没有想到,导致面对突发问题时缺乏应对策略。所以,教师很有必要总结家长开放活动中应该注意的事项。

(一)预先向家长告知幼儿的行为特点及应对策略

很多幼儿的行为具有两面性:人多时是一种行为方式,人少时是另一种行为方式;家长在场时是一种行为方式,家长不在场时是另一种行为方式;在家时是一种行为方式,不在家时又是另一种行为方式。教师对幼儿的这种行为特点要做到心中有数,并通过家长会或者其他方式指导家长正确地认识幼儿的这一特点,并以正确的方式对待和教育孩子。一般情况下,幼儿在家长开放活动中最容易出现的是"人来疯"现象或者退缩、依赖、娇气等行为。

1."人来疯"

有的孩子平时比较听话,有一定的规则意识,但是一到家长开放活动的时候,就控制不住自己,随意说话、插话、走动,甚至故意捣乱,影响整个活动效果。此时家长们的态度差别很大,有的家长无动于衷,任孩子随便行动;有的家长感觉尴尬,情急之下训斥甚至打骂孩子,结果孩子可能闹得更厉害。教师对幼儿的行为及其家长的态度都要有正确的认识和有效的处理方法。

首先,教师要把"人来疯"看成孩子的正常行为,而不能因此给孩子贴上"坏孩子"的标签。幼儿的神经系统发育不够完善,尤其是人多的时

候容易兴奋,想借机来表现自己。当遭到骤然阻止或者责骂的时候,他们的兴奋情绪尚未得到完全释放,因而会发脾气。同时,孩子的自尊心很强,当众呵斥会使他们感到难堪,他们会越发难以自控。这时,家长和教师不能跟孩子"硬碰硬",需要冷静地处理问题。

(1)家长的应对策略

家长可以在参加开放活动前与孩子"约法三章":"如果你表现得好,下一次我还会高兴地参加幼儿园里的活动;如果你表现得不好,下一次我就不参加了。"孩子都希望家长来幼儿园参加活动,一般都会痛快地答应家长的要求,那么当孩子在活动现场"人来疯"的时候,家长可以以此"警告"孩子。

"警告"之后,如果孩子仍然过于兴奋,家长也不要着急上火,可以悄悄地把孩子带离现场,温和而坚定地告诉孩子,他的行为是错误的,如果再继续下去,自己将带他离开幼儿园,以后也不再参加幼儿园的活动了。

如果孩子配合家长的要求对自己的行为有所控制,那么活动过后,家长可以对孩子的行为进行简要的总结和鼓励,比如:"今天你在……方面表现得好,在……方面表现得不够好,但是最终你能控制住自己,你很棒!"

(2)教师的应对策略

"人来疯"的孩子大多平时比较活跃,自我表现意识强,那么教师可以在家长开放活动的时候给这些孩子展示才能的机会,使他们在众人的掌声中获得心理满足,从而降低兴奋程度。

对于任由孩子"人来疯"的家长,教师需要找个合适的机会与家长沟通。首先要倾听家长的真实想法,然后因人而异进行家庭教育指导。有的家长很想管教孩子,但是苦于缺乏有效的方法,那么教师就应进行家庭教育方法的指导;有的家长认为"人来疯"是孩子个性的表现,认识不到孩子的个性应该与社会性同步发展,那么教师就应进行家庭教育观念的指导。一般情况下,家庭教育观念的指导难度大于家庭教育方法的指导,如果家长不认可正确的个性发展观念，教师也不要着急，可以通过其他渠道逐渐影响家长的态度，比如推荐相关文章，组织家长讨论，援引其他幼儿园或其他班级幼儿"人来疯"的案例，等等。

2. 退缩、依赖、娇气

与"人来疯"的孩子相反，内向胆小的孩子在家长开放活动时会表现得退缩、被动。他们平时敢于举手、发言、唱歌，这时却安静、腼腆。有的孩子平时已经能够自己吃饭、穿衣、画画，家长在身边时则变成"小婴儿"了，总是等待家长为他们做事。还有的孩子受点儿委屈就在家长面前娇气地撅嘴或者大哭，希望家长站出来为自己"主持公道"。对于以上行为，有的家长会迁就孩子的退缩情绪，为他们包办代替；有的家长则急于鼓励孩子参与，孩子越不动手，家长越着急，亲子双方参与开放活动的乐趣都受到消极情绪的影响。

（1）家长的应对策略

"知子莫若父，知女莫若母。"对于内向胆小的孩子，家长在参加活动前应先调动孩子的积极性。比如，家长可以问问孩子在家长开放活动中要做什么事情，然后告诉孩子自己特别想看到他的积极表现，还会带着相机拍下他的精彩瞬间，希望他不要错过机会！对于不自信的孩子，家长可以事先与孩子做一些准备，在家里做一些练习，提高孩子对相关活动的熟练程度，然后家长陪伴孩子一起现场表演或者操作。

在活动过程中，家长还要尊重和倾听孩子的想法。如果孩子不愿参与，询问清楚具体原因是什么，尽量当场消除孩子的顾虑，鼓励他大胆参与活动。如果孩子说不出原因，家长也不要着急，允许孩子旁观，等待他自主决定参与的时机。如果孩子过于依赖家长，自己迟迟不愿动手，家长可以为孩子做一半，另一半留给孩子自己做，允许孩子在半依赖半自立之间过渡。孩子完成任务之后，既要鼓励孩子又要提出新的希望，比如："如果你下一次自己做，就更棒了！"

（2）教师的应对策略

经过一段时间的相处，教师对幼儿的实际能力和性格特点已经比较了解。对于性格退缩、依赖、娇气的孩子，教师需要专门提醒这些孩子的家长平时不要对孩子总是包办代替，要鼓励孩子自己的事情自己做。对于因为内向胆小而不参与活动的孩子，教师要专门设计一些这类孩子平时比较拿手的活动项目，或者让他们与好朋友一起参与，逐渐培养孩子在集体活动中的自信心与积极性。

（二）预先向家长宣传观察和参与开放活动的方法

当前家长开放活动的一大"壮观"景象是：家长几乎都带着照相机或者摄像机，有的家长还架起三脚架，后排的家长甚至站在椅子上来抓拍孩子的镜头；有的家庭还来多个家长，然后分工负责，一个照相，一个摄像，一个现场指导。这种现象说明家长对开放活动的重视，但是也说明家长把自己定位为"看热闹"而不是"看门道"的角色。其实，观察和参与孩子的活动时是很"有门道"的，家长需要专业的态度与眼光才能更加有效地发挥开放活动的作用。

1. 观察的方法

观察不是用眼睛漫无目的地看，它是一种有目的、有计划的"边看边想"的活动，观察到的事物一定被看到，但是看到的事物未必一定被观察到，看到的事物只有被"意识到"才会进入观察的视野。因此，在开放活动过程中，家长是有意识地观察还是无意识地观察，家长观察时的思想意识是否正确以及观察的方法是否科学，直接影响到观察的效果。

（1）纵横比较，拥有一颗平常心

同龄的孩子在一起自然会产生比较，有的家长只是"横向比较"，要么只看到自己孩子好的一面，优越感很强；要么只看到孩子不如他人的一面，产生失落感。"横向比较"容易使家长失去心理平衡，难以客观地看待孩子，有的家长甚至还会当众训斥自己的孩子，伤害孩子的自尊心与自信心。正确的态度应该是"纵横比较",即既了解同龄孩子普遍的发展水平和心理特征,知道自己孩子与别的孩子的差异;又相比孩子以前,肯定孩子现在所取得的进步,尊重孩子的个体差异。然后,持有一颗平常心,做好自己的家庭教育工作,帮助孩子在自己的原有水平上不断成长与进步。

(2) **全面观察,关注孩子的社会性发展**

有一些家长存在观察片面的问题,比如片面关注孩子的认知发展,忽视孩子的社会性情绪与情感发展;片面关注孩子的知识学习,忽视孩子的学习兴趣与学习方法以及同伴交往等。开放活动的一个重要意义在于帮助家长观察平时在家所观察不到的孩子的另一面,这是观察孩子全面发展状况的重要途径。在家庭生活环境中,孩子的个性特点容易被培养和发现,而孩子的社会性发展则需要在由同龄伙伴组成的集体生活环境之中进行。因此,在开放活动中,教师可以引导家长观察孩子是否已养成文明礼貌的习惯,是否积极参与集体活动,是否主动与同伴交往,是否学会了平等、尊重、协商、分享、谦让等高级交往技能。

(3) **观察学法,平起平坐看孩子**

平时家长很容易在生活上"仰视"孩子,一切为孩子服务到底;在学习上"俯视"孩子,对孩子的学习活动指手画脚,以成人的思维观察和要求孩子。幼儿教师的专业性之一就是要引导家长学会"平视"孩子,根据孩子的年龄特点和学习水平因势利导,因此,教师在家长开放活动中要注意引导家长观察孩子的学法,能够平起平坐看孩子。

在一次小班家长开放活动中,佳佳很顺利地排完了1—5的点卡。佳佳爸爸认为学习内容太简单了,应该提高学习难度,于是对佳佳说:"你已经学会从1到5的排序了,现在你倒着排一排。"佳佳没有动手,爸爸又进一步解释:"倒着排就是从5排到1。"在爸爸的帮助下,佳佳把点卡排成了5、4、3、1、2。爸爸说:"排错了,1怎么排在了2的前面呢?"佳佳说:"1就是在2的前面。"爸爸又说:"我们现在是按照大数字在前面的方法排,那1应该放在哪里呢?"佳佳更糊涂了,她拿着写着"1"的点卡不知道放在哪里，着急地哭了起来。老师过来了，爸爸感叹道："真是没想到，这么简单的事情，怎么和孩子说不清楚呢？"

案例中，家长的问题出在对幼儿年龄特点和思维特点不了解，因而造成指导上的不得法。家长急躁冒进的态度非但不能促进孩子的学习与发展，反而打击孩子学习的积极性。绝大部分小班幼儿的数概念水平就是发展到简单的数量关系和序数，至于倒数则完全超出了小班幼儿的心智水平。另外，家长的指导语也很成人化，诸如"倒着排"、"1怎么排在了2的前面"以及"按照大数字在前面的方法排"等，都不易于小班孩子理解，孩子自然一脸茫然，不知所措。

教师引导家长观察幼儿的学法，要点还包括：幼儿是否能听懂教师针对活动提出的要求并迅速做出反应；在集体中的情绪状态如何；注意力是否集中；在什么情况下容易提高或者降低学习的主动性与积极性；孩子的语言表达能力、学习习惯和动手操作能力如何；与同伴的交往策略以及交往水平怎样等。

（4）观察教法，在游戏中寓教于乐

幼儿园教育要以游戏为基本活动形式，游戏教学水平是教师专业水平的重要体现。游戏，通常被家长简单地理解为玩，其实游戏的内涵非常丰富，教师可逐步引导家长理解游戏对于孩子的意义，提示家长观察教师如何用游戏教学法引导孩子主动学习、快乐学习，如何创设有利于孩子大胆探索、善于思考的学习环境。教师要引导家长观察，当孩子在活动中遇到困难时，教师是如何耐心地引导孩子解决问题的；当孩子与同伴发生矛盾时，教师是如何帮助他们和好如初、破涕为笑的；当孩子出现行为问题时，教师又采取了怎样的态度与何种方法等。

（5）观察环境，感悟环境育人

环境育人是幼儿教育的基本理念。幼儿园的环境包括物质环境和精神环境。对于大多数家长而言，首先映入眼帘的是幼儿园和班级的物质环境。家长会关心幼儿所处的环境是否安全、玩具是否丰富、硬件设施是否齐全、装修是否环保等问题，教师要在此基础之上引导家长关注环境的教育性，要让家长通过观察了解到玩具不仅仅要做到丰富，还要注意适合孩子的年龄特点和个体差异。玩具不是越现代、越现成、越昂贵就越好，而是要有助于促进孩子的动手操作和动脑思考。教师可以通过活动区材料向家长解释幼儿园提供较多半成品玩具、废旧玩具、开放的活动材料的意义和方法。同时，班级环境在幼儿的习惯养成和常规培养方面都有很多暗示性，教师可以向家长介绍幼儿在暗示性环境中的学习意义与预期学习效果，并提示家长平时在家庭生活中注意以身作则，通过环境育人。

精神环境，主要是指和谐的人际关系与充满关爱的成长环境。集体环境中的师幼关系犹如家庭中的亲子关系，教师对幼儿的态度以及与幼儿的互动行为都是影响幼儿发展的精神环境，因此教师引导家长观察师幼关系可以为他们建立良好的亲子关系带来启发和帮助。集体环境中的同伴关系是家庭环境中所缺失的，但这是幼儿健康成长必不可少的精神环境，教师可以引导家长观察幼儿发生交往关系的特点，让家长认识到适当冲突对幼儿发展的重要意义，进而能够采取科学理性的态度处理孩子与同伴之间的冲突。

总之，观察是一门学问，具有一定的专业性。必要的时候，教师可以为家长制作一些观察记录与评价表，帮助家长提高观察水平。观察记录表的设计可以采取逐步深入和逐步全面的策略，即不要在一张表格中列出所有需要观察的条目，也不要一步到位地要求家长观察得面面俱到，这样反而不利于家长深入观察与分析细节。教师可以根据幼儿园家长开放日活动的具体内容设计观察的项目，比如按照活动环节指导家长在每个环节重点观察哪些内容，诸如孩子的语言、动作、神情、态度以及操作方法、技能技巧或者交往策略等；还可以单独设计"备注"栏目，专门提示家长观察孩子有可能出现的现象以及建议家长所采取的对策。教师还可以根据"学法"设计观察记录表,诸如孩子在活动中运用了哪些策略,这些策略运用得是否正确和有效,有没有更好的策略等。不管是哪种观察记录表格,教师都要提醒家长仔细阅读和理解表格中每个条目的含义,鼓励家长有不明白的地方要多与教师沟通。家长完成观察记录表后,教师可以组织家长相互讨论,提高家长正确观察与评价幼儿的能力。

2. 参与的方法

很多家长乐于"参与"活动,但未必善于"参与"活动,因为参与活动需要遵循幼儿的学习规律和集体教育规律。不过,过度参与又会对孩子的学习活动以及独立自主能力的锻炼产生一定程度的干扰,所以,参与贵在适度,参与要讲究方法。

(1)积极参与,不要只做旁观者

目前,参与开放日活动的家长性别不够均衡,父亲的出席率远远低于母亲。此外,祖辈家长的出席率很高,但是在活动中的参与率不高,主要是旁观。从表面上看,原因是家长参与的积极性不高,事实上,积极性不高的原因与教师的宣传、鼓励程度以及教师设计的活动方案有关。如果教师只考虑有家长来参加活动就行了,那么他就不会太注意父亲参与亲子活动的独特意义,因而也较少鼓励父亲来园参加活动。如果教师只考虑自己组织活动的方便,没有考虑到祖辈家长在活动中的动作水平与难易程度,那么祖辈家长只好旁观活动。如果教师只考虑"展示"和"表演"幼儿的学习结果,那么家长就无从参与。可见,教师对家长参与活动的引导状况是影响家长积极参与的关键因素。

(2)注重过程,不以结果论成败

不少家长来幼儿园主要是看孩子在活动中是否完成了老师布置的任务,却较少关注孩子是如何完成任务的,换言之就是只看重结果,不注重过程,因此就会出现有些家长看到自己的孩子不会做或是没有其他孩子做得好时,就直接代办,帮助幼儿完成。

在一次母亲节举行的亲子活动中,有一个游戏是这样的:教师分发给每个孩子一小盘蛋糕，比赛哪个孩子最先把蛋糕全部喂到妈妈的嘴里。最初孩子们都在认认真真地一口一口地喂妈妈，渐渐地有的孩子快喂完了，有的孩子还剩下不少，只见有的妈妈直接从孩子手里拿过纸盘、蛋糕和叉子，自己一口就把剩下的蛋糕吃光了，然后高兴地说："哈哈，宝宝赢了！"

生活中类似的事情不少，大都表现为家长过分重视结果，不愿意带领孩子一起面对生活中出现的挑战、困难、失意、挫折或者失败。究其原因，是家长的思想意识里潜藏着一个失衡的尺度：重视成功，轻视成长。其实，成长比成功更重要，有时孩子获得成功却未必能获得成长。比如，上述案例中，教师之所以组织母亲节的亲子活动，本意是培养孩子对妈妈的情感，锻炼孩子精细动作的发展，但是妈妈们没有关注孩子的动作发展水平，没有以身作则地遵守游戏规则，最后孩子虽然成功了，却失去了在活动中锻炼自己的机会。妈妈们也把一个有意义的亲子活动变成一个随意的吃蛋糕的活动，忽略了通过活动发现孩子需要提高动作速度和准确度的发展目标，当然也忽视了亲子活动的情感教育意义。

（3）启发引导，避免灌输与强制

家长是孩子的第一任启蒙老师，但是进入幼儿园之后，教师成为孩子的第一任专业老师，有着更加专业的保教态度与保教方法。所以，教师应该有意识地引导、启发和帮助家长采取专业的教养态度与教养方法。如果教师把家长开放活动的目标定位在家长与孩子一起活动、一起学习，却不关注和指导家长与孩子在活动中的互动方式及其效果，那么开放活动就容易只在表面上呈现出热闹的景象，家长参与活动的质量实则没有得到专业指导与提升。比如，家长在活动中往往都是从自己而非孩子的角度去看待孩子的活动，所以容易高高在上地直接告诉孩子应该怎么做。如果孩子听不懂，他们就用同一方法反复地教孩子几遍，希望孩子能记住，而不是采用启发、引导的方式去促进孩子的思考。

为此，教师在组织开放活动的时候，可以先向家长抛出一个问题："如果孩子在活动中遇到困难，你会用怎样的方式来指导孩子呢？"这个问题对很多家长来说是一个挑战，因为很多家长潜意识里一直认为指导者的角色应该是由教师来承担的，家长只是来看看活动就行了。于是这个问题引来家长热烈的发言，有的家长说："直接告诉孩子。"有的家长说："先不直接告诉孩子，让他看看其他小朋友是怎么做的。"有的家长说："先问问孩子不会做的原因，再提醒他想一想老师是怎么教的，鼓励他独立完成。"在发言讨论过程中，家长意识到自己指导策略的单调与枯竭，渴望其他家长的教育方法以及教师的指导。教师不必直接对家长的发言进行点评，而是要启发家长用最有利于孩子动手动脑的方法进行指导。然后，教师在活动过程中注意观察亲子互动的情况，最后引导家长讨论自己指导孩子的好方法，教师再给予总结和提升，就能帮助家长进一步明确参与不是直接灌输，也不是强制干预，而是帮助孩子成为学习的主人。

（4）及时交流与总结参与的策略

很多时候，开放活动结束后，家长就带领孩子离园了，家长之间几乎没有交流与总结的机会。有时，则是教师做简单的总结："今天孩子们的表现不错，谢谢家长朋友的配合！"结果，开放活动成为一场"演出"：孩子是演员，家长是观众，教师是导演，最后"曲终人散"。事实上，向家长开放不是目的，开放只是一种途径，应该借此达到指导家长进行家庭教育的目的。所以，教师应该在活动结束之后引导家长针对开放活动进行交流与总结。

交流与总结可以采用分组或集体的方式进行。分组交流由家长自由组合分成若干小组，每组推选一个负责人、一个记录人，家长在小组中发表自己的感想、困惑和亲子互动过程中所运用的策略，由记录人做好记录，由小组负责人汇总问题，并代表本组向全体家长汇报。集体交流则由教师组织家长发言，汇总问题，提升经验。不管运用哪种方式，汇总问题都是一个关键环节，在这个环节中家长提出的问题及其解决的方法与策略将被分类、整理。如果家长解决的策略不足，教师需要做出相应的回应，争取获得家长的认可。如果家长不认可，教师需要集体研讨或者请教专家，最后给家长一个满意的答案。但是满意的答案不等于唯一正确的固定答案，而是富有启发性和建设性的答案，是有利于家长根据孩子的具体情况采取个性化家庭教育的指导方法。

（三）预先制定家长参加开放活动的常规

众所周知，电影院有"观众须知"，博物馆有"参观须知"，运动场有"观看须知"，幼儿园的家长开放活动也应该有"家长须知"。将"家长须知"内容考虑在先，是教师组织活动富有经验的体现。这样的做法也有利于规范家长的言行，提高活动的效率。"家长须知"一般都是按照条目罗列，可以家长人手一份，也可以长期张贴在教室外面的墙面上。班级教师还需要随时提醒家长相关条目，规范家长参加开放活动的常规行为。常见的"家长须知"如下：

（1）请准时来园参加活动，以免影响自己孩子和其他孩子的情绪。

（2）请父母多多参加活动，尽量避免总是祖辈家长或保姆代替参加。

（3）调整心态，抱着平常心来观察孩子。请不要对孩子包办代替，也不要当众训斥孩子。

（4）请根据教师的提示有目的、有思考、有秩序地观察孩子。

（5）如果孩子在活动中的表现不如您的期望，请您悄悄地在孩子耳边提醒孩子或者带领情绪激动的孩子暂时离开现场，以免影响其他幼儿和教师正常开展活动。

（6）在开放活动的各个环节中，请事先与孩子商量好不要让孩子黏在您的身边，鼓励孩子与教师和其他小朋友放松地参加活动。

（7）在幼儿用餐时请勿进入班级，避免打扰幼儿专注地用餐，也有利于幼儿用餐卫生。

（8）在参观活动时，请您保持安静，不要大声交谈，把手机调成振动或者静音状态，观摩活动时不要接近幼儿。

（9）在参与活动时，请放下您作为家长的身份，以同龄朋友的身份与孩子平等游戏。

（10）请您密切关注幼儿活动时的安全与卫生状况。

（11）午饭后，为了不影响幼儿安静地入睡，请您尽快离开。

（12）您如果要接孩子回家，请务必与班级老师打招呼。

（四）教师与家长合作解决各种突发事件

很多班级教师都有这种体会：如果没有家长在身边，教师带孩子比较容易，因为孩子大都听教师的话；如果有家长在身边，教师带孩子就比较难带，因为有时孩子听老师的，有时孩子听家长的，它最终取决于孩子认为听谁的对自己更有利。再加上家长开放日活动当天人员众多，走动无序，活动场地有限，存在各种安全隐患。这一方面需要教师加强防范，另一方面需要教师和家长合作解决各种突发事件。

在一次亲子运动会中，杨老师负责带领小朋友做跳跃运动，但是小朋友做不到整齐跳跃。其中，一个小男孩在跳下来的时候，他旁边的小女孩却在做跳上去的动作，而且两个孩子的身子都向对方有所倾斜，这样两个孩子就碰在一起了，小女孩的发卡正好蹭着小男孩的脖子，导致小男孩的脖子出血了，这时孩子、家长和老师都怔住了。副班老师反应最快，她立即从口袋里拿出纸巾捂着小男孩的脖子，并招呼家长与她一起送孩子去医务室处理伤口，杨老师则需要留下来继续进行下面的体育活动。

在体育活动开始前，杨老师首先用简洁的语言总结了刚才发生的事情："刚才大家亲眼看见了，幼儿园很容易出现意外事件，所以我们一定要培养孩子的规则意识。家长带领孩子参加活动或者拍照录像的时候，一定不要拥挤到孩子们中间，要给孩子留足活动空间。活动结束之后，我会去看望受伤的小朋友，现在请各位小朋友跟老师一起活动……"

第五章

把家长会还给家长

幼儿园在8月底召开了一次新生家长会,园长和保教主任全面介绍了幼儿园的性质、级别、办园理念以及保教、教研和课程设置情况。1个小时以后,家长来到幼儿所在的班级,由班主任介绍本班3位教师和20名幼儿的基本情况、小班保教目标以及本学期的保教内容与方法。会后,有的家长说:"第一次开幼儿园家长会,感觉很振奋,园长的介绍让人感觉幼儿园办园规范,班级老师的介绍让人感觉班级工作开展得细致周到,把孩子放在这个幼儿园,交给这三位教师让人很放心!"

一、家长会的特殊意义

家长会是由幼儿园或班级教师专门面向幼儿家长发起的,以幼儿园领导或班级教师讲述、介绍和传达为主,以家长提问为辅的常规沟通形式,分为幼儿园家长会和班级家长会两个层次,均具有受众人数多、沟通效率高的特点。此外,家长会还在以下三个方面具有特殊意义。

(一)家长会可以显示办园的规范性

上幼儿园是孩子成长中的一件大事,也是家长最牵挂的事。孩子第一次离开家长的视野和怀抱,走进陌生而又丰富多彩的幼儿园,家长对此既充满了期待,也充满了担忧和困惑。幼儿园作为孩子出生之后进入的第一个正规教育机构，如果园长或保教主任能够在第一次家长会上全面而且简洁地介绍幼儿园的历史、规模、级别、荣誉、办园标准以及幼儿园的组织管理机构，会让家长感觉到幼儿园的合法性、组织性、规范性，从宏观层面给家长留下良好的第一印象，有利于唤起家长对幼儿园的尊重与信任，为班级教师进一步开展家园沟通工作打下良好的基础。

（二）家长会集中体现幼儿教育先进理念

现在的家长对幼儿教育的重视程度比较高，但是认识水平并不到位。比如有的家长一方面踏破铁鞋想为孩子寻觅一所质量好的幼儿园；另一方面，他们又简单地认为幼儿教育没有什么内容。其实，他们心里并不清楚一所好幼儿园的标准是什么，也不清楚作为家长应该怎样配合老师教育孩子。有的家长一方面认为孩子的学习潜力很大；另一方面，他们却把学习看成是识字、计算、唱歌、跳舞等比较外显的知识与能力，并不知道孩子的心理素质、行为习惯、个性品质和人际交往是更重要的学习内容……这些似是而非的观念和态度都会影响孩子的健康成长和全面发展。班级教师可以在家长会上系统地介绍该年龄段幼儿的发展特点、本年级教育目标、全面发展的具体含义以及符合幼儿年龄特点的丰富教育形式，集中体现当今幼儿教育的先进理念，这对更新某些家长心目中根深蒂固的知识与教育观念有积极的意义。

（三）家长会可以展现教师的优良素质

家长会，尤其是班级家长会，是一位教师面向全体家长的正规沟通形式，集中体现教师思维的逻辑性、观念的科学性、口才的流畅性以及大方、自然的仪表形象，跟平时教师带班与幼儿相处时所体现的思维的发散性以及开朗、活泼、富有童趣和童心的行为表现是不同的，两者结合更能全面展现教师的基本素质。因此，教师要认真对待每一次家长会，大胆表现自己，锻炼自己在大庭广众面前大声说出自己观点的能力，把自己对工

作的热忱、对孩子的爱和关心明明白白地在家长面前表现出来,这样做有助于家长感受到幼儿教师的职业是高尚的、体面的、受人尊敬的。

二、家长会存在的主要问题

据调查,相对于中小学而言,幼儿园的家长会是比较受欢迎的,家长的满意度也比较高。究其原因,一方面是教师都非常重视,做了充分的准备;另一方面是幼儿园作为孩子走出家庭后进入社会的第一个台阶,家长对孩子在幼儿园的生活、学习、游戏、锻炼等各个方面都非常牵挂,家长希望了解幼儿园的方方面面。同时,幼儿园没有"考试"这个指挥棒,是实施素质教育的乐园,家长的关注点比较全面,所以他们乐意参加幼儿园的活动,尤其是次数不多的家长会。即便如此,当前的幼儿园家长会在若干方面还有待改进与提高。

(一)家长会的时间安排需要更加人性化

由于家长会具有集中性、总结性和高效性的特点,是专门召集家长参加的会议,是家长与教师之间难得的沟通机会,且会议的信息量比较大,很多事情需要家长与幼儿园充分协商并密切配合,因此,家长一般都会尽量参加家长会。不过,还是有一些家长想参加但是因为时间或者其他原因不能参加。因此,本着为家长着想、为家长服务的原则,幼儿园可以考虑更加人性化的时间安排方式。班级教师可以在开学初的调查问卷里了解家长最希望的开会时间以及家长方便请假开会的时间。如果家长有在双休日或晚上开家长会的需求,幼儿园可以考虑如此安排家长会,这样家长比较放松,不用赶时间或者耽误工作事务,教师与家长沟通得会更加充分;同时,幼儿园从规范管理的角度应该为教师所付出的加班时间给予调休或者补贴,维护教师的合法权益。幼儿园还可以考虑放学前1小时举行家长会。由一两名教师把幼儿带到另一个活动室,然后教师在本班教室与家长开会。会议结束之后,教师把孩子们带回教室,家长就可以直接带着孩子回家了。

(二)家长会的内容需要增加时代感

幼儿园教育是基本的启蒙教育,需要根据幼儿的身心发展进程逐步推进,因而教育内容具有很大的稳定性,于是带班多年的教师会觉得每年开家长会的主要内容都差不多,但是对于家长来说,却是他们正在面临的新问题。即使如此,家长会的内容可以通过增加时代感而有所创新。比如儿童视力保护一直是幼儿园保育的重要内容,以前教师主要是针对幼儿看书、看电视的时间长短和姿势进行教育。现在,除了引导家长关注孩子看书、看电视的用眼卫生以外,还要关注孩子玩手机游戏、计算机游戏等对幼儿眼睛发育的影响以及正确的保健方法。为此,教师需要提前调研、查阅资料或者进一步请教咨询,做好充分的准备给家长正确的指导。另外,幼儿喜欢的玩具和动画片一直都在推陈出新,教师需要加强相关了解,理性分析新玩具和新影片对孩子的积极或者消极影响,与时俱进地向家长提出教育建议,这种紧跟时代发展的现实性内容能引起家长的兴趣与共鸣,避免了传统内容给人带来陈旧、枯燥与乏味的感受。

(三)家长会的形式需要加强现代化

传统的家长会以教师讲、家长听为主,如果讲授内容再空洞抽象,可能就显得千篇一律、模式僵化、老生常谈,缺乏新意与特色,满足不了某些家长对家长会的期望。现在,随着现代化多媒体设备的发展和普及,家长会的形式如果能随之创新就会大大增强会议的效果。比如教师可以把用数码设备拍摄的照片或录像资料整理之后播放给家长看,会提高教师讲授内容的可信度;可以使用 Power-Point(简称 PPT)、会声会影、光影魔术手等软件处理视音频素材或制作讲义内容,会给家长留下深刻的印象。当然,在使用多媒体手段的时候,教师要尽量保证每个孩子都有"露

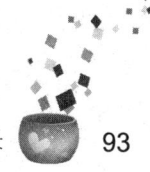

脸"的机会,而且"露脸"机会相对均衡,否则可能弄巧成拙,让某些家长感觉教师对自己的孩子不够关心和重视,所以教师平时积累视频素材的时候,要有计划地、有目的地抓拍每个孩子的精彩瞬间,让每个孩子都感觉到自己是老师心目中的"宝贝"!

(四)家长会的参与主体需要多元化

一般情况下,幼儿园参与家长会的主体是园长、保教主任和班主任,家长参与家长会以祖辈家长和妈妈为主。一般情况下,父母没有祖辈家长参与得多,爸爸没有妈妈参与得多。这种参会结构还需要优化和多元化。首先,幼儿园的副班教师与保育员老师应该有一定程度的参与,以体现保教结合的教育理念,也有利于班级教师齐心协力地做好班级工作。另外,幼儿园还可以考虑邀请街道和社区相关部门以及园外专家以研讨、讲座、座谈等方式参与家长会,走出封闭办园、封闭办幼教的思路,办出联合社会各界力量的"大幼教"。从家长参会的角度来说,祖辈家长是幼儿看护者群体,父母却是监护人,幼儿园的基本理念以及重要活动需要父母知晓、支持与协商,同时,父亲参与教育的独特作用是母亲不可替代的,教师有必要鼓励父母一同重视并参与家长会。

(五)家长的主体性需要得到尊重

由于家长会是以幼儿园领导或班级教师的讲述、介绍和传达为主,很容易把家长当做一个被动的"听众"而忽略他们的主体性。这个问题主要体现为幼儿园或班级教师总是对家长片面强调"要求"与"配合",却没有唤醒家长的内在情感与内在需求。另外,有的家长对泛泛而谈的空洞理论不感兴趣,只关心操作方法,只关心自己孩子的状况和个性特点,对普遍的年龄特点不感兴趣,因此教师的泛泛而谈不能激发家长内在的学习动机。究其原因,是幼儿园家长会存在以教师为中心的错误观念,认为家长只是来参加会议,结果常常出现家长在下面一言不发、表情冷淡,教师在上面滔滔不绝、唱独角戏的状况，导致家长与教师之间缺乏内在的互动、沟通与交流。因此，幼儿园需要改变这种陈旧的家长会模式并积极与家长进行互动，做到对班级家长的总体需求和个体需求都有清晰的了解，然后有针对性地分析与解决问题，这样才能真正调动家长参会的积极性，幼儿园才能与家长架起心与心沟通的桥梁。

三、家长会的多种形式与筹备

家长会是一种会议，是通过"开会"交流信息、商谈研讨的一种高效的工作形式，但如果开会形式总是千篇一律，让家长感觉自己总是被召集而来、被集体通知，那么家长会就会变得索然无味。因此，教师需要开动脑筋，把家长会设计得内容丰富、形式多样，只有这样才能增强家长会的凝聚力、实效性与趣味性。

（一）家长会的多种形式

家长会有多种组织形式，每种形式各有特色，教师可以根据不同的家长会内容选择不同的形式，而不是总局限于某一种形式，要发挥多种形式相互补充、相得益彰的积极作用。

1. 介绍型家长会

介绍型家长会，是指由幼儿园或者班级教师向家长介绍班级工作和各种活动的家长会。比如，开学初幼儿园举办的接待新生家长会；班级教师举行的介绍班况和学期工作的家长会；幼儿园兴趣班与特色班报名家长会；幼儿园举行大型活动前的动员家长会，等等。这一类型的家长会能够帮助家长清晰地了解幼儿园工作常规以及家长需要配合的工作。

2. 讲座型家长会

讲座是普及幼儿教育基本知识和基本方法的常用形式。讲座之前，教师要先调查家长的需求，了解家长最感兴趣和最感困惑的专题。讲座内容也可以是教师多年来根据工作经验发现的家长应知应会的内容，比如小班家长怎样帮助幼儿消除分离焦虑，中班家长怎样培养幼儿良好的行为习惯，大班家长怎样帮助幼儿做好幼小衔接；还可以是儿童画的秘密的解读，儿童学习特点与方法的介绍等。讲座不宜完全是理论灌输和知识讲解，选择理论联系实际、文字加图片的方式更受家长欢迎。主讲人可以是外请的专家，也可以是班级教师或者是养育得法的家长。讲座之后常常有一个简短的咨询交流环节。在这个环节中，家长提问，主讲人回答。

3. 分类型家长会

与幼儿和家长相处一段时间之后，教师会发现一部分幼儿和家长存在共性问题，于是就可以依此组织不同类型的家长会。比如超重肥胖幼儿家长会、龋齿患病幼儿家长会、胆小内向幼儿家长会、不善交往幼儿家长会、留守儿童家长会、流动儿童家长会等。针对家长群体的不同，教师则可以分别召开全职妈妈家长会、父亲家长会、保姆家长会、隔代教育家长会、单亲家庭家长会等。不同类型的家长会内容就是一个相对独立的专题，教师需要查阅和收集资料，了解已有的研究成果并结合本班幼儿和家长的具体表现，有针对性地提出教育建议，提高分类型家长会的实效性。

4. 座谈型家长会

有的家长会被称为家长座谈会、家长研讨会或者家长沙龙，这种类型的家长会多了一些对话与互动交流。家长座谈会的出现与现代教师日益尊重家长和现代家长素质日益提高密切相关。现代家长学历水平普遍较高、反思能力较强，其中不乏热心幼教、钻研幼教、具有真知灼见的家长。他们喜欢参与座谈研讨，发表自己的见解。在召开这种类型的家长会之前，教师需要收集家长的问题以及生活中的小案例，对问题和案例进行梳理和归类。一般情况下，由教师做主持人，用案例引发问题，鼓励家长各抒己见。家长则就一个或几个话题展开热烈讨论，彼此分享成功或失败的家庭教育经验，发挥"一言堂"讲座所不具备的家长互相影响、互相教育的作用。教师作为主持人最后要对研讨结果进行总结或者提升。这种类型的家长会需要家长群体有一定的文化基础，适用于教师与家长已经形成良好沟通关系的班级。

5. 建言型家长会

建言型家长会，是指一些幼儿园组织家长参与幼儿园的投资、管理或者课程设置等项目，有的班级教师也会组织家长群策群力地解决一些班务或教育问题。家长的建言献策成为幼儿园或班级决策的重要依据之一。建言型家长会民主氛围浓，家长权力大，有利于调动家长的主人翁意识，但是幼儿园和教师需要把握国家的教育方针与法律法规，贯彻执行《纲要》精神，不宜一味地迎合某些家长急功近利的需求。

6. 参与型家长会

传统的"教师讲，家长听"的会议模式具有权威发布和信息集中的特点，但也有枯燥说教、呆板被动的局限性，参与型家长会则给家长游戏、操作、体验、思考和发言的机会，教师可以尝试设计与组织家长参与到具体活动之中。比如有的家长经常以严厉批评和指责的态度对待孩子，针对这类家长，教师就可以让他们分成两组，一组扮演孩子，一组扮演父母，因为"孩子"不小心把饭菜撒落一地，"父母"就用消极、否定、严厉指责的语言批评"孩子"，然后再交换角色，最后让家长自由地表达自己所扮演角色的心理感受，从而起到启发家长改变不良教育态度的目的。这种家长会形式生动活泼、发人深思、具有创新性，给常规性的家长会带来了新的生机和活力。

7. 视听结合型家长会

家长对仅仅"听说"孩子在园的生活状况并不满足，他们特别希望能够"看到"孩子的真实表现。为此，许多教师在家长会上呈现大量的照片、录像资料，让家长看到孩子在园的言谈举止，了解孩子在幼儿园的每日生活常规和学习、游戏情况，并引导家长根据孩子的表现探讨育儿话题。这种组织形式生动、形象，会场气氛轻松、愉快，深受家长欢迎。然而，教

第五章　把家长会还给家长

师要尽量保证每个孩子都在照片或者镜头里出现，一些反映孩子不良行为习惯的视频不宜公开展示。如果有的教师不能熟练地应用拍摄技术或者缺乏多媒体设备，可以发动家长志愿者提前进班拍摄。

8. 作品分析型家长会

作品分析型家长会，是指教师带领家长通过分析幼儿的各种作品来了解幼儿发展的年龄特点和个性特点，树立尊重儿童、以儿童为本的教育理念，为教师和家长因材施教提供参考和依据，让家长有耳目一新的感觉。这种类型的家长会深受家长的欢迎。可以用来分析的儿童作品非常广泛，除了众所周知的美术作品、手工作品、建筑作品、舞蹈歌唱作品以及创编的儿歌、故事以外，儿童所参与的种植的植物、饲养的动物、科学小实验、科学记录表以及生活中的小案例都是教师可以与家长分享和分析的作品。作品分析型家长会对教师的专业水平要求较高，如果教师带班能力较强，但是教研能力一般，那么教师就难以胜任这种类型的家长会。不过，教师可以通过加强学习与思考逐步锻炼出相应的能力，最初可以尝试一年举行一次，且每次教师都要邀请家长和幼儿共同参与，必要的时候也可以邀请专家参与。活动过程中，教师要先鼓励家长观察作品、分析作品，再鼓励中、大班幼儿参与到作品的解读之中，最后由教师或专家进行总结与提升。

9. 阶段性家长会

一般情况下，幼儿园每学期召开两三次家长会，分别安排在学期初、学期中和学期末。学期初的家长会以沟通班级概况、交流学期保教计划和培养幼儿新学期常规为主，学期中的家长会以小结幼儿阶段性发展概况和临时安排相关重要活动为主，学期末的家长会以汇报幼儿发展情况、总结家园共育经验为主。学期每个阶段的班级家长会不必都在同一时间举行，不同年龄段的班级可以安排不同的时段召开家长会。中、大班的家长会可以在开学一个月以内进行；托班和小班的家长会既可以在开学一个月以后进行，也可以一开学就举行，尤其是新生家长会，家长将有许多疑问与教师交流,教师也会有许多常规要求与家长沟通,这样提前开家长会有助于提高开学后的工作效率。开学后一个月再开家长会的优势是教师对幼儿情况已经有所了解,家长对幼儿园的情况也比较熟悉了,这时教师与家长进行家园沟通更有针对性,效果也较好。可见,班级教师可以根据实际需求灵活地组织阶段性家长会。

10. 一对一家长会

一对一家长会在国外比较普遍,我国的一些国际幼儿园沿用了这种做法,具有一定的特色和特别效果。这种家长会采取每个家庭与幼儿园单独约谈5～10分钟的形式,可以让幼儿一起参加,也可以只有成人参加。幼儿园方面是由园长、保教主任和孩子所在班级的所有教师一起参加,家庭方面最好是所有家庭成员都参加。每5～10分钟只有一个家庭根据预约的时间来到教室开会,其他家长在指定区域等待,这样做可以使每个幼儿和家庭的隐私都得到尊重与保护。园方领导和每位教师都会就孩子的发展状况与家长进行交流,所有言辞充满了肯定与鼓励,但是又不空洞,因为每位教师都会出示幼儿的作品或者活动照片,举例说明孩子的优点与个性,让家长对孩子有一个全面而具体的了解。之后家长可以提问,但是一般都在10分钟以内结束,以免延迟其他家庭的家长会。

(二)家长会的筹备

家长会是幼儿园比较重视的正式会议,固然需要自然放松的氛围,但它毕竟不是聊天,还是需要幼儿教师精心地设计与准备,以便让家长感受到幼儿教师的真诚与敬业精神。

根据大多数家长会的运作流程,我们可以把家长会的召开大致分为三个阶段:第一阶段为家长会的筹备阶段,第二阶段为家长会的实施阶段,第三阶段为家长会的反思、反馈阶段。筹备家长会的主要工作内容如下:

1. 集体备课

不管是新手教师还是熟练型教师，召开家长会前都需要集体备课，而且园领导和班主任不能唱独角戏。因为家长会实际上是一次达成共识、形成合力的渠道，教师与家长之间、领导与班级教师之间、班主任与副班教师和保育员之间都需要商议和了解家长会的主要内容。班主任作为集体备课的主持人，在了解幼儿园整体工作的基础之上，要对班级工作有清晰的规划，同时与副班教师和保育员充分沟通最近一段时间的保教工作，积极吸纳他们的发现、意见与建议。家长会作为一项常规工作，教师还可以进行平行班集体备课。诸如家长会的设计与组织经验、课件的制作方法、发言稿的撰写以及家长会的一些资料等，班主任之间都可以共同分享，以便通过相互改进使自身能力提高。

2. 拟定提纲

家长会的提纲要体现整个家长会的流程，帮助教师避免疏漏会议环节。其中，对于重点内容和自己不太熟悉的内容，教师要做较多的内容提示，并尽量做到熟读成诵，不要以为自己已经写下来了，家长会时读一读就可以了，要知道照本宣科的家长会效果并不好，会给人教师业务不熟练、会前准备不充分的感觉，以致影响教师在家长心目中的形象。当然，教师可以把重点内容做成 PPT 课件，这样既给自己一个提示，也有助于家长听会、记笔记。教师还可以把提纲式的 PPT 课件打印出来，发给家长人手一份，这样家长可以边听边做补充笔记；祖辈家长或者保姆还可以把课件带回家给孩子的父母阅读，方便他们向孩子的父母传达家长会的主要内容。

中（1）班家长会提纲

时间：2012年8月31日下午3点—4点

地点：家长在班级开家长会，由班主任主持；幼儿在舞蹈室活动，由副班和保育员负责。

家长会流程与主要内容：

1. 向家长表示欢迎（文字略）

2. 介绍新班幼儿的总体情况和班级情况分析（文字略）

3. 介绍中班幼儿的年龄特点（重点内容，教师需要熟记并向家长解释）

(1) 集中注意力时间增长，无意注意占优势，向有意注意转移。

(2) 语言能力增强，由对话语向独白语发展。

(3) 思维的独立性有所发展，但仍然容易受他人影响。

(4) 动作的协调性增强，体力也增强，到了运动体能发展的关键期。

(5) 好动但还缺少技巧，存在安全隐患。

(6) 交往需求增强，但会出现交往问题。

(7) 无意撒谎和有意撒谎两种现象同时存在。

4. 介绍蒙氏课程的特点（重点内容，需要大量图片，见PPT）

5. 介绍中班幼儿新学期要学会的三个新本领

(1) 使用筷子进餐。

(2) 做值日生。

(3) 自己擦屁股。

6. 介绍中班幼儿在园一日生活作息安排（见PPT）

7. 提出中班幼儿的着装要求（见PPT，请家长熟记）

(1) 春夏装：要保护膝盖；女生的裙长在膝盖左右，不宜过长也不宜过短。

(2) 秋冬装：便于孩子整理，保暖、层数少。

(3) 女孩不戴发卡、首饰等物品。

(4) 书包要求：可以容纳全套衣服，方便幼儿需要时取用，另备塑料袋一个。

(5) 鞋子：合脚，便于运动。

8. 请家长配合的事宜（见PPT，请家长熟记）

(1) 接送安全要求：收好接送卡，每天进出幼儿园务必刷卡；换人接送需有书面字据并电话向教师确认。

(2) 接送人员：爸爸妈妈每周至少要来接送一次。

(3) 接送交流：与老师交流尽量在放学后，欢迎预约。

(4) 及时完成《幼儿成长档案》和《蒙氏作业》。

(5) 亲子活动：欢迎参加，但不强行要求。

(6) 幼儿被褥两周一次抱回洗晒，特殊时期请尊重园内要求。

(7) 病事假要求：幼儿发烧在家隔离，烧退后隔离一天再送入幼儿园；离京要隔离一周后再送入幼儿园；请按规定填写假条。

(8) 为幼儿勤剪指甲，要磨平指甲边缘，以免幼儿划伤自己。

9. 征求家长的意见与建议（家长可以口头交流，也可以写在纸条上）

3. 准备发言稿

家长会主要是教师与家长面对面的、自然亲切的口头交流，但是在某些环节教师可以诵读发言稿。尤其是新生家长会、大班毕业典礼或者某些重大活动时的开场白和结束语，教师需要精心准备一段书面语言，以正式的、庄重的态度表达自己的思想和情感，这样既能引领会议的议题和进程，也有助于产生打动人心的良好效果。需要注意的是，开场白和结束语都不宜过长，最好控制在300字以内，语言要简洁、明确、有逻辑性，必要的时候可以援引一两句经典名言，起到画龙点睛的作用。新教师准备的发言稿可以事先读给同事、朋友或者家人听听，听一听他们的感觉和意见，这样会对改进发言稿以及提高自己的书面语言表达能力，起到积极的促进作用。

小班家长会发言稿

开场白

尊敬的家长朋友们：

我们非常荣幸能与各位家长一起成为伴随孩子成长的伙伴！我是班主任王老师，另外两位老师分别是副班张老师和保育员洪老师，请允许我代表小(3)班三位老师欢迎各位家长在百忙之中抽时间来幼儿园开家长会！我想我们今天齐聚一堂的心愿是一样的，孩子是祖国的未来、是家庭的希望、是幼儿园的小主人，我们和全天下父母一样，盼望宝贝们成长为健康、聪明、懂事、有礼貌的孩子！这需要家长与幼儿园一起承担起教育孩子的责任。在孩子入园之前，您是孩子的第一位启蒙老师。现在孩子入园了，我们与您一起共同成为孩子的启蒙老师！幼儿园与家庭对孩子的作用，犹如一辆手推车的两个车轮，缺一不可。正如我国著名的学前教育专家陈鹤琴先生所说："幼稚教育是一件很复杂的事件，不是家庭一方面可以单独胜任的，也不是幼稚园一方面可以单独胜任的，必定要两方面共同合作方能得到充分的功效。"

今天，我就家园双方需要相互了解、相互合作的内容与大家交流与分享，欢迎您随时举手提问……

结束语

以上就是新生入园的主要教育内容和注意事项。尊敬的家长朋友们，您把孩子放在我们班，是给予我们的一份信任和托付，我们有责任照顾好孩子、教育好孩子！各位家长今天准时到会，认真听会，已经给予我们很大的鼓舞，我们三位教师对新学期的班级工作和家园共育工作充满了热情与期待，希望您继续支持我们的工作，欢迎您对我们的工作提出意见和建议！今天的家长会到此结束，需要与我们进一步交流的家长，请留下来。再次感谢各位家长朋友的参与！

4. 发放通知

通知的拟定要清晰、温馨、体贴，不要用生硬的命令式的口吻，要让家长一看就知道家长会的开始时间、持续时间、具体地点、主要内容、重要性以及教师的真诚关怀或者家长需要做的准备。通知的发放要多渠道、有策略，确保家长会有较高的出勤率。教师需要提前一周通过多种渠道通知家长：

- 在班级门口张贴通知。

- 发给家长人手一份通知。
- 给家长发手机短信,要求收到回复,确认能否参加。
- 家长接送孩子的时候进一步逐个确认能否参加。
- 通过幼儿告知家长。

教师不要把家长会当做只是成人之间的事情,而让幼儿置身其外。让幼儿对家长会有所了解和参与,可以让他们体会到家长和老师都很关心、爱护他们,同时也能锻炼他们做一些力所能及的事情。比如在开家长会的前一周,教师不断地向幼儿渗透家长会的消息,甚至指导幼儿做一些准备,让他们对家长会产生期待,让他们提醒家长开会的具体时间。比如,周一晚上放学的时候,教师可以告诉幼儿:"今天是星期一,星期五我们就要开家长会了,到时候你们的爸爸妈妈、爷爷奶奶要来看你们的手工作品、美术作品,还有建筑区作品。你们一定要认真做,到时候看谁的作品最棒!看谁是家长的好宝宝!你们回家要提醒家长星期五开会!"相信孩子的感召力会大大提高家长会的出勤率,即使有个别家长无法出席,也会向教师"请假"的,这样,教师在家长会的组织工作中就更加主动了。

家长会通知

尊敬的家长朋友:

您好!

您一定希望孩子拥有一口健康美丽的牙齿,3—6岁是孩子牙齿生长的关键期,也是孩子容易患龋齿的时期。因此,牙齿保健非常重要。最近的全园幼儿牙齿检查结果已经出来了,我们需要向您汇报班级幼儿的新龋率和龋齿矫治率,并与您一起分担孩子太爱吃甜食、不爱刷牙的烦恼。同时,我们还特别邀请市口腔医院的牙科大夫——我班小朋友峰峰的妈妈,与您分享保护儿童牙齿的专业知识与专业方法,如果您有特别的烦恼,9月7日有机会与专家面对面交流哦!

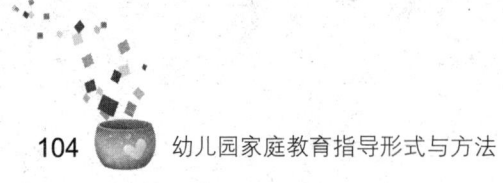

谢谢您的关注！期待您的参与！

中（5）班
2012 年 9 月 3 日

附：家长会须知

（1）9月7日周五15:00，请准时到本班教室开会。

（2）请准备好笔和笔记本，做必要的书面记录。

（3）请准备好相关问题，家长会后可以进行现场咨询。

（4）若家长请假需要幼儿园出具正式通知，请提前与班主任联系。

5. 选择有关幼儿年龄特点的内容

班级教师与家长面对面的集体开会机会并不多。因此，在家长会上，教师除了通报情况、安排事务以外，还要抓住机会向家长讲解幼儿的年龄特点，这将为以后的家长工作奠定良好的基础。比如同样是不愿意上幼儿园，不同年龄段的幼儿表现不同。托、小班的幼儿主要表现为具有明显的分离焦虑，哭闹着不肯跟家长分开，不愿意进入班级；中、大班幼儿则会找各种各样表面"合理"的理由，比如老师不喜欢自己，幼儿园的饭菜不好吃，自己不舒服，小朋友欺负自己，等等。事实上，一旦孩子在家长离开之后进入班级，他们很快地就能融入到班级活动中。托、小班幼儿的思维还具有把想象当做真实的特点，因而会出现各种"撒谎"现象，很容易迷惑家长和教师的判断力，有时他们甚至会"成功"地导致教师和家长之间产生一些误解。诸如此类的幼儿年龄特点问题，教师都需要用案例分析的方式帮助家长正确地解读与解决。家长的认识水平与处理能力得到提高之后，很多伴随幼儿年龄特点产生的典型问题都可能防患于未然。

6. 选择突出班级特色的内容

家长会的内容要全面，同时也可以突出班级特色，这样会给家长留下深刻的印象。特色并不是要求班级搞出花样，吸引眼球，也不是一味地展示教师的技能与技巧，而是着重强调教师理解得最透彻、做得最好的重点工作。家长并不会苛求教师样样精通，只要是为孩子着想、为家长服务的工作内容，都会得到家长的认可与支持的，所以教师可以有所选择地与家长做重点交流。比如，有的教师长期以来喜欢研读儿童心理学知识，对孩子的心理现象比较关注，那么教师就可以把自己的班级特色定位为幼儿心理健康教育。教师可以多列举一些反映幼儿心理现象的小故事，这样既可以使内容生动有趣，也有助于家长理解儿童心理，还可以帮助家长在尊重儿童心理特点的基础之上进行科学的早期教育。

一位教师在组织家长会前，先把家长会的流程进行了梳理：①组织家长观看幼儿活动剪影；②分析上学期幼儿总体发展状况，总结上学期家长工作开展的情况；③概括班级幼儿近况；④介绍本学期保教计划；⑤简要说明本学期将要举办的大型活动；⑥介绍最近家园沟通的主要事项；⑦介绍10种培养幼儿健康心理的方法。

其中，最后一项内容不是幼儿园统一布置的任务，而是班级教师自己确立的特色教育活动。

四、家长会的组织与实施策略

再好的计划与方案也需要通过组织与实施过程得到落实，组织与实施能力是教师执行能力的重要表现，体现了教师对全园以及班级软硬件设施、设备与资源的整合利用水平，是教师行动周密、匠心独运、通力合作的体现。

1. 安排与布置会场

如果家长会需要的场地比较大，教师就需要利用幼儿园的大型活动场所。大型场所一般需要横幅或者电子显示屏烘托气氛，不但话筒和音响要提前试用，而且在活动当天需要有专门的技术人员陪同，随时处理各种设备在使用过程中出现的状况。另外，大型集会都需要安全疏散常识，这就需要教师把参会人数控制在规定范围以内，并有安全疏散的意识与方法。如果在班级教室举行，教师可以根据会议内容的需要安排座位方式。如果是介绍型、讲座型家长会，可以安排成面向教师的横排座位；如果是研讨型、建言型家长会，可以安排成相向而坐的圆桌式座位；如果是参与型、作品分析型家长会，则需要在四周安排座位，把中间空出来作为活动场地；如果有小朋友参加家长会，则需要准备隔离带让家长给孩子留出活动场地；如果是小型的座谈会、分类型家长会或者一对一的家长会，则可以简单地准备一些茶水、水果或者点心，用以增添会场的温馨气氛。

2. 迎接与签到

与平时迎接家长送孩子上幼儿园有所不同，家长会的迎接方式要在一定程度上满足成人的习惯与需求。教师要确保家长知道会议所在场所，必要的时候要在幼儿园出示路线指引图。会场门口需要一块小黑板，上面写有致家长会的欢迎辞；同时，还需要一名教师站在入口处提示家长签到，并培养家长形成以后参会自觉签到的习惯。

会议正式开始之前，教师可以播放音乐或者视频。音乐方面，最好是播放具有成人审美情趣的轻音乐。目前，比较受欢迎的流行轻音乐包括：瑞士班得瑞乐队弹奏的轻音乐，如《安妮的仙境》(Annie's Wonderland)、《雪的梦幻》(Snowdreams)、《初雪》(The First Snowflake)、《春野》(One Day in Spring)等；韩国音乐家李闰珉的《雨的印记》(Kiss the Rain)；爱尔兰音乐家恩雅的《水印》(Watermark)以及日本音乐家久石让的轻音乐，如《天空之城》(Castle in the Sky)、《永远和我在一起》(Always with Me)等。家长在优美的轻音乐背景下可以小声地交谈、阅读资料或者欣赏班级环境。视频方面，教师可以播放幼儿平时的活动片段，并在适当的地方添加一些精要的解释、点评甚至幽默的调侃，都对家长很有吸引力。教师还可以在网站上选择下载一些有关幼儿教育、家庭教育方面的 PPT 课件，这些对家长也具有一定的启发和教育意义。

3. 选用小游戏调节气氛

家长会如果只是以"说"与"听"为主，难免给人冗长和单调的感觉，因此设计和组织适当的小游戏不但能调节气氛，也能渗透家庭教育指导。小游戏可以在会议开始时做，也可以穿插在会议中间做。最简单的小游戏可以是平时教师带孩子做的手指操游戏或者手眼协调游戏，这对于平时游戏经验并不太丰富的家长来说很有意义，可以帮助他们学会与孩子一起做游戏。这样既锻炼小朋友的精细动作发展能力，又能增进亲子互动的质量。还有一些心理咨询中使用的团体游戏、拓展训练游戏以及社会培训活动中的游戏，都可以稍加改编后用于教师组织的各种家长会之中。

（1）**团体游戏：红旗不倒**

教师按照班级幼儿的人数与学号，把与会家长分为两组，并请每个家长记住自己孩子的学号，假如1—15号为第一组，那么16—30号就是第二组。每组围成一个圆圈，选出一人作为旗杆手站在中间，手持旗杆。教师随意说出第一组范围内的一个学号，旗杆手听到后立即松手，圆圈内听到孩子学号的家长立即跑向前去扶旗杆，以旗杆不倒为赢，旗杆倒下为输。输者表演一个节目或者讲述孩子成长中的一件趣事。接着，第二组家长做游戏。

（2）**团体游戏：生日排序**

请每个家长记住自己孩子的生日，然后按照由小至大的顺序为全班幼儿的生日排序。排序方式是：教师首先明确班级中生日最小和最大的孩子，让他们的家长分别站在队伍的一头一尾，其他家长则根据孩子的生日大小排序站位。排序的过程中，家长们只能用肢体语言交流，不能出声，也不能说话。排序结束之后，让家长手拉手站成圆圈，依次报出孩子的生日，相互检查是否出错，出错的家长则需要表演一个节目或者讲述孩子出生时的小故事。

这两个团体游戏为家长创设了愉快轻松的交流氛围，对于家长熟悉孩子的学号、熟悉孩子的同龄伙伴以及家长之间的相互熟悉有积极的意

义，有利于活跃集体活动气氛，增强家长的集体情感与班级凝聚力。

（3）手指操游戏

手指操游戏主要是用来锻炼孩子的模仿能力以及语言、动作的相互配合与协调能力。教师把手指操教给家长，并附上儿歌相关动作的文字说明，帮助家长带领孩子一边念儿歌一边做动作；最初可以慢一点，以后可以逐步加快速度，以锻炼孩子快速跟说儿歌以及快速转换动作的反应能力。

五 指 谣

一个手指点点点，（伸出一个手指点宝宝）
两个手指敲敲敲，（伸出两个手指在宝宝身上轻敲）
三个手指捏捏捏，（伸出三个手指在宝宝身上轻捏）
四个手指挠挠挠，（伸出四个手指在宝宝身上轻挠）
五个手指拍拍拍。（两只手对拍）
五个兄弟爬上山，（从宝宝的下身往上移动做爬山状）
叽里咕噜滚下来。（在宝宝身上从上往下挠）

（4）手眼协调游戏

手眼协调游戏是让孩子根据视觉信息而改变活动的方向和力度，是锻炼孩子视知觉与精细动作的协调配合能力的方法，是孩子智能发展和学习能力的重要组成部分。手眼协调活动在日常生活中随处可见，只是家长未必意识到这一点，比如平时让孩子自己的事情自己做，就是在锻炼孩子的手眼协调能力。同时，教师也可以为家长提供一些简单的手眼协调游戏，如揉纸团、剪纸、撕纸等。

快 乐 撕 纸

游戏准备：各种废旧报纸或者广告纸，彩色圆珠笔和画纸。

方法：以下步骤是按照由易到难的顺序依次展开的，家长可以根据孩子的年龄特点和手眼协调能力尝试不同难度的游戏。

（1）家长把废旧报纸或者广告纸撕成碎片，然后鼓励孩子模仿自己的动作，直至孩子熟练撕纸片。

（2）家长把废旧报纸或者广告纸撕成长条、圆形、四边形等不同形状，然后鼓励孩子模仿自己的动作。

（3）家长画出不同的图案，指导孩子撕成相对应的图案。

（4）鼓励孩子自由发挥想象力，创意撕纸；或者鼓励孩子自己画出一个图案，再撕成相对应的图案。

（5）鼓励孩子随意撕纸，然后把不同大小和形状的撕纸拼成有趣的图案。

4. 会议内容安排要详略得当

有的家长会上，教师交代得事无巨细，导致家长会冗长。于是，有的家长就提议把这些事情打印出来发给家长阅读即可，可是这样做却忽略了那些因为年纪大阅读不方便而需要教师面对面交流的家长。因此，教师需要根据参会家长的年龄、学历和认读水平来安排会议内容的详略。一方面，所有的事情都要提到；另一方面，又要注意详略得当。所以，教师认真准备会议资料很关键。对于哪些事情需要家长认真阅读；哪些事情需要家长记录笔记；哪些事情可以简化成"小贴士"，教师都要做到心中有数，这样就可以少讲家长能够看明白的内容，重点讲家长可能不清楚的内容。

5. 做会议记录

一般情况下，家长会都有发言稿和会议流程，基本反映了家长会的主要内容，那么，会议记录就可以在此基础上进行补充。会议记录者可以是班级教师，也可以是家长志愿者。教师需要事先将会议流程、发言稿或者讲义交给记录者，让他们对会议有所了解，然后详略得当地安排记录。其中家长的现场发言、提问以及教师的现场指导内容需要详细记录，会议后班主任要重新阅读会议记录，有时需要根据自己的回忆补充相关内容，最后形成完整的文本档案。当然，班主任也可以不安排会议记录者，而是采取录音的方式记录，最后根据回放录音整理成文本档案。会议记录为教师有效地总结家长会内容奠定了基础。

6. 反思与反馈

家长会结束之后，教师要收集家长对会议内容的意见或者其他相关建议，并在此基础之上反思改进工作的思路并及时向家长反馈后续工作开展的情况。其中，需要幼儿园给予支持和指导的内容，班级教师要主动向园领导反映；属于班级工作的内容，班主任需要与班级其他教师协商工作策略。对于个别家长的意见或建议，教师要做好个别沟通工作。另外，教师还要注意向幼儿渗透有关家长会的情况以及会后的工作内容。教师不要以为家长会只是成人之间的沟通，其实幼儿恰恰对老师与家长之间的成人沟通很感兴趣。教师可以借助家园沟通话题引导幼儿主动生活、积极学习，自觉培养好习惯。

某一次小班家长会上，教师主要与家长谈了培养孩子独立自理能力的问题。会议结束后，张奶奶对老师说："如果莹莹妈妈不在家，莹莹就很听话，自己吃饭，自己睡觉，很懂事的。可是妈妈一回来莹莹就开始与我做对了，自己什么事情都不做，都等着我去为她做。"

第二天晨间谈话的时候，教师对莹莹说："你知道昨天奶奶来开家长会了吗？"莹莹点点头。"你想不想知道老师对奶奶说了什么？"莹莹瞪着大眼睛看着老师，期待着老师的答案。"老师对奶奶说莹莹在幼儿园可棒了，一直都是自己吃饭、自己睡觉，是咱们班的小明星！但是要想一直当小明星，莹莹就不能只在班里的时候自己的事情自己做，在家里的时候也要自己吃饭、自己睡觉；莹莹愿意在家里也当小明星吗？"莹莹点点头。"那放学后，你对奶奶说不许妈妈喂饭，不许妈妈陪睡，好吗？只要奶奶明天早上送你入园的时候，说你做到了，老师就在你的名字下面粘上一个明星小贴画，好吗？"由于教师激发了孩子的成就动机，又请奶奶当裁判，还把喂饭和陪睡的责任间接地、巧妙地推到了妈妈身上，莹莹的压力减少了，动力却增加了，莹莹很快就改正了小毛病。

第六章

让家访成为良好家园关系的催化剂

◆ ◆ ◆

李老师班上的一个孩子在上厕所时不小心摔倒了,头上磕破了点儿皮,当班教师立即送孩子到医务室进行了伤口处理。彼时,李老师正在外面开会。开完会,她了解清楚情况后立马去做了家访,夜里11点才回到家。李老师的好朋友说:"家访不但很辛苦,占用你自己的很多业余时间,你还把别人带班时出事的责任揽下来了,你是怎么想的?是不是因为听说家长来接孩子的时候情绪很激动?"李老师解释道:"这孩子家里是三代单传,爷爷对孙子照料得很细致,看到孩子受伤,情绪激动,是可以理解的。我主要考虑的还是顺顺当当地把班级工作做好。现在家访工作开展得并不多了,但必要的时候进行家访有利于增强家园沟通的效果,可以化解很多矛盾。"

家访是建立幼儿园与家庭良好关系的催化剂。做好家访工作,教师需要了解以下几方面内容。

一、传统家访式微的原因

家访即家庭访问,是教师走进幼儿家庭,与幼儿家长深入交流幼儿生活状况、沟通教育观念、共商教育策略的方式。在电话、计算机等电信手段尚未普及的年代,家访是幼儿教师经常使用的家园沟通方式,主要发生在开学初师生不太了解时,教师需要通过家访了解孩子的成长背景,建立良好的师幼关系;或者,开学一段时间后,教师发现孩子出现一些成长中的问题需要解决;或者家长对幼儿园和班级工作有意见或建议,需要与教师沟通时。有时,班级出现突发事件或者需要临时组织活动或安排任务,教师也需要通过家访与幼儿家长进行个别沟通。在信息时代以前,家访是制度化的,教师会制订学期或者学年家访计划,家访的发起者主要是教师,也有少数情况是家长主动邀请教师家访。

随着电信手段迅速在家庭普及以及家长家庭私密生活意识的增强,传统家访逐渐淡出人们的视野。除了因为电话等现代"电子家访"方式快捷方便、简单易行以外,教师的工作任务比以前更加繁重也是家访减少的一个原因。教师除了备课、上课以外,还要建构园本课程,还需要花费大量的时间查资料、做教具、布置环境、辅导活动区,还要忙于日常班务、业务学习、在职进修、做教研、搞研讨、写论文等。同时,现代人的生活节奏也比以前紧张,生活压力较大。还有一个原因是,一般家长对待家访的教师态度都很热情,请客、吃饭、送礼现象时常让教师进退两难。

二、传统家访的优势不可替代

虽然传统家访在现代社会存在一定的局限性,但是传统家访所具有的面对面、直接、深入沟通的优势以及在强化教师与幼儿、教师与家长之间的情感与信任方面所发挥的积极作用,是现代通信手段所不可替代的。比如人们通过电话进行口头交流时,难免出现逻辑不严谨、表达不连贯的现象,导致一定程度的言不达意,使沟通效果打了折扣甚至出现误解;通过电话可以传达语气、语调,无法传达表情、姿态和动作所表达的附加信息,无法给人留下视觉印象,在加深教师与幼儿、教师与家长的情感方面也不如传统家访效果好。除此以外,传统家访还具有其他方式不可替代的优势,在某些情况下运用家访进行沟通,效果更好。

（一）家访使幼儿教育指导以家庭为基础

"大教育观"下的幼儿教育包括幼儿园教育、家庭教育以及社会教育。现代教育研究结果已经证明，在幼儿的早期成长环境中，家庭教育对幼儿的影响排在首位，其次才是幼儿园教育。虽然幼儿园教育是儿童出生之后所接受的第一个正规教育，但是幼儿园教育指导依然要以家庭教育为基础。因此，教师在幼儿园针对幼儿发展所做的观察、发现、分析和指导过程中，都需要参考幼儿所在的家庭环境状况，而了解幼儿的家庭教育情况不能仅仅依靠家长的口头描述，还需要教师深入家庭进行观察和了解，得到第一手的客观资料，才能更加客观地分析家庭环境对幼儿产生的客观影响，这样，教师的家园共育思路和策略才会建立在科学调研的基础之上。

（二）家访更有利于个别辅导

由于现代独生子女家庭存在一些不科学的养育方式，有些孩子出现基本素质发展不平衡、个性发展不全面、行为习惯不良、感觉统合失调、语言发展迟缓或者有轻微自闭症等现象，这些都需要教师加强个别辅导以促进孩子的发展。如果家长对孩子的现状不够重视，意识不到这些问题对孩子长远发展的影响，教师需要跟家长深入沟通，帮助家长树立科学的早期教育观念。有的家长虽然已经意识到孩子的问题，但是苦于找不到符合孩子年龄特点的有效方法，也需要教师手把手、面对面地进行具体指导。

（三）教育处境不利的家庭更需要家访

在现代社会背景下，家庭物质条件普遍得到改善，但是家庭生活环境的稳定性在下降。诸如父母离异、父母长年在外打工、孩子居所不定等问题，都不利于孩子的生活稳定和心理健康发展。"幸福的家庭都是相似的、不幸的家庭各有各的不幸。"这些教育处境不利的家庭都需要教师的特别关怀,而家访能给孩子及其家长带来鼓舞和力量。这些家庭各有各的特殊性,需要教师进行专门的调研,以便为家长提供有针对性的帮助与指导。

(四)家访有助于处理幼儿园意外事件

孩子在幼儿园里会出现各种各样的突发情况,这在集体生活环境中是难以避免的,但是当事情发生在自己孩子身上的时候,有的家长就难以接受了。比如在一个孩子出现意外伤害以后,教师对孩子的家长说:"实在对不起,我们在幼儿园没有看好孩子,但是孩子游戏的时候发生碰撞是难以避免的。"家长说:"照你这么说,那我家孩子倒霉就是应该的了?"可见,教师几句潦草的、简单的解释和道歉在家长看来是缺乏诚意的。入户家访可以让教师有机会与家长充分交流孩子集体游戏的特点,让这些家长感受到教师真诚的态度与付出的关怀。事实上,家长在家里只养育一个孩子,对孩子在集体环境中可能发生的意外事件是缺乏观感、了解和想象力的,教师在家访中展开描述、刻画细节,才能增进家长对意外事件发生的理解。

三、传统家访需要创新

传统家访的功能是不可替代的,但是随着时代的发展,传统家访的形式需要与时俱进,使之更加符合现代人的生活习惯,进一步提高家访的效率。

1. 家访密度要适宜

现代人崇尚工作与生活的合理分配,工作的时候敬业、投入,回家的时候放松、惬意,"80后"家长更是如此。家访耗时长,会透支教师的业余时间与精力;现代家长也很忙,业余时间有很多事情要做,所以家访不应该是现代社会家园沟通的主要方式,而应该是一种重要的辅助方式。当电话、短信、网络沟通不能解决问题的时候,教师再考虑发挥家访的独特优势。家访也不是越频繁越好,关键是要适度。

2. 家访时间要适度

家访时间需要教师事先与家长约好,而且不是越长越好,超过一定的限度就会出现低效交流甚至疲劳现象,也会影响彼此的生活与休息。家访需要一方倾述、另一方倾听,这个过程双方都要集中注意力,而人的注意力时间是有限度的。心理学研究发现,成人沟通最有效的时间是45分钟左右,时间太短还没有来得及展开话题,时间太长就该说"车轱辘话"了,或者东拉西扯、偏离主题。因此,教师入户之后除了一些必要的寒暄和铺垫话题以外,教师要注意引导话题围绕主题沟通,把家访时间控制在60分钟以内。

3. 家访要有条理

成功的家访需要教师"备课",即在家访前制订一个家访计划,并列出几个主要问题,把握谈话的思路与重点,做到胸有成竹不乱说,言之有序、言之有理、言之有据、言之有情。比如这次家访的目的是什么?想收到什么效果?家长对自己的解释和建议不理解怎么办?怎样交流才能引起家长的重视?教师只有对诸多相关问题有准备、想清楚,才能提高沟通效率。另外,家访也是工作的一部分,教师要衣着整洁、穿戴大方、仪表文雅、谈吐稳重,不要邋里邋遢、随心所欲。良好的外在形象会让家长感觉教师很重视这次家访,自然能引起家长的重视和尊重,为成功家访奠定基础。

4. 家访未必在家

传统家访是教师进入幼儿家庭进行沟通,现代家访的地点未必就在家里。由于很多家长比较注重个人生活的私密性,也由于现代社会提供了很多谈话聊天的环境,教师可以与家长商量一个就近方便的地点谈话,如简餐店、茶馆、咖啡屋或者户外安静的地点等。有些话题不在家交谈可能效果更好，比如一些不便孩子听到的评论或事情，一些容易引起爷爷奶奶心情不快的隔代教育话题，一些父亲或者母亲不适宜的教养方式等。适当地采取回避策略可以让教师与家长放松沟通，减少孩子或者另一位家长的误解。

5. 家访气氛要愉悦

孩子开心是家长最愿意看到的事情，而教师最了解孩子的兴趣与爱好，因此家访的时候教师可以带上孩子喜欢的小礼物。当孩子乐陶陶地欣赏老师送的小礼物时，沟通气氛自然地就变得轻松了。选择的小礼物不宜贵重，要体现教师的关心、细心与鼓励，如开发智力的小玩具、适合孩子的图书、卫生健康的小食品、孩子在园活动的照片等，手巧的教师还可以制作一个手工作品送给孩子。即便如此，孩子也不喜欢老师向家长反映自己在幼儿园的不良行为，如果他发现教师的家访内容以告状、投诉为主，就会对教师产生抵触心理，教师以后的保教工作和家长工作就都不好做了，因此教师家访要以了解、汇报、鼓舞、献策为主，避免告状。与家长交流的时候，教师要注意倾听，态度要诚恳，尽量多用商量的语气，与家长共同探讨教育孩子的最佳方法，这样的家访会深受家长的欢迎。

四、工作需要决定家访类型

本着务实、高效以及多种家园沟通方式有机结合的工作原则，家访要为实际工作需要而精心准备。经验证明：针对班级工作中出现的不同问题采取不同类型的家访方式，家访的效果将会非常显著。

1. 入园适应型

入园适应型家访是幼儿教师为缓解幼儿入园分离焦虑以及家长的心理焦虑而采取的应对策略，它是幼儿园最常见的家访类型，已经成为幼儿开学前后的常规工作。在现代社会，教师更有必要对孩子进行入园适应型家访。因为独生子女的家庭结构以及单元楼房的封闭格局，再加上家长的过度保护，很多孩子都存在自理能力弱和面对陌生人（环境）会焦虑的问题，表现为胆小害怕、不敢离开家长、不愿独处、不会与同伴交往等。家长也担心孩子入园之后不会自己吃饭、睡觉、如厕，担心教师不像家长那样耐心地照顾孩子，这些焦虑与担心都会增加幼儿入园适应的难度。教师通过家访可以让孩子认识自己，让家长了解自己，并指导家长做好相应的入园准备，这样可以有效提高孩子和家长适应新环境的信心。

2. 心理慰问型

情绪情感教育是幼儿教育的重要组成部分，幼儿的情绪情感发展很快，同时也比较脆弱，在成人看来许多微不足道的小事却会在孩子心中泛起波澜，所以成人要站在幼儿的视角去关注他们的心理需求。另外，孩子的心理感受具有很大的个体差异性，有的孩子性格开朗、大大咧咧，有的孩子性格内向、敏感细腻，这就要求成人因人而异去关怀孩子的心理需求。教师在以上两个方面应该比家长更为敏感地察觉到孩子的心理需求，并主动采取相应的心理调节策略。一般情况下，当孩子因身体状况欠佳缺勤较长时间时，或者当孩子因为挫折、委屈或者同伴冲突而不愿意去幼儿园时，或者当家庭出现较大的变故让孩子难以应对时，教师的家访与慰问会给孩子带来自我成长的力量。

3. 解决问题型

"无事不登三宝殿"是家访的常见情形之一。一般情况下，很多问题都可以在幼儿园得到解决，但是某些特殊问题需要教师通过家访进行个别沟通。比如孩子在幼儿园出现意外事件，家长对此不理解，情绪比较激动；教师处理问题方式不当，导致家长对教师产生误解，这时教师需要通过家访与家长真诚沟通；有时幼儿与幼儿之间、家长与家长之间存在误解与冲突，需要教师从中调解；有的家长具有不易沟通的性格特点或者对班级工作有意见……这些情况都需要教师与家长单独约谈。可见，家访是解决特殊问题的有效方式。除了应对难以解决的问题以外，解决问题型家访还涉及一些积极合作的工作内容，比如教师指导家长助教备课；指导家长准备亲子活动；邀请家长参加家长委员会；组建家长志愿者队伍；与家长协商参观、出游，等等。

4. 课题研究型

以往教师比较关注幼儿园教育的课题研究，较少对家庭教育指导进行专题研究，主要是把家庭教育指导作为实践策略而关注它。随着幼儿园教科研工作的深入开展，家园共育和家庭教育指导课题逐渐进入教师的研究视野。教师需要采取家庭调查问卷、家庭入户观察或者家长访谈等研究方法了解幼儿成长的家庭环境，分析家庭经济背景、家庭结构、家庭关系、家长教养方式、亲子关系以及幼儿早期生活经验等因素对幼儿成长的影响，然后有针对性地进行家庭教育指导，使家园合作共育关系更加密切。现在很多教师喜欢个案研究法，但也不能把研究视角仅仅局限于幼儿在幼儿园的表现，还需要通过家庭调查与家长访谈，了解幼儿在家的表现，以全面掌握幼儿的个性特点和行为习惯，为幼儿富有个性的成长营造家园和谐统一的良好环境。

5. 入户指导型

入户指导型家访是一种一对一送教上门、手把手实地指导的家庭教育指导方式，可以是教师主动发起的，主要针对处境不利、家庭关系不和、行为习惯不良以及有特殊需求的儿童及其家长进行指导；也可以是家长主动邀请的家访活动，这类家长往往能意识到自己的教育能力不足，并有主动向教师求助的意识。入户指导型家访一般需要经过口头描述、实地观察、方案制订、达成共识、跟踪指导、汇报调整、自我监督等若干阶段，必要的时候可以邀请相关专家一起入户指导。也就是说，教师和家长首先要交流入户指导的需求与必要性，然后教师与专家进入家庭，实地观察孩子及其家长在自然的家庭环境中的言谈举止以及亲子互动情况，从中发现问题，初步拟定教育指导方案，然后与家长达成共识，由家长操作新的教育方法，教师跟踪观察与指导家长的操作要领。在实施新的指导方案期间，家长需要定期向教师汇报执行情况，教师据此与家长共同小结并进一步加

第六章　让家访成为良好家园关系的催化剂

强指导，最终让家长独立掌握新的教育方法并能够监督自我持续地采用科学的教育方法。

五、现代家访的实施策略

教师家访不能仅凭热心肠，家访的关键是要受欢迎、有效果，因此教师家访时要讲究策略。现代幼儿园家访虽然是以沟通幼儿教育问题为主要内容，但是它已经不是纯粹的幼儿园工作，还涉及人际沟通以及现代礼仪等范畴，因此，家访过程不但要体现教师的专业水平与敬业精神，还要体现教师的文明与素养。

1. 家访时的角色定位

家访是教师以"访问者"的身份进入幼儿家庭的访谈活动，教师在一定程度上要淡化自己的"教育者"角色，不像在幼儿园工作时自己就是一个"教育者"。教师在家访时的主要任务不是"高高在上"的告状、评价或者提要求，而是"平易近人"的看望、观察、询问、倾听、帮助和建议。这种经过"淡化处理"的教育者角色体现在教师把自己的态度与观念融于平和与谦虚的沟通艺术之中，而这种沟通的态度与能力主要不取决于教师的专业水平和教育的技能技巧，而是教师的个人修养和为人处世能力。

2. 家访前，征求家长的意愿

家访的目的一定是为了促进孩子的健康成长与发展，但是否需要家访以及怎样家访一定要尊重家长的意愿。即使教师意识到家访可能是最有效果的沟通方式，也应该征求家长的意见，把以幼儿为本和尊重家长两个原则结合起来。在现实生活中，绝大多数家长都欢迎教师家访，个别家长则不愿意配合家访，其中的主要原因是：有的家长觉得家庭住房条件不好；有的家长认为家里人多，比较乱；有的家长性格内向，不喜欢与他人多交往；有的家长则认为家访没必要；还有的家庭存在家庭关系不和的问题，不愿意让外人知晓。教师一方面要想办法调动家长配合家访的积极性，另一方面要理解家长的为难情绪，可以与家长商量在幼儿园单独约谈。教师的已有经验表明，一旦约谈成功，家长对教师的态度将会发生很大的转变，家园关系也会取得突破性的进展。

3. 家访的参与人员

家访的参与人员包括家庭参与人员和幼儿园参与人员。

（1）家庭参与人员

一般情况下，家访是教师通过实地考察来了解幼儿的家庭成长环境，是全面掌握家庭教育信息的过程，因此教师家访的时候家庭主要成员都应在场。教师不但与幼儿及其父母交谈，也要邀请家中的保姆和爷爷奶奶或者姥姥姥爷参与其中，这样有利于教师帮助家庭成员在教育孩子的观念、态度与做法上达成统一的认识，进行相关研究课题的教师还可以从中观察到家庭成员之间的互动特点以及家长的家庭教育经验。

（2）幼儿园参与人员

长期以来，班主任是家访的主力军，但事实上，副班教师、保育员非常有必要与班主任同行家访，尤其是对新生家访时更有必要。对于新生而言，他们熟悉的教师越多，安全感就越强，出现焦虑的时候就越容易接受多位老师的安抚，否则只是依恋班主任，那么班主任下班之后，孩子就难以配合其他教师。对于家长而言，班级教师形成一个团结的整体，会大大降低他们对孩子入园适应的担忧与牵挂。如果是心理慰问型家访，教师还可以带领孩子的好朋友一起家访，这样既能让孩子体验友谊所带来的快乐，还可以培养小朋友的爱心和人际交往能力。如果是解决问题型家访，教师更要妥善安排同行人员，无论是教师独自前往还是与相关人员同行，都要本着更有利于解决问题的目标来决定。

需要注意的是，班主任家访经验比较丰富，需要对年轻的副班教师和保育员进行传、帮、带，班主任不要唱独角戏，而是需要协调好几位老师的分工与合作。班里几位教师可以事先商量好谁先说，谁后说；谁说保育，谁说教育，谁说班级事务；谁交流，谁记录；谁主要与家长交流，谁主

第六章 让家访成为良好家园关系的催化剂

要与孩子游戏。大家在与家长交谈时相互支持，相互补充，将会让家访过程变得轻松、愉快、高效。

4. 家访资料的准备

在家访之前，教师需要准备相应的资料，一般包括幼儿园或者班级的宣传资料、幼儿的基本家庭资料、家园联系簿、家访计划或者提纲以及家访记录本。根据家访的内容，教师还可以准备相应的专题资料、研究资料、图画、照片、视频资料、幼儿作品、幼儿学习资料、幼儿成长档案、家长参考资料等。教师可能还需要准备一些小礼物，如价格适中且能与幼儿产生互动的玩具或者图书等。家访资料对家访起着重要的辅助作用，但是教师家访还是要以交流沟通为主，看资料不宜占用过多的时间。

5. 家访的交谈气氛

家访应该营造一种聊天式的自在与放松的气氛，同时又不是缺乏主题的闲聊，所以教师家访要学会收放有度，一方面学会与不同年龄、不同性别和不同性格的家长聊天，善于开启话题，营造畅谈的氛围；另一方面要把握好主题，完成家访的主要任务。一般情况下，教师进门之后可以先随意寒暄，比如聊聊天气、说说交通等，这些几乎是所有人都能接受的话题。然后，问候祖辈家长的身体健康情况，问候孩子父母是否工作繁忙。但是这些话题应点到为止，不必过于详细地展开；接着，逐渐进入家访内容。教师在交谈的时候要客气有礼，注重双向沟通，而不是单向沟通，即使是在做陈述的时候也要注意稍作停顿，给家长询问和插话的机会，不宜滔滔不绝。除了必要的陈述之外，教师要善于发问，用询问来引导家长多做陈述，给家长充分的表达机会，不要轻易地否定家长的想法和做法。

教师家访时的态度要真诚，但是不要夸张。比如，有的教师为了赢得家长的信任，表达自己的"实诚"，过分赞美幼儿园，或者随意给家长打包票："您把孩子交给我就放心吧，不会出事的。"此外，教师也不能毫无沟通艺术地直言相告："我可不能给您打包票，孩子在幼儿园出事是很正常的。"或者"老师再小心，孩子出事也是难免的。"这些实话让人听起来很不舒服，可能会加剧家长的焦虑。教师的目标应该是增进家长对幼儿园集体生活环境的理解以及对相关实际情况的了解，并针对家长的担心之处耐心地解释幼儿园和班级的防范措施，让家长知道教师是心中有数的，这样做就为以后的家园共育工作奠定了基础。

6. 家访的基本礼仪

家访属于因职业需求而进行的家庭访问，因此幼儿教师既要遵循职业规范，又要遵循幼儿家庭的习惯，即要兼顾工作规范与家庭礼仪。

（1）预约时间与地点，咨询方位与路线

现代人的时间观念比较强，因此教师要做到准时家访、准时结束，尽量不迟到、不延时。教师与家长预约时间的技巧，不仅包括事先与家长商量好家访的日期与时间，还包括出发的时候要致电家长，向家长咨询最佳路线和所需要的大致时间，这样，家长就可以大致估算出教师到家的具体时间。即使因交通问题导致迟到，也能获得家长的理解，同时还会让家长感受到教师的真诚与辛劳。家访时间不宜过长，从教师进门至家访结束，最好控制在一个小时以内，40分钟左右最为适宜。

（2）举手投足要彬彬有礼

教师家访时的一举一动都要礼节在先，做一个有修养、受欢迎的客人。教师穿戴要大方得体，进门之前摁一声门铃或者轻轻地敲门，然后倾听家里的动静再决定是否继续摁铃或者敲门，切忌连续摁铃和重重地敲门。进门之后，教师应主动、轻声地关门，穿上自带的鞋套，妥善放置外套、雨具等物品，必要的时候征求家长的意见。然后根据家长的指引落座，而不是随便走动、打量或评价房间；落座之时身体要放松、双腿要并拢，同时注意整理衣裤；言谈之时要面带微笑、音量适中。教师要谢绝家长请吃饭的要求，对于家长准备的茶水、水果或者点心，也尽量不用或者少用，尽量自带水杯。离开之时，教师要带齐自己的物品，不要丢三落四，用"请留步"谢绝家长过远送客。

（3）尊重幼儿及其家长，称谓合适

家访打招呼会涉及称谓问题，教师不必像商务交往那样称呼先生、女士或者职务、职称、学历，也不必过于套近乎地以兄弟姐妹称呼，以孩子的身份称呼家长比较合适。比如孩子叫阿宝，教师可以称呼其家长为"阿宝爸爸"、"阿宝妈妈"、"阿宝爷爷"、"阿宝奶奶"等。值得注意的是，如果是第一次见家长，教师不太明确孩子与家长的关系时，不要自作主张地称呼，以免错把孩子的爸爸称呼为爷爷，这样对人很不礼貌；教师可以问家长："请问您是阿宝的……"也可以问孩子："阿宝告诉老师，你应该叫他什么？"如果是新生家访，教师则要一进门就能正确地叫出孩子的姓名或乳名，给幼儿及其家长很快留下第一个好印象。

（4）家访话题要围绕幼儿发展和家庭教育进行

家访过程中，教师不要过多地谈论工资、住房与装修、家具、衣着、化妆、美容、瘦身、购物等话题，而是要围绕幼儿发展的特点和规律以及科学的家庭教育理念、方法进行。

7. 家访记录、反思与反馈

家访是很有价值的工作经验，值得教师记录、总结与反思，最后整理成家访档案。家访记录以笔录为主，如果需要用录像、录音或者照相等方式记录家访过程，应该征求家长的意见。笔录有两个技巧，第一个技巧是记录关键词，家访结束之后教师再根据关键词联结语句和段落；第二个技巧是根据预先设计的表格记录。比如教师可以设计一份调查问卷，并在上面罗列若干内容，诸如孩子是否有脱臼、抽搐、惊厥和过敏史，在生活习惯上是否偏食、挑食、独立进食、独立睡觉或者独立如厕，孩子喜欢的食物、玩具、游戏、依恋物是什么，孩子特别的兴趣与爱好是什么，孩子在成长过程中遇到过什么特殊事件，对他的影响可能是什么等。每个问题都有相应的选项或者空格，这样教师的记录速度与记录质量就会大大提高。记录还应该涉及教师所观察到的却不便询问的内容，如家庭的住房条件和大致经济状况；是否有书房、儿童房和书柜；家长的性格和家庭成员相处的关系；是否雇用保姆或钟点工；家庭是否收拾得整洁有序等，这些内容有助于教师分析家庭环境对孩子成长的影响。家访记录要详细，家访反思与总结可以用概括性的语句表达，只要有助于自己明确工作思路即可。

家访之后，教师要与家长共同制订针对性较强的个性化教育方案，并有相应的跟进策略。教师要主动向家长汇报孩子的成长状况并询问家长的教育策略。教师还要以适当的方式在班级与幼儿交谈家访情况，让他们感受家长和老师都很关爱他们，鼓励他们在家做家长的好孩子，在幼儿园做老师的好孩子。

8. 家访的制度保障

教师是家访工作的执行者，需要幼儿园在管理上提供相应的保障。调查显示，绝大多数教师都非常重视家访，但也遇到一定的困难，主要是时间、安全和费用问题。教师的家访时间应该被纳入工作量，幼儿园应该在工作日为教师提供家访时间；如果教师是业余时间家访，幼儿园则需要提供相应的调休时间或者加班费。幼儿园还要根据女教师的特点加强安全教育，确保教师的人身安全、交通安全等。在费用方面，幼儿园加强统一管理，提供必要的餐费、交通费、资料费、小礼物费用或者其他相关费用。幼儿园还要强化家访培训和激励机制，让有经验的教师有机会分享与交流自己的心得体会，让年轻教师有机会学习与请教家访技巧，让所有的教师都得到相应的物质保障和精神鼓励。

9. 新生家访在家长会之后开展

新生家访是家访中最普遍、最重要的工作内容，家访的工作量也比较大。如果新生家访在新生家长会之后开展，会提高工作效率，减少重复劳动。新生家长会是幼儿园与家长的第一次集体见面，园长、保教主任和班主任会从不同的角度介绍幼儿园的基本情况，解答家长们共同疑惑的问题，这样教师家访的时候就不必重复介绍幼儿园，重复回答家长共同关心的问题，可以把精力集中在与幼儿的情感交流上，让幼儿通过对老师的遂渐熟悉，减少对新环境的陌生感。

10. 新生家访要尊重孩子的特点

教师访问新生的时候，要注意尊重幼儿的年龄特点与个性特点。教师第一次见幼儿的时候，对幼儿来说是一个陌生人。有的幼儿很快就能与陌生人互动交流；有的幼儿则对陌生人有防范心理，陌生人越热情，他越要保持一定的距离，这时候有的家长就会觉得孩子对老师不礼貌，催促孩子接近老师，如果孩子不配合就会被家长批评，孩子因此变得更加紧张和退缩，这样家访的效果就会大打折扣。所以，在家访之前，教师要先请家长与幼儿交流，让幼儿做好接待陌生人的准备，同时提醒家长不要在孩子不听话的时候拿"家访"、"老师"和"幼儿园"等词句吓唬孩子。到新生家里的时候，教师不要对孩子过度热情，不要直接与孩子亲近，要首先让孩子感觉到老师是家长的熟人，是父母的好朋友，这样通过家长间接地帮助幼儿减少对教师的陌生感。教师与幼儿的直接交流则可以通过一个简单的小玩具开始，教师在孩子玩的过程中与孩子有所交流或互动，也可以点评或鼓励孩子，让孩子感觉到老师是自己的玩伴，进而增加对老师的安全感。

第七章

接送交流时的家庭教育指导

◆ ◆ ◆

放学的时候,李女士来接孩子回家,刚准备进班,班主任章老师对她说:"小豪妈妈,请您等我一下,我跟您说一件事。"随后章老师请副班王老师站在班级门口接待其他家长,她带李女士到教室外的空地上,对李女士说:"小豪很聪明,爱学习,好奇心也很强。最近班级益智区新添了磁铁玩具,小朋友都很喜欢,可是在上午的活动区时间,磁铁玩具不见了,我鼓励小朋友做一个诚实的好孩子,可是没有人承认自己拿了玩具。中午睡觉脱裤子的时候,磁铁玩具从小豪的裤兜里滑落出来,有的小朋友发现了,立即就叫老师,我走过去平静地对小豪说:'小豪,你是不是玩完之后忘记把玩具归位了?'小豪胆怯地点点头。'那你以后记着把玩具归位,好吗?那么,你现在就让玩具归位吧。'小豪放完玩具之后,我还轻声地说:'小豪真棒!其他小朋友也很棒,最先睡觉的小朋友最棒!'但是之后,小豪翻来覆去很长时间没睡着觉,看来这件事让他有了心理压力。"

小豪妈妈听后既生气又担心地说:"这孩子怎么随便偷拿东西,那他下午情绪怎么样?"章老师说:"下午他的情绪还行,就是话少点。但是您千万别说孩子偷拿,他只是特别喜欢新玩具,想独自再玩会儿而已。我跟您说这事,是想提醒您,如果晚上回家发现他的情绪不高,可能与这件事有关,您心中有数就可以了,不要责怪孩子,更不要给孩子贴"坏孩子"标签,而是要正面引导孩子,告诉他幼儿园的玩具是大家一起玩的,玩完之后还要放回原处,下次还可以再玩。"小豪妈妈说:"您说得太好了,谢谢老师!"

章老师说:"不用谢!这个年龄的小朋友出现这种事情很正常,只要正面引导,孩子很快就会取得进步。那您去接孩子吧,我去接待其他家长。"

上述案例中,教师利用接送环节与幼儿家长进了积极的沟通,对家长进行了指导。这也说明接送交流是及时高效的家庭教育指导方式。要想充分发挥它的作用,教师需要了解以下几方面内容。

一、接送交流的特殊意义

除寄宿制幼儿园以外,不管是幼儿园日托班还是半日班,接送交流在幼儿园的每一天都会发生,是在家长送孩子入园和接孩子回家的过程中教师、幼儿、家长之间进行个别沟通与交流的一种方式,有时由教师主动发起,有时由家长主动发起。接送交流的主要目的是教师与家长之间互相沟通孩子在幼儿园或者在家的表现,并在家园共育方面达成共识,形成合力,共同促进幼儿的发展。"接送"本身就是一种家园合作,每天教师要"接"过家长"送"来的孩子,"送"走家长要"接"的孩子,在这种手把手、一对一的接送过程中,教师和家长不但需要交接孩子,还会产生交流信息、交换看法、交谈事务、交流情感等行为。接送过程还是一种人际交往,不但有教师与家长之间的交往,还有家长与孩子之间、家长与家长之间、孩子与孩子之间以及孩子与教师之间的交往,这些交往行为都会直接或者间接地影响到孩子的成长。可见,接送过程虽然时间短暂,却是一个沟通信息丰富、人际关系多元的生活场景,因此妥善地把握接送交流环节有利于教师提高家园共育效果。

(一)接送交流是最频繁、最高效的面对面沟通方式

接送孩子的过程使家长和教师每天都会产生面对面自然交流的机会,由于接送时间较短,家长和教师都会选择最重要的信息交流,而且都会尽

量用最简洁的表达方式传递信息，教师对家长的教育建议也会选择精要的三言两语，所以接送交流是非常高效的，也被称为"快餐式交谈"。虽然电话交流也比较简洁高效，但是缺乏面对面交流的优势，所以，接送交流帮助教师和家长解决了大量的日常保教工作问题，是教师应该主动把握的基本沟通能力和家庭教育指导途径。

（二）接送交流对提高生活与工作质量具有积极作用

俗话说："一日之计在于晨。"幼儿园一天的生活是从早晨入园开始的，如果孩子早上入园情绪积极，家长就会放心，这样孩子及其家长一天的生活质量与工作质量就会得到提高；对于教师一天的工作，其意义也是不言而喻的。如果孩子入园情绪不佳，家长通常会与教师及时交流孩子前一天在家的情况或者当天早晨发生的事情，为教师有针对性地疏导孩子的入园情绪提供重要的参考。放学回家之前，教师也会与家长及时交流孩子白天在幼儿园的生活、学习和交往情况。接送交流所具有的不积攒小问题、重视养成教育、关注成长过程的特点，对于培养孩子良好的行为习惯以及个性品质具有非常重要的意义。

（三）接送交流过程蕴含丰富的教育机会与教育价值

广义的接送交流不仅指教师与家长之间的沟通，还包括幼儿、家长和教师之间的多元交互沟通，期间会发生亲子交流与亲子教育、幼儿交流与交往、家长交流与交往、家庭教育指导和幼儿常规教育等多重教育机会。

1. 亲子交流与亲子教育

亲子交流与教育是家长与孩子之间发生的交流与教育活动，家长会在接送孩子过程中与孩子对话，对孩子进行教导。有的家长会询问孩子在幼儿园是否开心，吃得怎么样，学习了什么本领，与哪个好朋友在一起，老师讲了什么故事，等等。家长会根据孩子的讲述及时加以教导。有的家长则会与孩子一起复习儿歌、歌曲、单词、古诗等。中、大班的孩子则会主动向家长陈述自己在幼儿园的所见所闻,孩子的记忆能力和表达能力可以从中得到锻炼。

2. 幼儿交流与交往

有的孩子在上学或者放学的路上会与好朋友一起交流、说笑;有的孩子放学之后会与好朋友一起游戏或者上培训班、兴趣班,期间会产生各种同伴交往行为,这是孩子最放松、最快乐的时光。现在的绝大多数家庭都是独生子女,而且单门独院的居住环境比较封闭,导致孩子的主要交往对象是成人。此外,幼儿白天要忙于参加教师设计和组织的很多活动,未必总是跟自己的好朋友一起自由玩耍,因此,放学之后自由组合结成玩伴成为孩子难得的交往机会,期间孩子的情绪情感与交往能力都会得到积极的发展。

3. 家长交流与交往

家长交流与交往既指一个家庭内部不同家长之间的交流,也包括不同孩子的家长之间的交往与交流。前者主要发生在送孩子入园的过程中,家庭内部成员之间会对谁送孩子、谁接孩子、怎样接送等问题进行商讨。很多情况下,孩子会参与商讨过程,并对家长接送产生期待。其中,对孩子影响最大的问题就是家长对孩子入园是否意见一致,对孩子吃早饭意见是否一致。尤其是当天气不好时,或者当孩子闹情绪或者家里来客人的时候,如果家长对孩子是否坚持入园有争议,那么孩子的入园情绪就会受到很大干扰;如果家长对孩子吃饭问题也总是有争议,也不利于孩子形成良好的饮食习惯。

不同孩子的家长之间的交流与交往也非常有必要。家长们非常需要交流育儿感想,表达育儿情绪,相互学习育儿技巧,但是他们之间的交流机会并不是很多,即使家长前来参加家长会、家长开放活动的时候,也难得有时间交流自己的育儿心得。接送交流过程给家长之间提供了自由组合、随机交流的机会,也许时间并不长,但是可以频繁交流,彼此能够迅速进入主题,第二天有可能延续第一天的话题,这种多次反复的沟通为家长逐

步改变教育观念、改进教育方法提供了充分的空间。

4. 家庭教育指导

不失时机地向幼儿家长渗透正确的幼儿教育理念是幼儿教师基本的职业意识，绝大部分教师会抓紧短暂的接送交流时间向家长进行必要的信息沟通以及细致入微的家庭教育指导。从某种意义上说，接送交流促进教师联合家长有序地延续每天的保教工作。家长每天送孩子入园的时候，教师可以得到幼儿前一天在家的情况，并向家长交代当天或者最近一段时间即将开展的家园共育工作；家长每天接孩子回家的时候，教师可以向家长反映孩子当天的表现，并给予相应的教育建议，为第二天或者以后的工作奠定基础。可见，教师心中有数、有所准备地进行接送交流，会有效提高日常工作效率。

5. 幼儿常规教育

家长接送孩子的时候，比较注重孩子的礼貌教育、情绪情感教育和知识教育，教师则比较重视孩子的常规教育。除了简单的相互问候以外，教师会引导孩子有序地展开入园活动，包括幼儿自主记录考勤、插放入园心情卡片、换鞋和收放衣服、整理衣柜、洗手、吃饭、喝水、擦嘴等一系列常规活动。必要的时候，教师要让家长观摩孩子的入园常规活动，指导家长在家里坚持培养孩子良好的生活习惯。

二、接送交流的类型

在实践过程中，接送交流的对象、内容和方式因有所侧重而自然形成不同的种类。研究接送交流的类型有助于教师更加明确地把握不同接送交流类型的不同特点以及各自利弊，以改进自己的交流策略。

（一）接时交流与送时交流

从教师的角度而言，接时交流是迎接家长送孩子入园时的交流，送时交流是欢送家长接孩子回家时的交流。教师在不同时间的工作内容不同，接送交流的特点也有所不同。当早晨上班的时候，家长送孩子比较集中，教师会比较忙，由于家长上班也比较忙，因此接时交流时间非常有限，没有特殊情况，家长、幼儿和教师都是行色匆匆，这时不适宜长时间沟通。教师与家长之间一般都是交代幼儿穿衣注意事项，交代幼儿的病、假、药条，提醒生活照顾或者一些临时通知。放学的时候，家长接孩子的时间相对比较分散，家长也下班了，因此送时交流时间相对宽裕，教师与家长之间除了交流常规事务以外，会围绕家园共育进行相对深入的沟通，交流的话题和内容虽然未必写成计划，但是绝大多数教师或家长都会心中有数、略有准备，只待交流时机出现。

（二）直接式接送交流与间接式接送交流

根据教师与家长之间面对面交流的程度，可以把接送交流分为直接式接送交流与间接式接送交流，前者主要是一对一的口头交流，具有直接和具体的优势，但是占用时间较多；后者主要是通过便条、记事簿、黑板或者墙面通知传达信息，具有一对多、省时高效的优势，但是可能存在信息传达不到位的问题。教师需要根据交流对象和交流内容的特点选择有效的交流方式。比如对祖辈家长、保姆或者平时粗心大意的父母，需要多采用直接式接送交流；对于比较细心的家长，以及具有较多细节和注意事项的内容，则需要采用间接式接送交流，如秋游通知。必要的时候，教师需要把直接式交流与间接式交流结合起来使用，以确保沟通与指导准确、到位。

（三）主动型、仪式型与回避型接送交流

根据接送交流时的态度，可以把接送交流分为主动型接送交流、仪式型接送交流与回避型接送交流。

1. 主动型接送交流

主动型接送交流，是指由教师或家长主动发起的沟通与交流。在现实生活中，由教师主动发起的接送交流多于由家长主动发起的接送交流，这与教师在家庭教育指导工作中需要占据主动地位密切相关。责任心越强、观察能力越敏锐、沟通能力越强的教师，越善于主动发起接送交流话题。在接送交流时间有限的情况下，家长主动发起接送交流话题很重要，意味着这类家长能够占据更多的接送交流资源，因而对自己孩子的理解与教育也会更加细致到位。调查发现，越是关注孩子成长过程的家长，越善于主动与教师交流，教师也会因此更加关注孩子的成长过程，因此，教师、家长、幼儿之间形成良性循环关系，这种关系必将对孩子的健康成长起到促进作用。

2. 仪式型接送交流

仪式型接送交流，是指教师与家长共同完成接送孩子入园与回家的任务与工作的过程，但是彼此之间较少发生有针对性和个性化的面对面交流。对于教师而言，仪式型接送交流多发生在新教师和性格内向的教师身上。新教师入职的时候往往把关注点放在全面熟悉岗位职责、满足幼儿需求以及提高带班能力方面，还来不及关注家长的需求，没有完全掌握家庭教育指导的工作方法。性格内向的教师则更善于实践与操作，口头表达的主动性不强，因而与幼儿家长沟通的能力也得不到锻炼，甚至还影响到与他人沟通的自信心，这类教师需要根据工作需求对自己的性格与个性有所调整，以适应岗位职责要求。

3. 回避型接送交流

回避型接送交流，是指在接送孩子的过程中教师或家长有意回避对方的交流需求，因而导致交流机会缺失或者交流不充分的现象，不包括教师或家长因某种特殊原因（如感冒等）而暂时回避交流的状况。回避态度主要是通过找借口、目光躲避或者空间方位策略表现出来。具体表现如下：

- 一方主动用语言发出交流邀请，另一方总是找借口说工作忙、时间紧。
- 一方用目光注视以表达交流需求，另一方却故意回避目光。
- 一方尚未表达充分，另一方却故意看手表、打电话或做其他事情，以暗示中止交流。
- 教师与幼儿面对面坐着等待家长，教师让幼儿面对家长接孩子的方向，自己却背对此方向。

回避型接送交流反映出的是教师与家长之间微弱的、冷淡的甚至略带抵触的家园关系。教师应该自觉地意识到这种潜在的消极关系对工作的不良影响，并且主动想办法重建积极的家园关系。

（四）与祖辈、与父辈和与保姆的接送交流

由于接送孩子的家长主要是祖辈、父辈和保姆，那么依据交流对象的不同，可以把接送交流分为与祖辈、与父辈和与保姆的接送交流。由于不同的家长在年龄、文化背景以及家庭角色等方面存在不同之处，他们在关注孩子成长、家庭教育意识以及与人沟通能力等方面都会存在不同程度的差异。调查发现，在接送交流中，祖辈家长较多关注孩子的情绪、健康与饮食状况，父辈家长较多关注孩子的交往、学习与性格发展，保姆则主要负责在教师与家长之间传达信息。事实上，接送交流对孩子的发展价值是多方位的，发现不同家长的关注倾向之后，教师要主动引导家长全面关注孩子，这样更有利于促进孩子的全面发展。

三、接送交流的主要内容

如上所述，广义的接送交流是指家长在接送孩子过程中发生的一切交流现象，不但指教师与家长之间的交流，还包括家长与孩子之间、家长

与家长之间、孩子与孩子之间以及孩子与教师之间的交流，接送交流的内容会因此而具有很大的差异。在此，为突出教师在接送交流过程中的主动性和主导地位，以下接送交流的主要内容是指由教师发起的与家长之间的交流活动。

1. 情感交流

幼儿入园的情绪是家长与教师在接送过程中首先关心的问题。情感交流主要发生在新入园的托班幼儿和小班幼儿身上。在入园适应还没有完全成熟的时候，幼儿的不良入园情绪会反复出现，尤其是病后初愈和节假日之后的入园第一天。家长如果不能坚持每天送孩子入园，会导致孩子适应入园的过程更加漫长。在入园适应的问题上，针对某些家长，教师做好家长工作比做好幼儿工作还重要。有的孩子是因为家长表现出来的过分担忧和犹豫不决而影响了入园的安全感与自信心，其实家长一旦离开班级，孩子很快就会破涕为笑，融入到班级活动之中。因此，教师不但要做好孩子的入园情绪安抚工作，还要做好个别家长的入园情绪稳定工作。

入园适应期之后，教师和家长都会对幼儿产生更高的期待，期待孩子身体健康、养成好习惯、培养出好性格，接送交流的内容因此变得更加丰富。每经历一次舒心愉快的交流，家长与教师之间信任与尊敬的情感都会得到进一步加强，孩子也会在积极的家园关系中得到更好的发展。

2. 晨检交流

晨检是教师在接送幼儿过程中的必做工作，教师一般是一边晨检一边与家长交流，并对家长做出相应的指导。教师首先会给孩子测体温，然后查看孩子的口、手、脸等身体部位，按照职责规定检查合格之后方会允许进班。如果发现孩子身体任何部位有划伤，教师不但需要问明原因，还需要让家长确认伤痕，以免放学家长来接孩子的时候发生误会。教师还会根据季节的变化指导家长如何给孩子穿衣。此外，孩子放在幼儿园的衣裤鞋袜以及各种卧具，都需要家长携带齐全。教师尤其需要检查孩子的上衣和裤子口袋，尖锐的、细小的、危险的物件都不能随身携带，只可携带纸巾、手帕等安全的物件。教师细致的晨检既是给家长做示范,也是反复提醒家长,为家长做好保育工作提供帮助和指导。晨检需要教师亲力亲为,即使有的家长做了检查,教师也不能省略这一环节的工作。此外,教师还要亲自接过家长交代的药物并记录用药剂量。

3. 晚检交流

很多教师重视晨检,却不重视晚检,殊不知很多家园矛盾都是由晚检不细致或者晚检交流不到位造成的。当家长接孩子回家的时候,发现孩子的鞋袜是湿的,或者给孩子脱衣服的时候,发现孩子的身体有划伤,这些事情本身并无大碍,但是家长会误以为教师对孩子不关心,有意隐瞒事实,故意推卸责任。有的家长因此很生气,不客气地责问教师,甚至直接向园领导告状。有的教师因此感觉委屈,觉得孩子的事情已经在幼儿园得到处理,没有必要再与家长交流了。这是教师不了解家长心理和工作粗糙的表现。家长接孩子的时候,最愿意看到孩子心情快乐、身体安好无损。因此,在放学之前,教师要细致地做好晚检工作,给每个孩子穿好衣服,衣物鞋袜、帽子手套不落一件。如果有脏衣服没洗或者湿衣物没干,教师要向家长解释清楚;如果孩子白天出现小的磕碰,即使已经在医务室得到妥善处理,教师也要当面指给家长看,并说明幼儿出现问题的情况以及班级教师当时所做的工作,让家长感受到教师的坦诚,感受到教师对孩子的关心和对家长的尊重。

4. 沟通事务

当今的幼儿园不再是关起门来封闭办园,而是举办各种各样的园外与园内活动,其中许多活动都需要家长配合和参与,家长委员会还会承担相应的管理职能,因此教师会经常与家长沟通相关事务,或者出示临时通知。如果需要少数家长参与,直接式接送交流就可以解决问题;如果参与的家长较多,通过家长会或者间接式接送交流进行沟通会比较高效;个别家长则可能需要教师特别叮嘱和个别沟通。沟通事务的工作比较琐碎,需要教师思路清晰、做事细心、办事有条理。

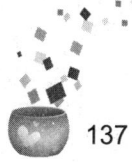

5. 处理问题

幼儿园里经常会有故事发生，比如孩子受伤了、尿床了、同伴间发生冲突了等等，这些在教师看来司空见惯、习以为常，可是在家长看来都是新鲜的，有的家长面对问题缺乏经验、不够冷静，也缺乏正确的态度，需要教师及时且正确地进行引导。

早上迎接孩子进班的时候，娇娇的奶奶进门就问明明在哪里，教师把明明叫过来，娇娇奶奶责问明明为什么昨天打娇娇，并警告他不能再欺负娇娇。娇娇奶奶严厉的语气把明明吓哭了，教师把明明带进班级安抚。

晚上来接孩子回家的时候，娇娇奶奶站在门口不走，等明明爸爸来的时候，娇娇奶奶对明明爸爸说："你得管教你家儿子，男孩子不能欺负女孩子！"明明爸爸不知道怎么回事，教师见状过来调解："您早上不是已经批评明明了吗？您先带娇娇回家，我一会儿就跟明明爸爸交谈。"教师就把事情的来龙去脉告诉了明明爸爸，明明爸爸称赞老师处理问题方法得当，并进一步请教了帮助明明改变不良行为习惯的教育方法。

类似的"小事"在幼儿园里层出不穷，教师不能让这些事情占据自己太多的精力，但是必须就这些事情与家长及时沟通，引导家长并公平处理，而接送交流通常是解决这类问题的最佳时机。

6. 反馈进步

由于教师比较关注问题的发现与解决，所以很多教师养成了"报忧不报喜"的工作习惯，于是有问题就及时与家长沟通，这种现象固然反映出教师的敬业精神，但是家长与孩子的期待心理没有得到尊重与满足。家长都希望自己的孩子在幼儿园里有所进步、有所成长，孩子也希望得到老师和家长的肯定与认可，所以教师不但要敏于发现问题，还要敏于察觉孩子的点滴进步，并在接送交流中面对面地、真诚地表达自己对孩子的欣赏，这会带给孩子及其家长莫大的鼓舞。即使向家长反映问题的时候，教师采用"欲抑先扬"的沟通技巧也会让家长更容易接受一些，因为家长都担心教师"一叶蔽目，不见泰山"，也就是只看到孩子的缺点，没看到孩子的优点，如果教师先充分肯定孩子的优点，再指出孩子需要改进的方面，那么家长就有可能放下顾虑，配合教师共同教育孩子。

7. 教育指导

教育指导未必都需要教师和家长深入沟通、改变家长观念才能实现，教师利用接送交流时间三言两语就可以点拨到位，有效解决很多问题。

一位妈妈向教师反映孩子前一天晚上因为不吃毛豆而闹情绪。了解了当时的情况之后，教师说："主要原因是你们剥好了喂她吃，而当时她在专心玩，不想吃东西。"妈妈说不剥好，孩子就更不吃了，再说孩子也剥不好。教师让家长先把毛豆剥开一个小口，其余部分让她剥，孩子就会很有成就感，因为孩子很喜欢小肌肉锻炼活动，边剥边吃，会让她感到很快乐。晚上回家之后，妈妈按照教师的建议引导孩子，发现孩子的确很乐意边剥边吃。

此外，还有一些家庭教育问题，比如有的家长教育观念正确，但是教育方法南辕北辙；有的家长不能将正确的教育方法坚持到底；有的家长缺乏应对孩子的小技巧等，教师都可以利用接送交流时间进行家庭教育指导。

8. 晚间作业

幼儿园不会像小学那样每天布置家庭作业，但是也会不时地安排适量的游戏与活动作为作业，或者要求家长或幼儿为幼儿园的教育活动做一些准备，目的是培养孩子的任务意识，促进家长参与幼儿的活动，提高幼儿参与幼儿园活动的积极性，同时也丰富晚间亲子游戏活动内容，增进亲子交流和亲子感情。如果是开展主题教育课程，晚间作业还可以将主题教育思想自然延伸到家庭。比如班级正在开展"环保小卫士"的主题教育活动，教师可以号召家长与孩子一起观察家庭中的环保现象，在班级交流家庭环保的小窍门。教师在指导家长与孩子一起完成晚间作业的时候，提醒家长为孩子树立学习的好榜样，注意引导家长不要只关注学习结果，更要关注活动过程，避免家长对孩子包办代替，注重培养孩子乐于动脑、动手的习惯与能力。必要的时候，教师可以给家长发一张便条，注明晚间作业的目的、操作方法和注意事项。对于家长教育素养比较高、家庭教育环境比较好的家庭来说，教师则鼓励家长与孩子一起创编游戏活动作为作业，提高孩子在作业活动中的主动性和创造性。

9. 随机交流

随机交流，是指教师随时准备接待家长发起的询问、咨询、意见或建议，这时家长是有所准备的，教师则是没有准备的，那么教师就要凭借自己的工作安排、工作经验和教育水平为家长答疑解惑。家长和教师都有接送交流的主动权，教师要对家长主动发起的随机交流持热情欢迎的态度。一般的随机交流比较简单，如家长对通知有疑问、对活动不理解、对孩子的情况不了解等，对于这类问题，教师很容易给予解答；如果教师遇到自己拿不准的问题，不能拒绝，不能回避，不能敷衍，也不能不懂装懂，可以坦诚地向家长表示自己请教相关人员之后，再与家长沟通，这个过程会促进教师的业务能力提高和专业发展。

四、接送交流的关键策略

接送交流言简意赅，追求高效，因此，接送交流要注意方法、讲究策略。

1. 心中有计划

教师进行接送交流，未必要写出计划，但是一定要心中有计划。在有限的接送时间内，有哪些内容是针对所有家长的，有哪些内容是针对个别家长的；根据班级家长的构成与特点，怎样沟通更有效；怎样确保交流对象在一定时期内涉及所有幼儿及其家长等问题，都需要教师有一个大致的安排，以确保自己的工作合理、有序、公平。

2. 时间与频率适宜

由于接送时间短，面临的家长却很多，且接送交流是公开的，因此教师做到接送交流公平很重要。一般情况下，教师接送交流时间不宜过长（如60分钟以上），也不宜过短（如30分钟以内），时间过长会影响教师工作或者延迟下班，时间过短则可能与家长沟通过少。调查研究发现，教师每天接送交流时间以40分钟左右为宜。每天与三四个家长做重点交流，每个家长大约交流3～8分钟，最终目标是一周之内与所有家长都有针对性较强的接送交流。这样，每个家长平均每周都有一次由教师主动发起的接送交流活动，基本能满足绝大多数家长对家园沟通的需求。

3. 预约家长

有时教师需要与家长沟通，但是家长未必准时接送孩子或者来接送孩子的家长不是教师的谈话对象，这种情况很常见。为了提高工作效率，教师可以提前与家长联系，安排一个双方都方便谈话的时间段；也可以征求家长意见，家中可否安排两位家长来接孩子，一位家长负责陪伴孩子，另一位家长与教师交流。教师尤其要关注很少主动交流的家长，应该主动寻找话题、预约家长，调动家长与教师交流的积极性。

4. 表格交流

在接送交流过程中，教师会发现大多数家长很关心孩子的生活状况，问的问题也差不多，教师一遍一遍重复回答的工作量还是很大的，为此教师可以设计一张"幼儿一日生活情况一览表"，然后把它贴在家长放学接孩子回家时都能看见的地方，让家长对孩子的在园生活情况一目了然。

幼儿一日生活情况一览表

日期：____年____月____日

幼儿	情绪	早饭	午饭	晚饭	饮水	午睡	大便	其他
幼儿A								
幼儿B								
幼儿C								
幼儿D								
……								

第七章 接送交流时的家庭教育指导

填表人可以由教师与幼儿共同担任。教师能够借此培养中、大班幼儿自觉记录的好习惯，也能培养家长每天放学自觉观看记录的好习惯。"情绪"一栏，可以让小朋友用贴画或者自己喜欢的标记表示"开心"还是"不开心"。当出现"不开心"标记时，往往就会引发家长与幼儿之间的谈话，于是家长有了倾听孩子倾诉和进行相关教育的机会。一日三餐、饮水、午睡情况也是如此。大便则只需记录"有"或者"无"即可。

5. 非言语交流

接送交流固然以言语交流为主，但是非言语交流也非常重要。教师未必与每个幼儿和家长都说很多话，但是教师的目光、点头、微笑和手势要顾及所有幼儿及其家长。教师接孩子进班的时候，每个孩子都应该得到教师的点名、问候、拉手、抚摩或者拥抱，教师还要记住是哪个家长送孩子进班的；放学送孩子离园的时候，所有孩子及其家长都应该得到教师的欢送和挥手致意。教师要有意识地培养班级幼儿、家长与教师之间善于用非言语交流方式传情达意，这是班级氛围其乐融融的重要表现。

6. 班级教师分工与合作

接送过程人员繁多，难免忙乱，要想乱中有序，班级教师合理的分工与合作非常重要。接送时间三位教师应该同时在岗，但站位不同，而不能全交给一个教师忙于接送。三位教师的合理分工应该是一位教师在门口接送，一位教师在活动室陪伴孩子，还有一位教师在两位教师之间配合，随时补充人手紧张时的需求。三位教师都应该集中注意力，确保每个孩子都安全送到家长手里，以防幼儿在不经意间悄悄跑出班级。

值得注意的是，绝大多数幼儿园都有当班教师以及交接班工作制度，即每天上午和下午分别有一位教师是当班教师，另一位教师是配班教师，还有一位是保育员老师。这样就有可能存在迎接孩子入园的时候是一位老师，放学送孩子离园的时候是另一位老师，这样迎接孩子入园时教师与家长的一些沟通与交流，需要在交接班的时候传达给另一位教师，以免出现送时交流与接时交流不一致甚至有疏漏的地方，尤其是入园时家长交代的用药、饮食、穿衣、运动等生活与健康问题，两位教师在交接班时务必做到交流细致到位。

7. 交流信息积极明确

接送时间会有很多幼儿和家长同时面对教师，教师接送交流的时间短、效率高，因此交流信息应饱含积极肯定的态度，且简短明确，不要让幼儿及其家长觉得教师言犹未尽。比如有的家长接孩子的时候，会顺便问问当天孩子表现得怎样，教师可能会说："还行吧。""还行，就是话多。""今天过分活跃了。"或者"没有昨天好，今天上课插话了。"教师的这些回答会让人感觉"话外有话"，但是由于时间紧张，教师没有与家长进行深入细致的交流，结果幼儿及其家长就带着揣测与不安离开了幼儿园。有的孩子对老师的话很敏感，会因为教师一句消极的评价，而变得情绪低落；家长也会因为老师当着这么多人的面批评自己的孩子，而觉得很尴尬。可见，接送交流的信息不能模糊，在不能充分阐述和解释的情况下，教师不宜给予否定和消极评价，应确保孩子每天高高兴兴地来幼儿园，快快乐乐地回家。

8. 礼貌地结束交流

在接送过程中，教师既要照顾和组织幼儿，又要与家长交流，因此，教师自己要清楚地意识到即使有重点交流对象，也不要与一个家长沟通时间过长。如果个别家长态度比较热情和急切，需要占用较长的沟通时间，教师可以依据情形婉转地示意家长等自己送完其他幼儿及其家长之后再交流或者另外再约时间交流。礼貌地暂时结束谈话不是要打击家长沟通的积极性，而是为以后深入约谈做铺垫，不过教师的言谈举止要让家长感受到真诚与礼貌。

9. 消除安全隐患

安全是接送工作最重要的问题，对于教师而言，安全隐患容易潜藏在放学时分。教师需要每个家庭都确认经常接送孩子的家长是父亲、母亲还是祖辈家长或者保姆，要求家庭不要随意更换接送孩子的家长。如果幼儿父母离婚，教师需要与孩子的法定监护人确认接送孩子的家长是哪一位，必要的时候应该让家长签字确认。教师要确保亲自把孩子送到家长手中，不要把孩子放在其他班级或者交给其他家长。有的家长因特殊原因晚接孩子，教师需要安抚幼儿一起耐心地等待家长。如果家长委托他人代接，教师要收到家长的亲笔委托便条，再与家长亲自通话确认，才能让孩子离开。最后，教师离开班级的时候，要仔细查看班级的各个角落，确保所有孩子都已经离班，才能断电、关门、落锁。

五、加强指导接送交流时的亲子教育

很多教师非常关注自己与家长之间的接送交流，却不太关注在接送孩子过程中存在的亲子交流。亲子交流是家庭教育的一部分，在交流过程中存在大量的教育指导机会，因此家庭教育指导也应该包括接送交流时产生的亲子教育。事实上，在入园与离园的过程中，家庭间的亲子交流存在较大差异，主要体现在孩子主动交流的状况和家长询问的导向方面。

（一）鼓励孩子主动交流

有的孩子不等家长询问，就滔滔不绝地向家长讲述白天在幼儿园的所见所闻；有的孩子则不愿意主动说话，即使家长询问也回答得不知所云。有的家长对孩子的态度可能存在不妥之处。比如有的家长觉得孩子话多，不认真倾听孩子；有的家长觉得孩子话少，担心孩子是否在幼儿园不开心，没有好朋友，甚至担心孩子不被重视、受欺负。

为避免误解或误导，教师要对家长加强沟通与指导。对于主动沟通的孩子，家长应该饶有兴趣地倾听，不宜三心二意，也不宜不耐烦地打断孩子。家长不时地对孩子注视、点头和提问，都会鼓励孩子交流下去。这个过程不但能锻炼孩子主动和大胆表达的能力，还能锻炼孩子思维的条理性与逻辑性，同时家长也能了解孩子在幼儿园丰富而详细的生活情况，其中家长的提问对孩子具有积极的启发与引导意义。比如孩子说两个小朋友在幼儿园争吵打架了,家长可以追问事情的来龙去脉,锻炼孩子的回忆能力;可以询问谁是谁非,观察孩子的是非概念;可以讨论正确的解决方法,提升孩子的交往能力。家长用心倾听、用心提问都会促进亲子之间的深度交流,既增进亲情,又促进孩子的发展。

有的孩子回家不爱说话与个人的性格和习惯有关。内向的人倾向于把事情存在心里,没有主动表达出来的愿望;也有的孩子只顾玩自己的,对周围的人或事不太在意,所以家长问起来孩子也不知所云。这些现象都是由性格和习惯造成的,只要孩子的生活和情绪稳定,家长不用太过担心;如果想激发孩子主动交流,家长不宜急躁,如果连珠炮似地提很多问题,孩子可能不知道从何说起。家长可以一段时间只提问一个主题,比如送孩子上幼儿园的时候,妈妈可以对孩子说:"妈妈特别想知道今天你在幼儿园觉得最开心的一件事是什么?晚上妈妈接你的时候,你告诉妈妈,好吗?"提前预约问题是在提醒孩子当天在幼儿园留意的重点是什么。一次交流围绕一个主题,既可以深入话题,又不为难孩子。家长以后可以接着提出"最有趣的事"、"最奇怪的事"、"好朋友的故事"等问题,家长选择的话题要着意引导孩子积极的情感与阳光的心态。

(二)引导家长积极询问

大部分家长都会在接送孩子的过程中主动询问孩子的情况,但是问题的导向未必都是正确的、积极的。

孩子一般不善于隐藏自己的情绪,家长很容易就能发现孩子遇到烦恼了,这时有的家长直接就问:"你怎么了?快告诉妈妈,妈妈帮你解决。"孩子在妈妈那里得到依靠,从表面上看问题解决了,但是孩子独立解决问题的能力没有得到锻炼。家长应该首先尊重孩子表达的权利,可以对孩子说:"妈妈看你好像不高兴,你愿意跟妈妈讲一讲发生什么事了吗?"如果孩子不愿意讲,就不要强迫他。尤其是初入园正处在分离焦虑之中的孩子,回家不愿意再想幼儿园的事情,妈妈的不舍追问会加剧他的紧张与焦虑。如果孩子愿意讲,家长交流的重点是引导孩子正确地看待问题并与孩子商量解决问题的方法,帮助孩子逐渐成为解决问题的主人。

笔者还听见有的家长接孩子回家的时候,会问孩子:"今天你在幼儿园吃了什么?好吃吗?吃得多吗?饭钱是奶奶交的,你得多吃点儿,不吃白不吃!"有的家长会问孩子:"在幼儿园受欺负了吗?谁欺负你了?不要只是哭,要知道还手,要学会告诉奶奶,奶奶帮你出气!"家长的这种看待事物的态度和对孩子的导向都是有误的。

教师要做一个教育上的有心人,凡是影响孩子发展的现象,都是值得教师研究的。教师发现类似上述的现象之后,不要视而不见、充耳不闻,应该在调查研究的基础之上,通过个别交谈、家长会或者家长培训等适宜的途径给家长善意的提醒,引导家长把孩子引领到正确的发展方向上来。

第八章

发挥家长志愿者的模范带头作用

◆ ◆ ◆

班里正在举行"方便的交通工具"主题教育，小朋友们认识了自行车、汽车、火车、轮船、飞机等多种交通工具。他们尤其对飞机感兴趣，提出了很多问题，比如"飞机这么大，怎么飞起来？""飞机很重，驾驶员怎么把飞机开起来？"……正好张晓雨的爸爸是飞机驾驶员，教师邀请他来班上为小朋友答疑解惑。张晓雨的爸爸非常愉快地答应了，他还带来了飞机模型以及视频资料。小朋友们围着张叔叔提出很多有趣的问题，旺盛的求知欲得到了满足。张晓雨特别自豪自己的爸爸来幼儿园做老师，其他小朋友也希望自己的爸爸妈妈有机会来幼儿园当老师。教师见状对小朋友说："张晓雨的爸爸来幼儿园为小朋友们上课，晓雨的爸爸就是家长志愿者，小朋友们不要着急，每一位小朋友的爸爸、妈妈、爷爷、奶奶都能做家长志愿者。"

一、家长志愿者的特殊意义

志愿者活动在世界上已经存在和发展了100多年，志愿服务最近几年已逐渐成为一种国际潮流。家长志愿者是志愿者的一种，是家长在自身条件许可的情况下，在不谋求任何物质、金钱及相关利益回报的前提下，自愿参加幼儿园提倡或组织的相关活动，合理运用自身的专业、技能或服务等资源，为幼儿园无偿提供自己力所能及的、切合实际的帮助与服务。

志愿者（volunteer）一词来源于拉丁文中的"voluntas"，因音译不同而称呼有别。我国大陆地区一般称为志愿者，台湾地区称之为志工，香港称之为义工。

家长志愿者是家长参与幼儿园活动的一种有效形式，是幼儿园和班级教师与家长沟通的一种特殊形式。发挥好家长志愿者的优势，有助于促进办园质量和教育质量的提升，对于班级工作、幼儿发展和家庭教育指导都具有特殊意义。

（一）家长志愿者有助于班级开展工作

众所周知，幼儿园班级工作涉及方方面面。对于一个有组织经验的教师来说，家长志愿者可以参与到保育、教育、教学、管理等多个方面的班级工作中。比如婴儿班或小班家长可以参与到对班级幼儿的生活照顾活动中，使幼儿享受到更多的关爱；中班或大班家长可以参与班级主题教育系列活动的资料收集、材料准备、玩具制作、展板制作等工作，还可以在组织幼儿外出参观、专题辅助教学等活动中发挥积极的作用。每逢节日大型活动，教师可以邀请家长参与安全与保卫工作。有的家长可以利用自己的网络或计算机软件技术帮助班级创建和管理校友录，拍摄和制作DVD，制作电子课件或电子相册等。家长志愿者的参与提高了家长对幼儿园工作和幼儿教育的理解，也加深了家长与教师之间的沟通交往关系。

（二）家长志愿者有助于促进幼儿发展

家长定期或不定期地参与班级的生活教育或活动区活动，能够提高班级的师幼比，为幼儿提供更多的交流机会。家长参与幼儿园活动，使幼儿感知不同职业与性格的家长，丰富了幼儿的交往范围，使幼儿能以更宽、更广的视野了解社会，有利于幼儿社会性人格的充分发展。家长志愿者使幼儿感受到家长对自己的重视，体会到家长对幼儿园的接纳，调动了幼儿在幼儿园生活与学习的积极性,他们的出勤率也高了。家长的参与还使幼儿用新的眼光来看待家长,感受到爸爸、妈妈原来是这么能干,增进了幼儿与家长之间的亲密关系。家长的主动参与精神,加深了幼儿对幼儿园集体生活的安全感和积极情感,增强了幼儿的自信心和自豪感。家长志愿者热心公益、不计报酬、承担责任、乐于奉献的助人行为与志愿精神,为幼儿树立了良好的学习榜样。

(三)家长志愿者有助于带动家长群体

在家长群体中,家长志愿者具有热心助人、热爱幼教、尊重教师的特点,对家长群体具有积极的带动作用。他们愿意为幼儿园和班级活动付出时间与精力,是对教师工作的一种肯定与支持,不但对教师是一种鼓舞与帮助,对其他家长也会产生积极的影响。家长志愿者在参与活动的过程中,获得了更多的有关幼儿在幼儿园生活与学习的信息,也更能理解教师工作的辛苦与教师的良苦用心,因而在善解人意、宽容待人方面会更有可能起到表率作用;尤其是当有的家长对班级工作不理解甚至误解的时候,家长志愿者出面解释或者调解,会收到更好的效果。家长志愿者在号召、带动其他家长参与幼儿园活动方面也会更有影响力、更有经验,对于增强班级家长的凝聚力以及提高教师的家长工作效率,都能起到重要作用。

二、家长志愿者的组建

组建家长志愿者队伍是班级工作的需要,也是班主任工作能力的体现。教师需要围绕班级核心工作,根据对家长群体职业、性格与人际关系特点的把握,通过调研、招募、组织、沟通、协调、培训、评价与激励等一系列的组建工作,有步骤地组建家长志愿者的队伍。

（一）树立积极的态度

由于长期以来受办园体制和文化传统的影响，家长志愿者意识在我国幼儿园的影响并不深入，不仅家长的积极性与主动性有限，而且有的教师也没有意识到家长志愿者在幼儿教育工作中的深远意义和巨大功效。

影响家长担任志愿者的因素有很多，比如是否愿意支持教师的工作，是否能够贡献自己的时间，是否可以提供相应的资源，等等。访谈发现，时间是家长首先考虑的因素，很多家长都表示非常愿意担任志愿者，但是由于"工作太忙"、"没有时间"而无法将这种意愿付诸实践。其次，部分家长内向的性格以及较低的自我认同感也会阻碍他们主动参与到幼儿园的活动之中。同时，家长参与志愿者活动的意愿与教师的态度、认识密切相关。有的教师对组建家长志愿者队伍热情不高，担心家长参与班级活动会影响正常秩序；也有教师认为家长没有进班活动的经验与能力，教师还要指导家长，增加了工作负担；有的教师总是让家长做一些琐碎而繁杂的事情，影响了家长的参与热情。

为此，教师首先要排除自己的保守意识，对组建家长志愿者持积极的认识与态度，主动做好家长的思想工作。一位教师这样反思自己班级的家长志愿者工作：

我班教师一直与家长保持良好的沟通与合作伙伴关系，本学期我想通过组建家长志愿者队伍来推进家园共育工作。一开学我就动员家长朋友来当家长志愿者，我发现家长们没有直接拒绝，但是都抱着观望的态度，谁也不好意思第一个来幼儿园做志愿者。家长们都有很深的顾虑，怕自己讲不好，怕带不好孩子。于是，我一方面加大宣传力度，另一方面鼓励孩子们邀请家长来幼儿园做助教。梅梅的爸爸终于抵制不住女儿的热情和我们的真诚邀请，成为我们班第一个家长志愿者……梅梅的爸爸开了个好头，接着我们又迎来了第二个家长志愿者……到了本学期末，我班有一半的家长加入了志愿者工作队伍，成为我们班家园共育工作一道亮

第八章 发挥家长志愿者的模范带头作用

丽的风景线!

(二) 征求家长的意愿

自愿是家长志愿者工作的首要原则,征求家长意愿的工作做得不充分,让家长感觉到被强迫、有负担,结果必然事与愿违。

据报道,青岛某幼儿园在招募家长志愿者时引发了争议。该幼儿园发帖子通知家长该园需要家长义工,工作时间为每天的13:30—17:30,每个家庭出一名家长,请家长将自己的义工时间报给老师,老师做统一的安排,每天两名。不少家长持反对意见,认为家长掏了钱让孩子上幼儿园,就不应该让家长再去做义工,幼儿园这么做是为了节省开支,是不负责任的表现。

上述案例中,该幼儿园的初衷是为了推动家园共育工作的开展,想让家长走进幼儿园与班级,有针对性地参与幼儿园的评比和管理工作,给幼儿园提出宝贵的意见和建议。但是由于幼儿园事先没有做好正面宣传,没有征求家长的意愿,班级教师也没有与家长做进一步沟通,而是直接下发一纸通知给家长,使家长感到增加了负担,违背了招募义工应遵循家长自愿的原则,结果遭到家长的误解与反对。

可见,幼儿园和班级教师在组建家长志愿者工作方面需要具备相应的经验。首先要做好宣传工作,通过班级通知、家长会、幼儿园网站、家园联系栏、优秀家长志愿者现身说法等途径,让家长理解家长志愿者的含义与意义;其次,招募之前应征求家长的意愿,了解家长对家长志愿者的态度和认识水平,发放"家长志愿者活动倡议书",耐心细致地做好沟通工作,逐渐培养幼儿园的家长志愿者文化氛围。

(三) 调查家长的资源

家长们从事各行各业的工作,拥有丰富的、有待挖掘的教育资源。幼儿园和班级教师可以根据自己的工作需要,制作和发放一份"家长志愿者调查

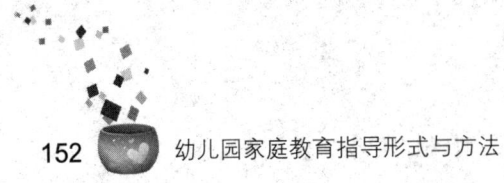

问卷",对家长的意愿与资源有一个初步的了解,做到心中有数。

家长志愿者调查问卷

尊重的家长朋友:

您好!

家园共育是幼儿健康成长的有效途径。为丰富幼儿的生活经验,开阔幼儿的交往视野,我们诚恳地欢迎您参与班级的保教活动。我们根据本学期的保教计划,列出以下可能需要您协助的项目。在不影响您工作的前提下,请您在愿意参加的项目下打"√",并写下您最方便的参与时间。收到您的回条后,我们会尽快与您联系。

幼儿姓名:_____ 家长姓名:_____

家长职业:_____ 业余兴趣与特长:_____

1. 您是否愿意在合适的时间参与幼儿园的班级活动:

   愿意( ) 不愿意( )

2. 根据您的工作与生活情况,您认为参与活动的频率最好是:

   任何时候( ) 每周一次( )

   每月一次( ) 每学期一次( )

3. 如果您参与活动,您希望参与的时间长度是:

   一个小时( ) 一个上午( ) 一个下午( ) 其他_____

4. 您愿意参与的项目是:

   ( )晨间谈话

   ( )生活护理与照顾

   ( )带领幼儿唱歌

   ( )给幼儿讲故事

   ( )组织幼儿外出参观或郊游

   ( )发挥个人专长做助教

   ( )收集资料、协助制作教具

   ( )拍摄和制作DVD

（　）制作电子课件

（　）主持网上班级论坛

（　）协助大型活动的接待、安全与保卫工作

其他_____

（四）招募家长志愿者

家长志愿者的宣传与调查工作完成之后，教师就可以启动家长志愿者的招募工作。根据招募渠道的不同，可以分为公开招募和个别招募两种类型。

1. 公开招募

公开招募，是一种通过宣传栏、幼儿园网站、家长园地、展板、小黑板等途径，向家长广而告之家长志愿者的招募消息，鼓励家长踊跃报名参与的招募方式。公开招募又分为两种情况：一种是计划性比较强的学期招募，另一种是应对具体工作安排的临时招募。比较而言，学期招募规模较大，临时招募规模较小。

（1）学期招募

每学期初，教师都要制订学期工作计划，于是教师可以把招募计划提前告知家长，让家长对班级学期工作有所了解，对自己能参与的志愿者工作也可以做到心中有数。

家长志愿者本学期招募通知

家长朋友们：

新学期开始啦！我们三位教师将尽心尽力地照顾好孩子，教育好孩子，我们也特别期待着您的参与。如果您有热情、有时间、有精力，请加入到我们的家长志愿者队伍中来吧！下面是本学期即将举行的各项活动，如果您有意向参与，请直接与我联系。谢谢您的支持与合作！

活动内容	活动时间	招募人数	主要工作内容
早操比赛	8月30日上午	5人	观摩、摄像、打分
讲述牙齿保护方法	9月20日"世界爱牙日"	1人	作为牙医讲解牙齿保健知识与方法
参观植物园	10月	2人	负责交通安全
亲子阅读家长会	11月	2人	介绍亲子阅读经验
圣诞节	12月25日	2人	装扮为神秘的圣诞老人
新年联欢会	12月30日	2人	摄像、制作DV

（2）临时招募

幼儿园有时会出现临时任务，有临时工作安排或者班级教师有时发现幼儿出现的一些问题需要家长协助解决和引导，这时幼儿园和班级教师就可以临时招募家长志愿者。

家长志愿者临时招募通知

家长朋友们：

冬季锻炼对小朋友的身体健康和意志品质发展都具有重要的意义，我们为此对孩子已经开展了一系列的教育活动。为了进一步培养孩子冬季锻炼的积极性，鼓励家长养成带领孩子进行冬季锻炼的好习惯，我们在此特别招募家长志愿者。在户外活动期间，家长志愿者要与小朋友一起跑步、做游戏，每天一名家长。活动时间是每天上午9:30—10:30（恶劣天气除外）。

"每天锻炼一小时，幸福生活一辈子！"欢迎家长踊跃参与！有意愿者请与我们联系。

2. 个别招募

个别招募，即不通过公开渠道招募，是教师与个别家长之间相互协商、达成共识，最终促成某种志愿者工作或者活动方案的形式。个别招

募又分为两种情况：一种情况是个别家长主动向教师表达想要参与某种志愿者工作，教师结合班级工作情况满足家长的意愿；另一种情况是教师根据班级工作的需要，主动与个别家长约谈，最后完成某种志愿者工作的目标与任务。个别招募反映了教师对家长独特的教育资源的发现与尊重，是一对一的个性化指导的家长志愿者工作形式。

大（1）班张老师正在举行安全教育活动，期间附近社区出现一例家庭失火事故，于是张老师带领小朋友们讨论失火现象、防火意识以及灭火方法。期间，一个名叫丁迪的小朋友自豪地说自己的舅舅是消防员，其他小朋友听后纷纷露出羡慕的表情，问他见过消防车吗，他说没有。小朋友们说要是能看一看真正的消防车就好了。为了满足小朋友们的学习愿望，张老师给丁迪的爸爸打电话，与家长商量在不影响工作的前提下，能不能让丁迪的舅舅想办法让全班小朋友看一看消防车。丁迪的舅舅向领导请示之后，把消防车开进了幼儿园，并进行了一些消防知识的讲解和演示。不只是大（1）班，所有大班的小朋友都"一饱眼福"。他们学习知识的热情高涨，求知欲望得到极大的满足。

三、家长志愿者的工作种类

从某种意义上说，家长志愿者的工作涉及幼儿园工作的方方面面，像美国最大的家长志愿者组织——家长教师协会（Parents and Teachers Association，简称 PTA），不但工作形式多样，而且工作内容无所不包，小到简单的服务与协助工作，大到参与幼儿园的决策与管理、筹集资金，都能看到家长志愿者的活动身影和卓越成绩。这与美国的志愿者文化传统深入人心密切相关，仅家长教师协会就已经有100多年的历史。我国志愿者文化建设起步较晚，但是发展迅速。家长志愿者在幼儿园的主导下，已经开展了很多有意义的工作与活动。幼儿园越开放，管理水平越高，家长志愿者工作内容就越丰富，工作范围也越宽广。目前，幼儿园家长志愿者主要涉及以下三类工作。

（一）服务类

服务活动是家长志愿者最常见的工作内容，对家长的特殊要求不多，具有广泛的家长参与性。比如负责幼儿园大型活动的安全；帮助幼儿园发放资料，做宣传工作；为班级教师做家长之间的电话联络工作；为班级组织集体活动提供车辆、物资等；为班级开放活动照相、摄像、刻录光盘；帮助幼儿园创建、维护网站或者主持论坛；为班级制作教具和活动材料等。可以说，在家长自愿且家园达成一致意见的前提条件下，所有园务和班务中的服务类活动都可以鼓励家长志愿者积极参与。但是，服务类的活动也应该让家长有成就感，也应该是家长自觉自愿参与的，有的幼儿园随意给家长分配打扫卫生等保洁方面的工作，就有可能减弱家长对志愿者工作的兴趣。

（二）助教类

助教是当前颇受欢迎的家长志愿者工作，是家长发挥自己的专业、职业或特长优势，经过教师的引导与支持，参与到幼儿的教育教学活动中。它不但能丰富教师的教育教学工作内容，也能丰富幼儿的学习经验。目前，助教工作主要涉及集体教育活动、活动区活动和生活活动。如果说服务工作主要是"幕后工作"，那么助教就是直接与幼儿面对面的"台前工作"。它需要家长了解幼儿的年龄特点，选择适合幼儿的学习内容，掌握组织幼儿活动、与幼儿互动交流的策略与技巧。助教会让家长感受到在自己家当一个孩子的"老师"与在幼儿园当许多孩子的"老师"，是完全不同的两种情形。家长会深切地感受到教师工作的专业性以及与小朋友相处的技巧性。助教类的家长志愿者工作是引领家长了解幼儿教育、尊重幼儿教育，提高家庭教育水平的重要途径之一。

（三）管理类

在我国，管理类的家长志愿者工作一般与家长委员会的工作是一致的，是园领导、班级教师与家长共同商议、共同决策和管理监督幼儿园与班级工作的过程。目前，我国在不断完善现代学校制度，家长的知情权、参与权、管理权和监督权都应该得到尊重和体现。一方面，幼儿园和班级应该主动邀请家长针对一些决策和活动提出他们的意见，同时虚心接受家长主动提出的意见或建议；另一方面应该主动成立家长委员会、家长学校或家长志愿者组织，为家长搭建参与幼儿园管理的平台，创立家园共建的相关制度，使家长参与管理成为幼儿园的一种办园文化和常规工作，最终形成民主、共赢的管理局面。

四、家长志愿者的培训

幼儿园是专业的教育机构，具有一定的专业规范和职业标准，所有教职员工都应该持证上岗。家长志愿者参与幼儿园的活动也应该尊重幼儿教育规律，遵守幼儿园管理制度。虽然每个家长都可能有一些教育心得与经验，但毕竟不是专职的教育工作者，对幼儿的年龄特点把握得未必准确，对幼儿园工作常规和保教特点也不是很清楚，因此，幼儿园和教师需要对家长志愿者进行一定的培训与指导。教师要根据每次活动的具体需要有针对性地、逐步地进行指导与培训，不要无计划、无层次、无主次、无轻重地泛泛而谈，要使家长志愿者工作沿着科学、有序的道路发展。

（一）提高家长对志愿者工作的认识水平

由于家长志愿者工作在我国幼儿园缺乏悠久的传统，幼儿园并没有完全把握家长志愿者的工作规律，同时家长对志愿者工作也不是很了解，甚至存在一些误解。除了现在的生活节奏紧张和工作繁忙导致家长缺乏足够的时间参与志愿者工作以外，有的家长对自己的能力不够自信，不知道怎样参与志愿者工作。另外，有的幼儿园的宣传工作不充分或者工作方式不当，导致有的家长以为志愿者就是为幼儿园捐资，为幼儿园做简单的服务工作，是为了帮助老师减轻工作负担；还有的家长担心不做志愿者，老师会对自己的孩子有意见。凡此种种误解，既影响了家长参与志愿者工作的积极性与主动性，也歪曲了家长志愿者参与工作的积极意义。

幼儿园和班级教师要通过多种渠道和各种方式，帮助家长认识到家长志愿者是自愿行为，不会导致教师对幼儿及其家长的"另眼相看"，班级教师会一如既往地关爱和教育每个孩子；还要帮助家长认识到，教师组建家长志愿者队伍，不是为了图省事推卸工作责任，而是对孩子的健康成长有积极的意义。从直接效果而言，家长参与幼儿园的活动，增强了孩子对幼儿园的热爱和对家长的自豪感，也增强了良好的亲子关系。从长远效果而言，家长群体是孩子了解社会、丰富阅历的途径，孩子从中认识到家长们是从事各行各业的人，不仅是照顾自己的人，也是对社会有所贡献的人；孩子对家长的认同感和对社会各行各业的尊重感油然而生，这是对孩子热爱家庭和社会的启蒙教育。

（二）培养家长做志愿者工作的自信心

现在的家长越来越热爱幼儿教育，也越来越重视幼儿教育，所以很多家长对志愿者工作持积极的态度，但是也有部分家长有畏难情绪，担心自己学历低、没专业知识、没特长、没能力，无法承担志愿者的工作。教师应该告诉家长凭借自己的生活经验和工作阅历就可以胜任志愿者工作，每位家长都可以成为志愿者。家长志愿者的工作种类很多，包括服务工作、助教工作和管理工作，因此每个家长都有机会各尽所能参与其中。此外，做志愿者工作，家长不是一定要请假到幼儿园参与活动，志愿者的工作地点和工作时间非常灵活。志愿者可以在家里通过网络、电话，或者是利用业余时间有效地参与活动。因此，教师不要以为高学历、高职位、高收入的家长才能提供教育资源，低学历、普通职位、普通收入的家长同样拥有丰富的教育资源。

莉莉的妈妈是一名普通工人，还是个单亲妈妈，平时少言寡语，在家长群体中显得"默默无闻"。在一次与孩子的谈话中，教师得知莉莉妈妈晚上回家之后还做十字绣和缝纫活儿，以贴补家庭收入。教师于是主动与莉莉妈妈沟通："为了丰富孩子的活动区活动，我准备在美工区投放十字绣材料，给孩子提供自主学习的机会，锻炼孩子的精细动作发展和手眼协调能力。为此，我特地邀请您在方便的时候进班当助教。"莉莉的妈妈先是露出兴奋的表情，接着又不自信地说："这都是人家不干的、不挣钱的活，我怎么能教孩子呢？"教师鼓励她说："靠自己的劳动挣钱是很光荣的事情啊！我们应该教育孩子从小懂得尊重任何一种劳动，而且手工活动对幼儿的教育价值胜过高科技玩具，也胜过只动脑不动手的活动。"听到老师入情入理的鼓励，莉莉的妈妈答应了。在教师的指导和帮助下，莉莉的妈妈成功地完成了志愿者活动。当她展示自己的精美作品时，孩子们发出"啧啧"称赞的声音。当她手把手地教孩子的时候，孩子们都聚精会神地模仿、学习。

从这以后，教师感觉莉莉妈妈的性格发生了变化，她与人沟通的主动性比以前增强了。莉莉也为妈妈感到自豪，很多孩子都很羡慕莉莉，主动与她交朋友。通过莉莉的妈妈做家长志愿者这件事，教师进一步增强了组织家长志愿者工作的信心和创新意识。随后，教师又邀请喜欢传统体育项目的祖辈家长和有农村生活经历的幼儿的保姆，加入到家长志愿者队伍中。班级的家园共育工作因此开展得红红火火。孩子毕业的时候，很多孩子和家长都流下了依依不舍的眼泪。

（三）明确家长志愿者的权利和义务

家长志愿者活动开展得是否深入与持久，与教师和家长双方是否了解家长志愿者的权利与义务密切相关。如果幼儿园和教师只是考虑自己的立场,对于家长的意见与建议缺乏有效的沟通渠道,致使家长总是处于被动、配合的地位,难以发挥他们的主人翁意识,那么就会影响家长志愿者的活动效果。

1. 家长志愿者的权利

家长志愿者应该享有的权利至少包括以下三个方面。

(1) 选择权

每位家长担当志愿者的主客观条件是不同的,教师要尊重每位家长的选择,平等对待每位家长及其幼儿。家长志愿者可以参与的幼儿园的服务活动是多种多样的,家长可以按照自身的特点与爱好选择适合自己的项目。有些未能担当志愿者的家长担心教师会误解自己不支持班级工作,进而影响对待孩子的态度。对于这种情况,教师要以良好的工作态度免除家长的后顾之忧,让家长感受到每个孩子都受到平等的对待。必要的时候,教师可以与家长坦率地交流,帮助家长消除误解。

(2) 知情权

教师要向全体家长宣布本学期的保教计划以及家长志愿者活动计划,帮助家长了解和分析本班幼儿的实际情况,协商具体的家长志愿者活动方案。切忌让家长被动地跟随教师参加活动,对整个活动的目标、主要内容、参与人员和基本流程却一无所知;也切忌总是跟少数家长交流,致使大部分家长不知晓,造成信息的不对称,这容易引起其他家长的不满。

(3) 建议权

严格来说,志愿者活动有自上而下的组织形式,也有自下而上的组织形式。虽然幼儿园的家长志愿者活动以幼儿园或教师组织的自上而下的活动形式为主,但教师也要尊重家长的主动意识、设计理念以及活动建议;即使有时家长的想法不宜操作,教师也要给予充分的理解和解释,保护家长参与志愿者活动的积极性、主动性与创造性。

一位家长在儿童节即将来临之际向教师提议组织一次与打工子弟幼儿园手拉手的活动,让城里的小朋友通过城乡比较感受自己的幸福生活,

进而培养孩子珍惜生活、同情弱者的思想感情,该家长本人愿意联系打工子弟幼儿园、大客车,并负责准备午饭,不需要幼儿园出钱。班主任征求了园长的意见,园长认为目前市区正在加强规范办园的检查与监督工作,幼儿园不便出面组织活动,家长可以自愿组织若干家庭参与活动。家长听后很不高兴,说了很多不满的话,诸如幼儿园为什么要拒绝这样有意义的事情;幼儿园不应该歧视打工子弟幼儿园;幼儿园不重视培养孩子的爱心,等等。教师一方面引导家长理解幼儿园,另一方面耐心地倾听家长的抱怨,充分肯定家长的教育目的,同时又给家长提出建议。比如,可以通过视频让小朋友了解打工子弟幼儿园幼儿的生活状况,然后组织幼儿讨论帮助他们的方法,最后以"爱心小天使"的名义把小朋友制作的卡片、图画以及捐献的玩具、文具、书籍等作为礼物送给这些小朋友。在教师的耐心解释下,该家长接受了教师的建议,他本人还承担了拍摄视频和送礼物的工作。这次关于"爱"的主题教育活动也做得很成功。

2. 家长志愿者的义务

家长志愿者应该履行的义务至少包括以下三个方面。

(1)遵守幼儿园各项规章制度和班级工作常规

有些家长很热心,但可能出现由于不了解幼儿园相关规定而擅自行动的现象,教师要及时告知和善意地提醒家长,事后还要总结经验。

(2)履行志愿者的基本职责与承诺

志愿者由于特殊情况无法参与活动,要提前告诉教师,以便教师及时补充相关人力与资源;同时,教师每次组织活动前要有突发事件安全预案,以防措手不及的现象发生。

学前教育宣传日突发事件安全预案

2012年6月1日周五上午8:00—11:00,幼儿园志愿者将在社区组织学前教育宣传日活动。届时,幼儿园工作人员有10名,家长志愿者有30名,社区婴幼儿和家长控制在100名左右。为了确保活动安全、顺利地进行,根据本园实际情况，特制订突发事件工作预案。

（1）安全员在活动前检查社区大型活动器械、树坑及场地，保证大型活动器械能安全使用，并标明此玩具适合的年龄段，提示家长看护好自己的孩子。若发生磕碰，请到保健咨询区找大夫及时处理治疗。

（2）两位家长志愿者在北门控制人数。幼儿入园一定要有家长看护，不要让幼儿单独走出活动区域。若发现有幼儿单独走动，需暂时看护并积极寻找幼儿家长。

（3）保卫人员负责开启通往社区活动室的大门并插好门栓，同时关闭通往社区食堂的门。保卫人员应随时检查和疏导人群。

（4）卫生员准备两个大型的垃圾桶，一边及时收拾垃圾，一边提示幼儿及其家长不要乱扔垃圾。活动结束后，负责清理现场。

（5）若发现其他意外，请马上向园长和保卫科汇报。

（6）如果当天刮风下雨，户外宣传活动取消，室内活动正常举行，限制人数为50人。

（3）接受相关指导与配合任务

家长心目中大都比较熟悉传统的小学化学习与组织形式，对现代幼儿教育理念不是很熟悉，而且有的幼儿园已经形成自己独特的园本文化，所以教师需要向家长做相应的宣传、解释、指导与培训。此外，家长志愿者还应正确地对待其他家长的建议与评价，客观地评价自我，使家长志愿者队伍最终成为一个团结合作的有序组织。

（四）有针对性地指导家长志愿者

由于家长不是专业的幼儿教师，没有经过专门的教育教学培训，他们在组织活动过程中往往抓不住孩子的兴趣点；他们的语言表达方式很成人化，不善于使用孩子乐于接受的交流方式；当孩子有随意插话或调皮捣蛋的情况出现时，他们很容易不知所措，手忙脚乱；在教学方面，他们容

第八章　发挥家长志愿者的模范带头作用

易超时、"满堂灌"，想把他们所知道的知识都告诉孩子。

一位做眼科大夫的家长应邀给小朋友们讲解保护眼睛的重要性和方法。他的第一句话是："同学们，今天叔叔给你们上一堂眼睛保健课……"听惯了"小朋友"的孩子们第一次听到"同学们"，全都哈哈地笑开了，有的孩子还一边笑一边学着说"同学们"。家长说："不许笑，谁再笑，我就不讲了。"这时，有的小朋友依然在笑，有的小朋友还在学说"同学们"，有的小朋友则帮助家长说"不许笑"。教育活动一开始就"乱成一锅粥"，让家长不知所措，僵在那儿，半天没有说话。

教师站起来帮助家长维持秩序，虽然之后小朋友们都安静下来了，但是该家长已经失去了镇定自若的状态，说话的时候连续说出几个"是这样的"。于是，又有小朋友直接问："叔叔，你为什么总是说'是这样的'？"只见家长不再理会小朋友的问话，只管讲自己的，终于把一堂课"熬完"了。

由此可见，教师要站在家长的角度，在开展志愿者活动之前就向他们普及幼儿教育的基本特点。培训家长志愿者主要涉及以下内容：

- 幼儿园和班级的基本工作制度与活动常规，本学期幼儿的发展目标和教师的基本保教任务。
- 本年龄段幼儿的兴趣特点、发展规律与个体差异，本班幼儿的基本特点。
- 幼儿园活动的内容、所需材料与设施、场地特点、人员配置、组织形式、安全保障、卫生保健要求。
- 家长要把自己当做教师，掌握与幼儿互动的基本语气、语调、姿态、动作、态度以及幼儿感兴趣的交流话题与交流方式。
- 应对幼儿在集体活动中容易出现的破坏性行为、冲突事件以及其他突发情况的基本态度与策略。

（五）通过评价提升家长志愿者的能力

教师组织每个活动都要有始有终，其中评价是不可缺少的一个环节，具有承上启下的积极作用。一方面，评价要具有激励性。教师对家长担任志愿者参与活动要及时表达口头或书面感谢，激励家长再次参与活动；另一方面，评价要具有指导性。教师对家长与幼儿互动的成功经验进行总结，以实例为基础提炼家长指导幼儿的科学方法，避免泛泛而谈。

评价内容主要围绕家长进行，教师要帮助家长分析与判断自己怎样参与有助于班级提高工作效率，有助于幼儿提升已有的经验和学习效果；自己与幼儿的互动交流是否符合幼儿的年龄特点；自己所提供的材料与活动形式是否符合幼儿教育的特点；自己在教育观念与教育方法方面获得哪些新的启发等。

评价方式要把家长自评和教师他评相结合。调查发现，现有的家长志愿者评价方式主要是家长写总结或者写感想，然后教师把它们张贴出来供大家分享。仅仅有家长自评还是不够的，教师的评价会有教师的专业角度，既有利于指导家长，也有利教师自己总结工作经验，同时也为家长志愿者队伍的可持续发展积累了经验。

中班家长志愿者工作教师评价

本学期，我班的家长志愿者工作开展得颇有成效，受到幼儿的欢迎和家长的好评，也受到领导的充分肯定。总结起来，我们的成功经验主要体现在以下三个方面。

（一）及时沟通，加强计划性

新学期开始，在制订班级保教工作计划时，我们就把家长志愿者工作纳入到学期计划之中，旨在充分挖掘和利用家长与社区的教育资源，丰富班级家庭教育指导形式。我们遵循组建家长志愿者的基本要求，鼓励家长根据自己的工作性质、兴趣爱好和专长自愿报名，走进幼儿园，与教师一起组织保教活动。在活动之前，我们邀请家长代表参加座谈会，请他们

出谋划策，征求他们的意见并对活动计划做出修改。在实施过程中，我们还根据幼儿的兴趣和发展目标对一些活动做了调整，临时增加了一些志愿者活动内容，由于每次活动之前的沟通都很及时、很充分，所以本学期的活动都赢得了家长的认同与支持，最终既没有影响家长的工作，又保证了活动的顺利开展。

(二) 共同备课，突出教育性

我们没有把家长志愿者工作仅仅局限于服务班级，而是把重点放在提高家长对幼儿园教育活动的了解和参与程度上，帮助家长利用自己的优势来对孩子的发展施加积极的影响。但是在工作过程中，我们发现家长毕竟不是幼儿教师，有的家长的教育意识也不是很强，对孩子的年龄特点和兴趣特点不是很了解，对幼儿园教育活动的组织形式也不是很清楚。为此，我们非常重视在活动前与家长共同备课，我们要清楚地了解家长准备给孩子讲什么或做什么，帮助家长分析这些教育内容是否适合本班幼儿的实际水平，最终把握好教育的尺度；我们还要清楚地了解家长组织活动所准备的用品及用品的安全性、趣味性与教育性，请家长尽量利用幼儿常见的物品，最好是废物利用；活动的组织形式则不能"满堂灌"，要有至少2/3的时间供幼儿在实际操作中学习。虽然指导家长备课所花费的时间，远远超过我们自己备课所花费的时间，但是在这个过程中，教师的家庭教育指导效果和家庭教育指导能力都得到增强。

(三) 做好配角，重视合作性

我们平时总是强调家长要配合教师，家长志愿者工作则需要教师配合家长，教师与家长的合作水平决定了家长志愿者工作的质量。把"家长志愿者"请进班级，并不意味着由家长志愿者唱独角戏，而是以家长为主角，教师自觉当好家长的配角，主动与家长保持默契。教师既不能喧宾夺主，又不能让活动冷场和乱场。当家长控制不住课堂纪律时，教师要用巧妙的方法让幼儿恢复学习秩序；当幼儿不能理解家长的成人化语言时，教师要马上"翻译"成孩子能听懂的语言；当孩子有问题想问家长而又表达不清时，教师要做孩子的"代言人"使家长明白孩子的问题；当家长不能有效地提示重点时，教师要做"复读机"，用形象的语言再表述一遍……总之，教师与家长的关系，犹如绿叶与红花的关系，教师以饱满的热情全身心地配合家长，才能使家园共育活动取得最佳效果。

在以后的家长志愿者工作中，我们在坚持以上经验的同时，还将加强反思，将重点放在增强家长参与教育活动的积极性与提高参与质量上，为家长志愿者工作再上新台阶积累新的经验。

第九章

让个别约谈为孩子量身制作助长方案

◆ ◆ ◆

3岁的杰西跟随妈妈从美国回来后上了幼儿园小班,入园第一天就发生了抓伤事件。教师在放学的时候跟杰西的妈妈解释:"杰西虽然第一天来到在陌生环境,可是一点也不怯生,情绪很稳定,但是杰西不会用语言表达自己的需求。玩积木的时候,杰西去拿旁边小朋友阿杜的积木,阿杜不愿意,他就去抢。阿杜为了保护积木,抓了杰西的脸,导致杰西的脸出现一道划痕。"杰西的妈妈听后,说小朋友之间发生冲突很正常,非常理解老师,没有关系。教师非常感谢杰西的妈妈这么通情达理。

三天后,在户外活动的时候,杰西自己在院子里转圈,想停下的时候没有站稳,摔倒在地上,手臂被蹭破一点儿皮。教师向杰西的妈妈如实地反映了情况,杰西的妈妈说孩子运动时受伤很正常,美国人都很热爱运动,也经常在运动中受伤导致身体残疾,但是这些美国人的心态都很阳光灿烂。教师听后,觉得杰西的妈妈受过西方教育,看问题的态度果然开朗豁达。

第二个星期中的一天,小朋友画画的时候,杰西到处乱走,走到子豪旁边的时候,顺手把他的画抢走了。子豪是个从来都不吃亏的大个子男孩儿,他一拳挥过去,打中了杰西的眼睛,杰西的眼睛和脸马上就青肿了。教师立即给杰西的妈妈打电话,杰西妈妈赶来之后看见儿子受伤的眼睛,很心疼也很生气,问老师怎么会发生这样的事情。这次杰西的妈妈情绪很激动,没有听完教师的解释,就质问教师:"你们是怎样管理班级的,怎么能任由小朋友打架?一而再、再而三地发生校园暴力,你们老师是应该负责任的,你们要给我一个说法,否则就投诉你们!"教师对杰西妈妈陡然变化的态度很惊讶,杰西妈妈明明知道是杰西挑起的事端,但现在丝毫不承认杰西的错误,教师觉得很委屈也很气愤。教师反思的时候说:"千万别信家长的话,出了事还得老师负责,真是无奈!"

上述案例中,教师的心情固然可以理解,但是教师的反思并不到位。问题不在于家长不可信,而在于教师缺乏家庭教育指导意识。教师只是简单地向家长陈述事实、倾听家长的想法还是不够的,孩子的行为方式和家长的教育观念并没有得到教师的指导。如果教师在第一次或者第二次事件之后,就主动与家长约谈,与家长共同探讨培养孩子学会正确交往的方式以及安全运动方法,那么家长就知道班级教师并不是"任由小朋友打架"和"校园暴力"发生,教师也不至于在工作中如此被动了。

一、个别约谈的特殊意义

个别约谈是教师与家长围绕幼儿教育问题进行有目的、有计划、一对一的深度交谈。约谈的发起方可能是教师,也可能是家长。家访和接送交流也会出现个别约谈的形式,但各自的侧重点有所不同。家访更加侧重教师对家长进行家庭环境和家庭教育的调查与访问,接送交流更加侧重教师与家长之间时间短、频率高、话题广泛的日常交谈,个别约谈则侧重教师与家长专门针对某一现象或者某一问题进行有备而来的深层次的教育交流,交流的主题比较鲜明,交流的内容比较复杂,有很强的针对性。个别约谈是家庭教育指导和家园共育过程中不可缺少的一种工作方式。

(一)个别约谈有利于制订幼儿个性化成长方案

"促进每个幼儿富有个性的发展"是《纲要》的明文规定,也是所有教

师与家长的共同期盼,这就要求教师和家长都要尊重幼儿的个性差异,在此基础之上促进孩子不断地取得进步与成长。因此,真实地把握孩子的个体差异之所在,成为教师与家长都应该关注的教育起点。然而,教师只能看见孩子在幼儿园的表现,家长只能看见孩子在家庭的表现,如果家园之间不能进行深入而细致的交流,那么谁也无法把握孩子作为一个完整的人的真实面貌,富有个性的教育方案也就无从谈起。比如孩子在家里聪明伶俐、能说会道,如果不是教师的描述,家长就不知道原来孩子在幼儿园里比较霸道,看不起不如自己的小朋友;孩子在幼儿园自理能力很强,乐于帮助小朋友,如果不是家长的陈述,教师就不知道孩子在家里依赖性很强,还欺负老人。凡此种种,教师与家长经过细致的个别约谈之后,就知道应该帮助孩子"扬什么长"、"避什么短"了,也可以商讨怎样基于孩子的已有习惯和已有经验采取个性化的引导方式,让孩子享受因材施教所带来的成长的快乐!

(二)个别约谈有利于防范家园关系危机

众所周知,家园关系有其乐融融的景象,也有阴云密布的时分。成熟的教师防范危机,善于未雨绸缪,化危机于无形之中;不成熟的教师任由危机潜伏、滋生,遭遇危机时,也只会埋怨自己倒霉。本章首杰西的案例就是如此。如果教师对危机缺乏防范意识,工作态度不够主动,可能侥幸于一时、幸免于一事,但是危机事件迟早会发生在另外一个时刻或者另外一个当事者身上。所以,教师要勤于沟通,善于指导。

有一天,齐齐与坤坤抢玩具互相推撞,坤坤被推倒了,坤坤奶奶直接对齐齐说:"你再推我孙子,看我不打你!"齐齐吓哭了。班主任见状对坤坤奶奶说:"坤坤奶奶,孩子之间推推搡搡是正常的,您这么说把孩子吓着了。我们得教会孩子正确的交往方法。"班主任安慰好齐齐之后,立刻与坤坤的爷爷和爸爸说明了事情的整个经过,坤坤的爷爷和爸爸平时就通情达理,听完之后对老师说:"没事,没事,老师放心吧。"

上述案例中，班主任老师为避免坤坤奶奶带着个人情绪传达信息导致家园矛盾产生，于是采取"先下手为强"的工作态度，有效地取得了防患于未然的工作局面。

（三）个别约谈有利于化解家园关系危机

防范不是万能的，有些事件总是难以避免的，如果把善后工作做好，家园关系危机同样可以得到化解，其效果主要取决于教师个别约谈的诚意与沟通交流的水平。

冠福是小班一个男孩儿。一天，他站在柜门旁边，不小心夹着了"小鸡鸡"，"小鸡鸡"被夹红肿了。医院大夫虽然说没有关系，过一段时间就会自然消肿，但是家长的情绪非常激动，因为这个孩子的家中是"三代单传"，家人都把冠福当做"心肝宝贝"，出了这种事情让家人非常担心，爷爷甚至要投诉幼儿园。班主任老师理解家长的这种心情，既没有一味地强调"大夫说的没有关系"，也没有强调老师曾要求所有小朋友都穿死裆裤，而是每天都与其家长沟通孩子的在园的情绪与生活情况，还抽时间到家中看望冠福。家长的情绪逐渐平静了，最后还非常感谢老师对孩子的关爱。

可见，有时意外事件所造成的幼儿身体伤害虽然没有大碍，但是如果教师缺乏细致沟通的意识，家长情绪上的紧张与失控就会转化为实实在在的家园关系危机；如果教师做好了个别约谈，实际上已经发生的意外事件不但能迎刃而解，而且还能增进家园关系。

（四）个别约谈有利于开拓积极、主动的工作局面

个别约谈不仅是对负面事件具有防范与弥补作用，更是积极开拓良好工作局面的有效手段。对于一个善于享受工作乐趣的教师而言，与其亡羊补牢、被动应对工作难题，不如积极进取、主动理顺工作。

赵老师就是这样一位善于主动工作的骨干教师。据家长反映，她不是等孩子有事了才联系家长，平时她都会找时间与家长沟通，让家长详细了解孩子在幼儿园的生活情况、取得的进步以及发生在孩子身上的有趣的故事。一位爸爸有一段时间没有来接送孩子，虽然奶奶把孩子照顾得也不错，但是赵老师还是主动与孩子的爸爸联系，说一说孩子最近一段时间的大致情况。孩子爸爸听后非常感动，后来再忙也尽量接送孩子。当班级要做毕业相册的时候，这个孩子的爸爸主动承担了大量的照片处理工作。赵老师也同样热心地对待其他家长，因此她在家长中的人气指数非常高。需要家长参与幼儿园工作的时候，家长几乎一呼百应。

二、个别约谈的主要情形

由于个别约谈属于深度沟通，信息量大，耗时较长，每学期未必涉及所有家长，所以教师要根据班级幼儿及其家长的具体情况有所选择，有所准备。一般情况下，教师主要针对班级出现的如下情形进行个别约谈。

（一）针对班务的个别约谈

每个班级都会有许多事务性工作，有些班务需要家长的支持、配合与参与。比如组建家长委员会，招募家长志愿者，发起家庭教育论坛和家庭教育经验交流会，组织出外春游、采摘活动，创建班级网站等，都需要家长的广泛参与。这样，班级就特别需要几个热心的家长带动其他家长积极参与活动。有的班级很幸运就有这样几名热心的家长，只要教师稍加组织，班级氛围就活跃起来了，教师就可以针对具体事务与家长深入沟通工作思路与工作方法；有的班级可能缺乏热心的家长，这就需要教师进行个别约谈，首先培养和调动若干家长的积极性，让他们发挥示范作用，逐渐培养出具有凝聚力的班集体，然后再开展丰富多样的家园共育活动。

（二）针对家长的个别约谈

虽然教师与家长沟通的最终目的不是为了家长，而是为了孩子，但是由于家长群体的特殊性，家长工作具有很大的独立性，如果做不好家长工作，直接面对幼儿的教育工作也难以取得理想的效果。比如家长对教师不信任，家长的态度比较被动、冷漠、傲慢、偏执，家长一味地袒护自己的孩子，孩子的家庭关系复杂、不和睦，家长有消极的性格特质，家长有不良的生活习惯，家长经常当着孩子的面对其他人进行消极评价，家长的人生观和价值观不够积极……从表面上看这些都是家长的问题，其实孩子会深受家长的负面影响，如果教师不能帮助家长调整自我、以身作则，那么孩子在幼儿园所获得的正面教育效果就会大打折扣。针对家长的个别约谈难度比较大，因为它涉及成人的观念与习惯，教师需要从幼儿健康成长的角度为家长提出中肯的意见与建议。教师还要善于发现综合素养比较高的家长，通过个别约谈了解和总结他们教育孩子的好观念、好方法，搭建交流平台让他们与其他家长分享育儿方法和优秀经验。

（三）针对幼儿的个别约谈

以幼儿为中心内容的个别约谈是最受家长欢迎的，家长希望了解孩子在幼儿园的一切言谈举止，因此教师要留心观察每个孩子的具体表现，然后可以通过接送交流时间三言两语地介绍孩子在园的生活与学习情况，也可以积累一段时间，然后单独找时间与家长集中交流，这能让家长感受到教师在满腔热忱地与自己分享孩子成长的快乐与烦恼。同时，教师对孩子的表现还要有所分析，帮助家长更加全面地、客观地认识孩子的成长过程与个性特点。教师要关注到所有的孩子，不能只关注有问题的孩子和表现很出色的孩子，要让家长感受到每个孩子都是老师心中的宝贝。

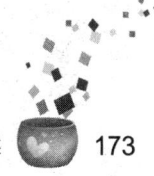

（四）针对事件的个别约谈

幼儿在幼儿园出现意外事件，教师必须主动与幼儿家长进行个别约谈，而且约谈的时间越早，矛盾越少。

下午户外活动的时候，默默在绳索织成的网上攀爬。老师看见她的一条腿突然从网上掉下来，就赶紧把她抱住了。虽然孩子没有摔着，也没有哭，但是老师感觉默默刚才的动作比较猛烈，有点担心，于是把她带到卫生间查看，结果发现默默的私处被蹭破了，还流了血。老师心里"咯噔"一下，但没有在默默面前表现出来，而是冷静地把她抱到医务室请大夫处理。大夫消毒的时候，默默哭了，老师赶紧安抚默默，接着就给默默的家长打电话，从电话里听得出来默默的父母比较紧张。在等待默默父母的时候，老师给默默吃了点儿零食，陪她一起玩。家长来的时候看见默默情绪稳定，放心许多。然后，老师与家长一起带默默去儿童医院检查，几天之后孩子痊愈了。

上述案例中，该教师有两个做法非常关键，一个是在第一时间发现问题并告知家长，另一个是通过安抚孩子的情绪来安抚家长的情绪。如果教师比较粗心，没有及时检查孩子的身体，等孩子晚上回家睡觉脱衣服的时候，家长发现孩子受伤了，家长的心情可想而知，家园危机必然一触即发。教师发现问题后，不拖延、不掩藏，第一时间如实地告知家长，让家长感受到教师的坦诚以及对孩子的关心，这样家长就把心思放在孩子身上而不是责问老师了。

三、个别约谈的关键策略

个别约谈是一对一的约谈，讲究交流细节，注重沟通艺术，因此教师需要掌握一些关键策略，提高个别约谈的效果。

1. 有计划性

个别约谈属于专题沟通，有明确的目标，不是拉家常，是要达到交流信息、解决问题、增进信任的目的，所以教师与家长进行个别约谈要有计划性，对跑题现象保持一定的敏感性，并自然过渡到专题交流中，不宜漫无边际地东说一句西说一句。约谈计划主要包括约谈的目的、约谈的主要内容、共商解决问题的方法以及期望的效果。在谈话的过程中，教师要留神梳理是否完成约谈计划，以提高个别约谈效率。

2. 照顾公平

教师不要在潜意识里认为有的孩子需要个别约谈，有的孩子不需要。实际上，每个孩子的家长都希望得到教师个别约谈的机会，只不过教师的工作安排有轻重缓急、先后顺序之分。因此，教师要心中有数，合理规划个别约谈的侧重点，保障每个孩子及其家长都在自己的约谈计划之中，尊重每个幼儿及其家长的公平受教育权利。

3. 有备而约

个别约谈不是随机性的泛泛而谈，是围绕一个主题深入展开话题，具有一定的研究性，因此教师需要有所准备。首先，是以幼儿为中心的相关准备。教师要在约谈之前收集幼儿的活动作品、照片、录像等资料，了解幼儿及其家长在上一年级的大致情况。此外，教师还可以通过报刊和网络收集约谈专题所涉及的教育信息，必要的时候还应该请教其他教师或者行政领导。如果是针对某个事件的个别约谈，教师更要多方调查，鉴别信息，然后与家长预约合适的时间与地点。

4. 真诚谦和

在约谈的过程中，要让家长实实在在地感觉到教师的真诚与谦和，消除家长的防卫心理。教师不要以权威自居，不要态度强势，要对家长具有同理心，多用商讨和请教的语气表达自己的想法。谈话时，要稍作停顿地看着对方，随时准备接受家长的插话与提问。在谈话过程中，教师不要接电话，不要让其他家长在场；有话直接说，不要让家长感觉到老师在用其

第九章 让个别约谈为孩子量身制作助长方案

（四）针对事件的个别约谈

幼儿在幼儿园出现意外事件，教师必须主动与幼儿家长进行个别约谈，而且约谈的时间越早，矛盾越少。

下午户外活动的时候，默默在绳索织成的网上攀爬。老师看见她的一条腿突然从网上掉下来，就赶紧把她抱住了。虽然孩子没有摔着，也没有哭，但是老师感觉默默刚才的动作比较猛烈，有点担心，于是把她带到卫生间查看，结果发现默默的私处被蹭破了，还流了血。老师心里"咯噔"一下，但没有在默默面前表现出来，而是冷静地把她抱到医务室请大夫处理。大夫消毒的时候，默默哭了，老师赶紧安抚默默，接着就给默默的家长打电话，从电话里听得出来默默的父母比较紧张。在等待默默父母的时候，老师给默默吃了点儿零食，陪她一起玩。家长来的时候看见默默情绪稳定，放心许多。然后，老师与家长一起带默默去儿童医院检查，几天之后孩子痊愈了。

上述案例中，该教师有两个做法非常关键，一个是在第一时间发现问题并告知家长，另一个是通过安抚孩子的情绪来安抚家长的情绪。如果教师比较粗心，没有及时检查孩子的身体，等孩子晚上回家睡觉脱衣服的时候，家长发现孩子受伤了，家长的心情可想而知，家园危机必然一触即发。教师发现问题后，不拖延、不掩藏，第一时间如实地告知家长，让家长感受到教师的坦诚以及对孩子的关心，这样家长就把心思放在孩子身上而不是责问老师了。

三、个别约谈的关键策略

个别约谈是一对一的约谈，讲究交流细节，注重沟通艺术，因此教师需要掌握一些关键策略，提高个别约谈的效果。

1. 有计划性

个别约谈属于专题沟通，有明确的目标，不是拉家常，是要达到交流信息、解决问题、增进信任的目的，所以教师与家长进行个别约谈要有计划性，对跑题现象保持一定的敏感性，并自然过渡到专题交流中，不宜漫无边际地东说一句西说一句。约谈计划主要包括约谈的目的、约谈的主要内容、共商解决问题的方法以及期望的效果。在谈话的过程中，教师要留神梳理是否完成约谈计划，以提高个别约谈效率。

2. 照顾公平

教师不要在潜意识里认为有的孩子需要个别约谈，有的孩子不需要。实际上，每个孩子的家长都希望得到教师个别约谈的机会，只不过教师的工作安排有轻重缓急、先后顺序之分。因此，教师要心中有数，合理规划个别约谈的侧重点，保障每个孩子及其家长都在自己的约谈计划之中，尊重每个幼儿及其家长的公平受教育权利。

3. 有备而约

个别约谈不是随机性的泛泛而谈，是围绕一个主题深入展开话题，具有一定的研究性，因此教师需要有所准备。首先，是以幼儿为中心的相关准备。教师要在约谈之前收集幼儿的活动作品、照片、录像等资料，了解幼儿及其家长在上一年级的大致情况。此外，教师还可以通过报刊和网络收集约谈专题所涉及的教育信息，必要的时候还应该请教其他教师或者行政领导。如果是针对某个事件的个别约谈，教师更要多方调查，鉴别信息，然后与家长预约合适的时间与地点。

4. 真诚谦和

在约谈的过程中，要让家长实实在在地感觉到教师的真诚与谦和，消除家长的防卫心理。教师不要以权威自居，不要态度强势，要对家长具有同理心，多用商讨和请教的语气表达自己的想法。谈话时，要稍作停顿地看着对方，随时准备接受家长的插话与提问。在谈话过程中，教师不要接电话，不要让其他家长在场；有话直接说，不要让家长感觉到老师在用其他孩子"影射"自己的孩子。如果感觉到家长有所顾忌或者误解,教师要及时澄清,表达善意,谈话结束后表达自己的收获和对家长的感谢。

5. 先报喜再报忧

教师要全面地把握孩子的状况,不要与家长一见面就谈孩子的问题,这样会让家长感觉老师对孩子有偏见。"先报喜"则让家长感受到老师是接纳自己的孩子的,"再报忧"的时候也要向家长传达教师的儿童观,即每个孩子都是可爱的,每个孩子都有优点,每个孩子的缺点都是可以改掉的,教师与家长为了孩子可以解决任何矛盾。这些永远都正确的话并不一定要直白地说给家长听,而是要让家长真实地感受到。

6. 策略因人而异

俗话说:"到什么山上唱什么歌。"意思就是说,人们沟通时需要根据说话对象的不同,采取不同的表达方式。每个人都是独特的,独特的个性与知识结构使一个人只能是"这样的"而不能是"那样的",那么在与别人交谈的时候,我们就不能想说什么就说什么,不能想怎样说就怎样说,说话的内容和方式要因人而异。教师不可能等完全了解一个家长之后,才去与之交流,而是边沟通边了解,边及时调整沟通策略。对于有的家长,教师可以直来直去;对于有的家长,教师需要委婉谨慎;对于有的家长,教师可以长话短说;对于有的家长,教师则特别关注细节……沟通的艺术具体体现为要根据当时的情景,把正确的内容以正确的方式传达给对方。

7. 鼓励家长主动约谈

幼儿园作为专业的教育机构,教师应该主动承担家庭教育指导的责任,根据工作需要主动邀请家长进行个别约谈。但事实上,"家家有本难念的经",教师未必完全清楚每个家长所遇到的个性化教育问题,这就需要家长自觉自愿地主动邀请教师进行个别约谈。为此,幼儿园要主动创设条件,欢迎家长来园约谈。在管理上,幼儿园应建立个别约谈制度,创建个别约谈档案,提供安静、舒适的约谈场所,并为班级教师专门安排约谈时间。教师则以班级为单位面向家长发布个别约谈倡议书,公布个别

约谈时间,鼓励家长提前一段时间预约话题,以便教师为此有所准备,提高约谈效果。

四、个别约谈的危机处理

个别约谈过程中,教师希望与家长经过深度沟通、多次交谈之后,双方最终达成一致意见,但现实并不总是一帆风顺的,有时还会中断沟通,甚至不欢而散。约谈出现阻碍和危机属于正常现象,教师无法完全避免这种困境的出现,但可以采取一定的态度和策略来应对困境。人们面对危机的态度,可以分为积极应对和消极应对。教师应该主动培养积极应对的态度,尽量避免消极应对的态度。

(一)消极应对

消极应对就是当教师与家长之间的个别约谈出现阻碍的时候,一方采取抵触、对抗、发泄、回避、推脱、否认、迎合等方式,导致约谈有始无终,停留或中断。由于抵触、对抗和发泄等消极方式比较外露,影响不好,所以教师很少采取这样的方式;而回避、推脱、否认、迎合等方式比较隐晦,是教师通常不自觉采取的消极应对方式。

1. 回避

教师的回避态度通常表现为个别约谈之后,教师发现有的家长不认可自己,甚至不讲理,就采取冷处理的态度,认为自己该说的都说了,不理解就不理解吧,只要自己带孩子没有出现问题,家长就不会找事。有的家长想与教师沟通,但是发现教师要么目光回避、要么忙于工作,也就不好意思打扰教师了。回避其实是一种放弃,从表面上看是"风平浪静",其实是"各行其是",家园之间是有距离与隔阂的,双方缺乏共识与合作。

2. 推脱

有的家长主动与教师进行个别约谈,提出一些问题、意见和建议的时

候,教师本来可以做出适当的解释、说明与引导,但是教师采取推脱的方式来应对。

一位家长跟教师交流孩子的饮食情况,说孩子饭量少,身材比较瘦小,自己也知道孩子比较挑食,也想过一些办法,但是效果不是太好,想向教师建议能不能自己在家做一些合孩子口味的饭菜,带到幼儿园。吃饭的时候,麻烦老师热一热之后再给孩子吃。教师说:"哎哟,这个您得问幼儿园领导,我们可做不了主。"

本案例中,教师本来应该主动向家长献计献策,帮助孩子矫正挑食的不良习惯,但是教师采取了"多一事不如少一事"的推脱态度,而这样的态度不利于解决问题。

3. 否认

当个别约谈出现分歧的时候,教师不反省、不解释也不继续调查事实,而是直接否认家长陈述的事实与自己有任何关联,结果导致谈话不欢而散。

李老师在与一名家长进行个别约谈的时候,该家长说前一天晚上睡觉脱衣服的时候,发现孩子的腿部有划痕。李老师说在幼儿园孩子没有出过事,孩子是在家里被划伤的。家长不高兴地说:"您的意思是我们自己故意弄伤孩子,然后赖给老师?"

也许孩子的划伤没有发生在教师的带班时间,但是教师至少应该允许家长陈述,并与家长一起探讨划伤的可能原因,而不是立即采取防御性的否认态度。况且教师也有一定的责任,如果教师仔细做了晨检、午检和晚检,对孩子的状况就会心中有数,那么与家长沟通的态度也就不会如此生硬了。

4. 迎合

有时家长提出一些问题,教师既不耐心解释也不积极引导,而是采取迎合家长意见的态度,把"矛盾消灭在萌芽状态"。比如有的家长反映孩子在幼儿园吃完晚饭后,回家又吃很多饭,问老师孩子是不是在幼儿园没吃饱饭。有的教师并不为自己辩解,只是向家长保证以后让孩子吃饱,而教师随后采取的办法是午饭和下午点心时间都让孩子少吃点,这样孩子晚饭就会吃得很多;如果孩子晚饭吃得也不多,教师就开始喂。结果,孩子放学回家后果然不吃饭了。家长的疑问虽然因此"销声匿迹"了,这样的进餐方法却是不科学的,既不符合"早上吃好、中午吃饱、晚上吃少"传统饮食习惯以及培养孩子独立进餐的教育观念,还导致孩子出现"饥一顿、饱一顿"的情况,不利于孩子对食物营养的消化与吸收。可见,"迎合"的态度让教师只做表面文章,只看结果不看过程,为了达成目标不讲究方式、方法,违背了科学保教的基本原则。

(二)积极应对

没有人喜欢困难,但在实际工作中,困难总是不期而遇。不过,有一句话说得很好:"办法总比困难多。"关键在于当事人是否主动采取积极的应对策略。在个别约谈过程中,教师首先要学会情绪管理。此外,主动运用调整自我、积极引导、主动解决问题、寻求多方支持、细心关爱幼儿等多种策略,都对化解危机具有正面的促进作用。

1. 情绪管理

遇到困难的时候,情绪反应比理性判断的速度要快,对于脾气火爆的人更是如此,因此人的情绪管理能力非常重要。有的教师说:"有的家长实在是气人,教师也是人,教师就不能发脾气吗?"教师私下里可以这样发发牢骚,但还要主动加强情绪修养。教师的专业性不仅体现在技能技巧与业务熟练度上,还体现在内在修养方面。其实,首先发脾气的人只图一时痛快,却已经将自己置于被动地位,对方反而处于主动地位。作为教师,我们应该要求自己不管遇到什么事情都不要做首先发脾气的人;其次是当对方发脾气的时候,我们要学会以静制动、有所忍耐,确保不再因为候,教师本来可以做出适当的解释、说明与引导,但是教师采取推脱的方式来应对。

一位家长跟教师交流孩子的饮食情况,说孩子饭量少,身材比较瘦小,自己也知道孩子比较挑食,也想过一些办法,但是效果不是太好,想向教师建议能不能自己在家做一些合孩子口味的饭菜,带到幼儿园。吃饭的时候,麻烦老师热一热之后再给孩子吃。教师说:"哎哟,这个您得问幼儿园领导,我们可做不了主。"

本案例中,教师本来应该主动向家长献计献策,帮助孩子矫正挑食的不良习惯,但是教师采取了"多一事不如少一事"的推脱态度,而这样的态度不利于解决问题。

3. 否认

当个别约谈出现分歧的时候,教师不反省、不解释也不继续调查事实,而是直接否认家长陈述的事实与自己有任何关联,结果导致谈话不欢而散。

李老师在与一名家长进行个别约谈的时候,该家长说前一天晚上睡觉脱衣服的时候,发现孩子的腿部有划痕。李老师说在幼儿园孩子没有出过事,孩子是在家里被划伤的。家长不高兴地说:"您的意思是我们自己故意弄伤孩子,然后赖给老师?"

也许孩子的划伤没有发生在教师的带班时间,但是教师至少应该允许家长陈述,并与家长一起探讨划伤的可能原因,而不是立即采取防御性的否认态度。况且教师也有一定的责任,如果教师仔细做了晨检、午检和晚检,对孩子的状况就会心中有数,那么与家长沟通的态度也就不会如此生硬了。

4. 迎合

有时家长提出一些问题,教师既不耐心解释也不积极引导,而是采取迎合家长意见的态度,把"矛盾消灭在萌芽状态"。比如有的家长反映孩子在幼儿园吃完晚饭后,回家又吃很多饭,问老师孩子是不是在幼儿园没吃饱饭。有的教师并不为自己辩解,只是向家长保证以后让孩子吃饱,而教师随后采取的办法是午饭和下午点心时间都让孩子少吃点,这样孩子晚饭就会吃得很多;如果孩子晚饭吃得也不多,教师就开始喂。结果,孩子放学回家后果然不吃饭了。家长的疑问虽然因此"销声匿迹"了,这样的进餐方法却是不科学的,既不符合"早上吃好、中午吃饱、晚上吃少"传统饮食习惯以及培养孩子独立进餐的教育观念,还导致孩子出现"饥一顿,饱一顿"的情况,不利于孩子对食物营养的消化与吸收。可见,"迎合"的态度让教师只做表面文章,只看结果不看过程,为了达成目标不讲究方式、方法,违背了科学保教的基本原则。

(二)积极应对

没有人喜欢困难,但在实际工作中,困难总是不期而遇。不过,有一句话说得很好:"办法总比困难多。"关键在于当事人是否主动采取积极的应对策略。在个别约谈过程中,教师首先要学会情绪管理。此外,主动运用调整自我、积极引导、主动解决问题、寻求多方支持、细心关爱幼儿等多种策略,都对化解危机具有正面的促进作用。

1. 情绪管理

遇到困难的时候,情绪反应比理性判断的速度要快,对于脾气火爆的人更是如此,因此人的情绪管理能力非常重要。有的教师说:"有的家长实在是气人,教师也是人,教师就不能发脾气吗?"教师私下里可以这样发发牢骚,但还要主动加强情绪修养。教师的专业性不仅体现在技能技巧与业务熟练度上,还体现在内在修养方面。其实,首先发脾气的人只图一时痛快,却已经将自己置于被动地位,对方反而处于主动地位。作为教师,我们应该要求自己不管遇到什么事情都不要做首先发脾气的人;其次是当对方发脾气的时候,我们要学会以静制动、有所忍耐,确保不再因为情绪激动而激化矛盾。

2. 调整自我

个别约谈出现僵局，纵然可能有家长的原因，教师还是要主动反省自我。教师是幼儿教育工作的主导者，只要自己愿意付出努力，多多少少都会改善工作局面。有的教师反思自己如果早点发现问题，早点与家长联系，家长就不会那么生气了。有的教师反省自己翻来覆去地总说孩子的那些事情，可能家长也听烦了，确实应该再想想其他办法，不能一味地埋怨家长不理解教师对孩子的一番苦心。有的教师说，换位思考家长爱孩子的心情，家长的那些想法就都可以理解了，教师就应该耐心地做家长的思想工作。有的教师从为人处世的角度调整自我，即做任何事情都不可能一帆风顺，何况是做人的工作呢，所以该来的困难自然会来，自己的人生也终将在困难中得到锻炼而走向成熟。

3. 解决问题

遇到困难之后，有的教师的情绪活动与内心纠结并不多，而是把注意力集中在想办法解决问题上。

一位教师与家长约谈孩子的不良习惯，家长不承认，还觉得教师对孩子有偏见。教师一方面耐心解释，积极引导家长从正面理解老师的用意；另一方面拍摄下孩子的日常生活片段，让家长拿回家观看。家长还给教师录像带之后，教师又精选相关的文章和书籍推荐给家长。几天之后，家长主动找教师约谈，承认孩子的不良行为习惯给教师和其他小朋友带来了烦恼，然后又诉说了自己教子无方的苦闷，教师与家长由此打开了进一步沟通的新局面。

4. 关爱幼儿

教师与家长进行个别约谈，初衷都是为了孩子的健康成长，但有时难免哪句话说得不中听，导致沟通不愉快。此时，教师不必为了沟通而沟通，可以把重心转移到孩子的成长变化上，沟通僵局自然得到化解。

一天，教师与家长约谈孩子不吃饺子的事情，说孩子见了饺子就哭，一口不吃。家长说："我们在家里都是她吃什么才做什么。"教师说："在幼儿园只能食堂做什么，孩子吃什么，你们家太娇惯孩子了。"家长则认为娇惯孩子累的是自己，自己就这么一个孩子，心甘情愿为孩子累，用不着老师来批评教育。后来教师没再与家长谈及此事，而是着手教育孩子。等再吃饺子的时候，教师没有强迫孩子吃饺子，只是鼓励孩子舔一口，孩子感觉舔一口没关系。教师接着鼓励她咬一小口，孩子就咬了一小口，教师竖起大拇指表扬她，孩子非常高兴。然后，教师拿出自己买的午饭给孩子吃了。到再吃饺子的时候，教师既为孩子准备了午饭，又鼓励她慢慢地多吃一点儿饺子。一个月以后，孩子已经不再畏惧吃饺子了。教师把事情的经过告诉了家长，家长听后非常感动，也为自己曾经误解老师的行为感到惭愧。

可见，教师一心一意地关爱孩子，让家长见证孩子的进步与成长，是化解家园关系危机的法宝。

第十章

让无声的环境会说话

◆ ◆ ◆

每周一,张老师的班门口都会围着一些家长拍照,他们用数码相机拍下老师的保教计划。平时家长也会及时拍下老师教的一些儿歌、歌曲或故事等内容,晚上接孩子回家前,有的家长会在班级逗留一会儿,拍下孩子的手工、建筑或者绘画作品。最初这只是个别家长的行为,后来其他家长也跟着做,逐渐成为班级家长们了解教师工作和幼儿学习情况的有效途径。张老师说:"通过环境与家长进行'无声的沟通',不但使教师的环境创设工作得到家长的关注与认可,增强了教师的成就感,还吸引孩子关注自己的作品与班级环境,真是一举多得的好方法。"

环境沟通是一种"此时无声胜有声"的沟通方式,即教师充分利用幼儿园的空间布局特点和幼儿园教育的特点进行环境创设,渗透幼儿教育理念,传达教师的沟通意图,满足幼儿及其家长对环境育人的需求。幼儿园的环境沟通对幼儿的健康成长和家长的家教意识都具有特殊的引领作用。

一、环境沟通的特殊意义

幼儿园强调环境育人,环境创设是幼儿园工作的重要组成部分。但是在一些教师的心目中,环境创设的主要意义在于张贴通知、美化班级和展示给领导和外来参观者观看,忽略了环境在与家长沟通、指导家庭教育以及吸引幼儿关注、引导幼儿发展方面的作用，这种意识妨碍了教师最大限度地发挥环境创设的积极作用，因此教师需要更加明确地认识环境沟通在各种家庭教育指导形式中具有不可替代的特殊意义。

（一）环境给人留下的第一印象最为深刻

环境具有先入为主的优势，不管是幼儿家长还是幼儿教育同行，进入幼儿园的第一印象均来自于环境。家长会根据幼儿园环境来判断儿童在这里生活和学习的基本条件，幼教同行则会根据幼儿园环境创设来解读幼儿园的办园理念和管理水平。所以，环境看似静默，其实无处不言。

幼儿园环境按照由远及近的顺序，可以分为周边环境、园舍环境和班级环境，人们的第一印象往往是由三者综合作用而成的。固然，班级环境创设的主人是教师，园舍环境创设的主人是园长，周边环境创设的主人是社区，但园长的管理与协调能力至关重要。园舍环境所蕴含的办园风格通过园长的理解与具体落实来体现，班级环境对办园风格的呼应需要园长的管理与督导，周边环境与幼儿园教育特点的配合则需要园长与社区的沟通与合作。

（二）环境育人的影响力量非常强大

幼儿园是教育机构，无处不渗透着教育主旨，环境作为隐身的教育工作者，不但引领着幼儿的成长，也对家长起到了示范作用。众所周知，环境在不知不觉中对人有着暗示的作用，如果有人出现与环境格格不入的言行，就会格外引人注目，所以人们都会倾向于采取与环境一致的言行。如果幼儿园的环境干净、整洁，那么幼儿及其家长进园之后就不会随意乱扔垃圾；如果幼儿园的器械设施都有安全防护措施与安全使用提示，那么幼儿的安全就会更有保障，家长的安全教育意识也会更加到位；如果幼儿园处处洋溢着文明、礼貌、和谐的风气，那么幼儿及其家长的精神气质也会被熏陶得优雅得体。前苏联著名教育家苏霍姆林斯基说："任何一种教育现象,孩子在其中越少感觉到教育者的意图,他的教育效果越好。"环境育人就是一种能使教育效果更好的教育现象。

(三)环境沟通具有非言语交流的优势

言语交流的优势不言而喻,但是非言语交流的特殊功效也不可小觑。当正确的教育观念、教育态度和教育方法通过环境传达给家长的时候,"无声胜有声"的教育力量就会产生作用了,不但针对所有人的正面引导如此,针对个别人的负面行为,在不便直言相劝的情况下,环境的非言语交流就显得功效格外显著。

比如针对个别家长在教师节给教师送礼的问题,管理者既不宜直接批评教师,也不宜直接批评家长。管理者一方面要理解家长对教师的真诚感谢之情,同时更要倡导廉洁之风、杜绝攀比之气,如果用言语交流这件事情,就可能出现词不达意、过度解释或好意难却的尴尬情形;如果幼儿园对全体家长出示一封措辞得体的公开信,这个问题就能很好地得到解决。幼儿园可以先表达对家长支持幼儿园工作的感谢之情,同时又言之凿凿地表达出树健康园风的决心,那么家长和教师就能很容易地体谅到幼儿园的良苦用心与坚定态度,然后在没有心理压力的情况下,放松地建立和谐文明的家园关系。

二、环境沟通的主要形式

幼儿园与家长之间的环境沟通主要是指家长在接送孩子时或者在家长开放等活动中,通过观察幼儿园的各处环境获得相关信息与启发的非言语沟通方式。它具有使观察者边走边看甚至驻足观看的特点。因此,幼儿园环境创设的形式直接影响环境沟通的形式与效果。

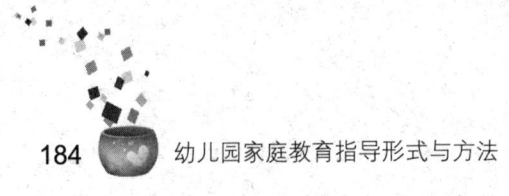

（一）幼儿园环境创设的布局

根据环境布局的不同，幼儿园环境沟通可以分为园所环境沟通与班级环境沟通。园所环境沟通主要是在幼儿园层面通过公共环境展现办园理念与办园风格，比如有的幼儿园会挑选陈鹤琴、蒙台梭利等幼儿教育家的名言或者《纲要》的精华语句，或者自己提炼一些集中体现幼儿园特色教育的语句，张贴在方便家长观看的显著位置。如果办园风格体现国际化或者民族传统，那么幼儿园就可以通过环境让家长感受到相应的教育特色。班级环境沟通主要是指教师在班级层面通过班级内外的空间布置体现日常保教工作和家园互动情况。班级环境比幼儿园环境更新频繁，与幼儿及其家长互动也更频繁，是教师与幼儿及其家长进行非言语沟通的主要途径。

（二）幼儿园环境创设的方位

幼儿园环境创设无处不在，陈设与装饰是一种环境创设，留白也是一种环境创设，立体与平面、现实空间与虚拟空间、传统手段与现代手段都能传达沟通的意愿。从陈设与装饰的角度而言，幼儿园环境创设主要体现在墙面、地面、门窗、悬吊挂、展板、家长意见箱、专用教室、专业场地、电子显示屏、背投电视等方位。此外，网络是进入信息时代后迅速发展的新型环境创设，具有强大的综合功能。家长园地、家园联系簿、班级自办小报、班级互联网空间是班级教师与家长沟通的主要阵地。

（三）幼儿园环境创设的手段

幼儿园环境沟通是一种无言的教育，主要通过视觉和触动觉达到与家长交流和指导家庭教育的效果，在幼儿园的环境创设中主要通过文字、图表、图片、图画、玩具、器械以及幼儿的手工作品等显示出来。一般情况下，幼儿园环境创设应该多图少字，多简洁示意，少长篇大论，要让环境阅读者感觉内容清晰、言简意赅、图文并茂。

(四) 幼儿园环境创设的范畴

环境传情达意的效果不仅需要通过物质环境显现出来,还需要通过精神环境呈现。当物质环境满足保教的基本需求后,精神环境显得更加重要,而且物质环境的豪华程度不能决定精神环境的文明程度。精神环境主要体现在人文关怀和精神面貌方面,人文关怀是指幼儿园和班级创设环境的时候在多大程度上为幼儿及其家长的需要主动提供关心与服务,如提供家长接待室、幼儿休息椅、自助饮水机、老花镜、放大镜等;精神面貌主要是指全体教职员工的待人处事态度、敬业精神和文明素质,比如一线教师的热情、微笑与爱心,后勤人员的厚德服务、服务育人的意识等。

三、环境沟通的主要内容

由于幼儿园与班级的站位不同,所以环境沟通的内容也会各有侧重。

(一) 幼儿园环境沟通的主要内容

幼儿园的环境沟通主要体现国家的幼儿教育方针和幼儿园的办园理念,反映幼儿园的重大活动和显著变化,是家长解读幼儿园风格的主要渠道。

1. 宣传教育

幼儿园教育是国家基础教育的重要组成部分。幼儿园教育与小学教育衔接,共同对儿童实施素质教育,因此幼儿园在环境创设上会突出国家在幼儿教育方面的方针与政策以及幼儿教育和儿童心理方面的科学研究成果,用以彰显幼儿园的主流导向。

2. 公示通知

尊重家长的知情权、提高办园的透明度是提高幼儿园管理水平的重要方面,因此幼儿园需要公示收费情况、菜谱、幼儿成长发育指标、幼儿作息制度以及相关管理制度，经常出示一些需要全体教师或者家长了解、配合和参与活动的通知。

3. 节日装饰

节日教育是幼儿园的常规教育内容之一，需要相应的节日装饰来烘托节日教育的气氛。一般情况下，大部分幼儿园会在六一儿童节、圣诞节和新年把园所整体环境装点得比较艳丽，其他节日则做局部装点。

4. 生活服务

幼儿园公共环境是幼儿生活、游戏、锻炼的场所，也是家长、孩子和教师之间相互交流的场所。幼儿园可以根据园舍特点和物质条件提供活动、休息、等待、饮水、阅读等所需的相关设施设备。班级门口则应该有孩子换鞋、换衣服时所需的坐具和放置个人物品的小柜子。

5. 交流互动

家长意见箱或者家园联系簿应该是幼儿园必备的，应该被放置在所有家长都能看见的地方，为家长参与幼儿园管理、提出幼儿教育建议提供实名或者匿名交流的机会。当然，匿名交流就意味着幼儿园无法一对一地回应当事人。现在，很多幼儿园的意见箱已经被电子信箱所代替，这样家长既可以匿名投寄，教师又可以一对一地回复，但是传统的家长意见箱不应该被取消，因为有的家长可能不方便写电子邮件。

6. 游戏操作

幼儿园的环境创设要传达"给孩子快乐的童年"这种价值观，所以幼儿园应该是游戏的乐园，不仅体现在有促进孩子大肌肉发展的秋千、滑梯、钻筒、攀登架、平衡木、梅花桩、海洋球等大型玩具器械方面，还体现在投放在某些区域中的促进幼儿小肌肉发展的小型玩具器械方面，如皮球、转盘、积木等。经济条件好的幼儿园可以创建戏水池、提供哈哈镜、放置卡通人，用以满足孩子的童趣需要。

（二）班级环境沟通的主要内容

班级的环境沟通主要体现班级教师的教育计划和幼儿的学习活动，反映班级活动的最新进展情况，是家长了解幼儿园保教特点的主要渠道。

1. 展示计划

各类计划是班级环境沟通的主要内容之一，其中周计划、日计划和教育活动计划比较多。有些班级倾向于展示详细的计划，有的是简略的计划。至于张贴哪种计划，除了遵循幼儿园的规定之外，教师还应该征求家长的意见。因为每个班级的家长园地面积并不大，存在张贴详细计划字小、张贴简略计划字大的问题；有的班级建立了互联网沟通方式，于是采取在家长园地贴简略计划，在互联网上传递详细计划的方法。

2. 张贴通知

班级通知是全体家长或者部分家长应该了解的信息，而且应该时常更换，所以教师需要把环境沟通与口头交流结合起来，经常提醒家长观看通知，并回答家长的相关疑问，确保家长的理解与教师传达的意思一致。现在，有的教师已经能够熟练使用飞信、微信、微博等互联网通信工具。为确保通知到位，有的教师采取张贴通知、口头通知与互联网通知相结合的方式。

3. 幼儿保育指导

饮食、营养、卫生、保健和体育是幼儿健康发育的基础，是班级环境沟通必不可少的内容。目前这方面主要存在两个问题，一个是体育内容偏少，一个是中、大班教师对保育内容有所忽视。轻视体育是过度保护孩子、养育方式保守的表现，教师不能因为体育存在意外伤害的隐患而忽略对家长的体育指导。托、小班的保育固然重要，中、大班的保育内容应该有更高的要求和更丰富的内容，如主动饮水、均衡进食、正确坐姿、花样走跑、保护眼睛、自我保护、自我服务等，都需要教师加强引导。

4. 家庭教育指导

现代家长以"80后"为主体,学历水平普遍较高,重视幼儿教育,但是由于缺乏幼儿教育经验,所以很多家长有理念无方法,或者教育方法单一,比如讲故事语气单调,亲子游戏不丰富,手工制作没技巧,音乐舞蹈方面缺乏专业基础等等;有的家长对孩子包办代替,缺乏调动孩子自己动手、主动学习的有趣方法。教师可以根据班级家长的实际需要,提供有针对性的小建议、小文章。

5. 幼儿心理特点解读

众所周知,幼儿教育要以幼儿心理为基础,但是在以往的家庭教育指导中,教师倾向于直接向家长宣传教育方法。现在随着家长对幼儿教育关注度的提高,他们对幼儿的心理越来越感兴趣,不但希望掌握教育孩子的操作方法,还希望了解孩子的心理特点,因此教师应该通过环境创设向家长解读幼儿的年龄特点及相关心理现象。

6. 幼儿表现介绍

幼儿表现是家长最关心的沟通内容,教师可以通过照片、作品和文本三种方式满足家长了解幼儿的需求,比如平时注意拍下幼儿的生活与学习照片,或者把幼儿的绘画作品和手工作品展示给家长,或者把幼儿的自由发言、童言趣语记录下来张贴在家长园地。熟练地使用互联网的教师除了可以把以上三种方式获得的资料上传给家长以外,还可以把用音频或视频手段采集到的那些展示幼儿的动态言行与歌舞的素材上传给家长。

7. 交流互动

环境沟通固然需要教师主动工作,但不意味着只做单向沟通,忽视双向沟通。面向家长的宣传教育信息本身就应该以调查家长的需求为基础,同时还要发挥家长的主动性,鼓励家长为环境沟通献计献策,甚至参与主持栏目的工作。教师还要有意识地搭建家长育儿经验交流平台,鼓励家长总结撰写自己有效的教育方法,为家长提供相互学习与借鉴的机会。

8. 个性化展示

个性化展示就是在环境中专门展示个别幼儿的详细生活与学习风采，从而达到激励幼儿成长的目的。制作方式以图为主，配有简洁的文字说明，可以是墙面创意设计，也可以是展板或者是自制的小书，放置在公开场所供大家欣赏。一般是教师发动此项活动，家长和幼儿自愿参加。展示内容可以是幼儿在节假日的见闻和旅行，也可以是幼儿在家庭中的生活点滴，或者是幼儿在某方面的兴趣、爱好与特长。

四、环境沟通的关键策略

环境沟通是任何地方、任何级别的幼儿园都普遍采取的沟通方式，但是由于每个幼儿园或班级教师的倾向不同，目前环境沟通也存在一些问题，在策略、方法方面还需要改进。

（一）注意表达内容，不宜过度装饰

心灵手巧是幼儿教师的优势，充分体现在环境创设方面，但是也容易出现为了追求美观而过度装饰的问题，这样既造成材料的浪费，有悖环保、低碳、节约的教育理念；也造成空间的浪费，使面积有限的家长园地展现的内容更少。此外，还浪费时间。比如有的家长园地本来就有造型，有的教师却先铺上一层大底纸。然后，为了显示板块的不同，在大底纸上加上一层不同颜色的小底纸。随后，为了衬托粘贴的文章，在小底纸上再粘贴一个太阳花，接着在太阳花旁边装饰上绿叶，那么最后只剩下太阳花中间一块小小的空间了。如果再在文章旁边做一个栏目，在文章四周剪一个花边，那么文章所占的空间就更小了。

（二）讲究疏密有度，不宜铺天盖地

班级日常工作琐碎、繁多，教师的教育活动和幼儿的表现也是丰富

多彩的，有许多可以向家长介绍和展示的内容，家长也希望了解得越多越好，于是有的教师就不加取舍，把家长园地、展板、班级小报或者室内环境布置得铺天盖地、密密麻麻，让人看起来感觉目不暇接，难以理出头绪。教师的良好用心可以理解，可是凡事不要只是忙于劳作，更要追求实际效果。怎样在有限的展示空间、有限的阅读时间内让家长清晰地了解班级活动，教师对素材要有所选择、有所编辑，空间设计要讲究疏密有度。

（三）及时更换内容，不宜破损陈旧

环境沟通的版面和内容需要及时更换，是幼儿园和班级工作勤恳、富有活力的表现，但是由于环境沟通场地大都在户外，即使有橱窗，也会经历风吹、雨淋、日晒，难免破损陈旧。幼儿园一方面应尽量选择经久耐用的材质，另一方面需要经常打扫和修补。在内容更新方面，月计划是一月一换，周计划是一周一换，日计划是一日一换，幼儿心理和家庭教育指导类文章可以是半月或者一月一换，通知内容应该过时一两天就及时撤销。

（四）提高文字修养，杜绝错字别字

家长园地中会有大量的文字，不管是教师手写还是打印，都要确保正确规范，尽量杜绝错字别字。有的教师可能以为幼儿不识字，家长园地又是给家长看的，少量错别字不影响阅读，其实问题的关键在于错别字给人的感觉非常别扭，教师为此要养成注重文字修养的好习惯，张贴之前务必仔细阅读一遍，有时可以请其他教师和家长再阅读一遍，尽可能地提高校对质量。

（五）提高编辑水平，不宜全文粘贴

教师可以选择一些书刊上的好文章推荐给家长，但是不宜全文粘贴，不宜长篇大论，教师需要对原文加以编辑，做适当的增删或标注。教师可以在选好的文章上增加班级孩子的日常表现，让家长明白此文所针对的

具体现象,而这种以案例剖析为主的短小文章非常适合家长驻足观看;教师还可以在关键的地方画线,提示家长关注。同时,教师要在文章最后标注文章来源和作者,一方面可以体现教师对知识产权的尊重,另一方面可以方便学历水平高的家长进行文献检索。

(六)善用图表沟通,使人一目了然

图表虽然省略了大量文字,却有使人一目了然的逻辑关系,非常适合暂作停留的"快餐式阅读"。比如"出勤(图)表"可以鼓励幼儿和家长每天按时入园,"心情(图)表"可以鼓励幼儿快乐入园,"生活习惯(图)表"可以向家长及时汇报幼儿每天在幼儿园吃饭、大小便、饮水和午睡的情况,"值日生(图)表"可以鼓励幼儿积极为班级服务,"天气记录(图)表"可以鼓励幼儿关注天气变化和穿衣变化,还有洗手程序图、折纸程序图、搭建程序图等,可以为幼儿自主学习提供指导;室内各个活动区的常规提示(图)语则可以培养幼儿的规则意识与自律习惯。

(七)提高幼儿兴趣,吸引家长关注

环境创设的目的是吸引家长观看。除了经常提醒家长以外,教师还可以采取"幼儿带动家长"和"家长带动家长"的方式。新内容张贴出来后,教师可以对幼儿说:"今天老师在这里藏了个小秘密,你们想不想知道?放学的时候让爸爸妈妈念给你们听吧!"绝大多数幼儿都会惦记着这件事,会问家长:"这里有什么秘密呀?你们看了吗?念给我听听。"正如本章开头的案例,个别家长热心阅读家长园地,对其他家长会有带动作用。教师首先发现和鼓励个别家长,更容易产生"家长带动家长"的阅读效果。

(八)提高参与互动,加强双向沟通

目前,环境沟通普遍存在的一个问题是以单项沟通为主,双向沟通不充分,幼儿及其家长在环境沟通中的参与性不足。有的教师不但包揽了

环境创设的手工劳动，而且自己做主策划所有内容，家长只能被动阅读，幼儿对此也漠不关心。这种"自说自话"的状态，实际上反映了沟通对象之间缺乏互动与对话，是沟通资源的隐性浪费。教师要主动想办法克服这种状态，比如可以在"家庭教育指导"、"家庭教育帮手"栏目发起家长之间的讨论，发动家长志愿者做栏目主持；可以在"幼儿风采"、"每周一星"、"小鬼当家"等栏目吸引小朋友参与评价与自我评价，评选出各个方面有进步的小朋友；设置"我的心里话"、"我的悄悄话"、"童真童趣"、"童言无忌"等栏目，鼓励幼儿说出自己的真实想法，教师则需要及时将孩子的想法和话语记录下来。幼儿的有些话语会启发成人思考，有些话语会给人带来快乐；可以在"快乐亲子时光"、"我的家庭生活"、"亲亲宝贝一家"等栏目展示家庭亲子游戏或者幼儿的家务活动。教师这样做，可以使环境沟通的亲切性、互动性和针对性大大增强，使环境真正成为幼儿及其家长的"隐性朋友"和"隐性老师"。

（九）解读幼儿作品，丰富心理知识

幼儿作品通常是环境创设的主要内容，教师要注意展现所有儿童的作品，最好写上幼儿的姓名，方便幼儿及其家长参观与分享。同时，教师可以从两个方面引导家长解读幼儿作品：一方面是幼儿作品所反映的年龄特点。年龄特点是由幼儿的心理发展水平所决定的，教师要引导家长不能用成人的眼光和标准去判断儿童的作品；另一方面是幼儿作品所反映的个性特点。教师在引导家长分析幼儿的个性特点时，要把横向比较与纵向比较结合起来。在环境创设中，教师要把所有儿童的作品展现出来，给家长进行客观比较的机会，帮助家长了解孩子的长处与短处。教师要指导家长既不宜过度横向比较，也不宜过于袒护孩子的短处，应该鼓励孩子树立积极的学习态度，促使孩子在自己的原有水平之上不断进步。

（十）定期专门介绍，主动运用环境育人

环境创设体现教师的幼儿教育观念，还体现教师的某些特殊用意，不经介绍别人未必能够看得出来，对于非幼儿教育专业毕业的家长以及认知水平有限的幼儿来说，更是如此。所以，教师不要只是为了完成工作任务而创设环境，忙碌于画、折、剪、贴，最后等来的结果是除了摘掉，就是重新画、折、剪、贴；教师要充分发挥环境育人的作用，专门设计环境解读与互动方案，吸引幼儿及其家长关注环境的变化，引导他们学会欣赏和解读环境创设的意义，从"看热闹"发展成为"看门道"。同时，教师应主动听取他们的意见和建议，并有意引导他们参与到环境创设的过程之中。这种利用环境进行沟通的方式既有助于家长感受教师的教育观念和巧手创意，还能帮助幼儿提升自己在幼儿园快乐而充实的生活经验，教师也能从中体验到职业成就感。

（十一）降低知识导向，加强养成教育

有些家长心目中的分科教学、知识教育和片面注重特长发展等观念根深蒂固，与现代幼儿教育所提倡的综合教育、习惯养成和全面发展等先进观念是有差距的。因此，幼儿园和教师可以利用横幅、标语、展板、文章等形式不断地向家长宣教。幼儿园不宜在楼梯台阶或墙壁上粘贴英语单词、汉语拼音、数学算式等，这样做不但强化了家长的知识导向，而且不利于孩子养成专心走路的好习惯。即使幼儿园实施蒙台梭利、奥尔夫、双语、国学、体育等特色教学，也需要向家长着重宣传全面发展以及养成教育的重要性，而不只是知识灌输和技能训练。主题教育是很多幼儿园课程改革采用的模式，在环境中体现主题教育计划以及主题活动进展过程既是宣传现代园本课程的有效形式，又能从正面引导家长关注孩子的成长过程和素质发展。

（十二）灵活利用空间，形式丰富多样

环境创设的形式要根据幼儿的年龄特点和教育内容灵活多样。一般情况下，婴班和小班以图为主，中班可以图与表兼顾，大班可以图、表、字穿插；为幼儿创设的环境以图为主，为家长创设的环境以表和字为主。墙面高处可以张贴家长关心的计划、通知、文章，墙面低处可以张贴或悬挂便于幼儿观看的作品和操作的玩教具。室内环境主要反映保教活动，室外环境主要反映家园共育，过道和走廊主要反映幼儿出勤、入园情绪、值日、常规等生活内容。衣帽柜的标识要便于孩子掌握，放置方式要便于家长引导孩子整理自己的衣帽。条件好的幼儿园或班级可以提供背投电视，为幼儿和家长创设生动的视频环境。

（十三）精神环境比物质环境更加重要

幼儿园的环境创设是一个广义的概念，不仅指墙饰、玩具与教具、物质材料、空间安排以及生活、学习与游戏设施，还包括科学合理的生活作息常规与和谐愉悦的精神氛围。在幼儿园里，丰富的物质环境固然必不可少，舒畅的精神环境更加重要。因此，教师还要充分利用精神环境进行沟通，为幼儿创设充满理解、尊重、关爱、接纳的心理氛围，为家长提供令人放心的、充满关怀的精神环境。

（十四）提供贴心服务，方便家长阅读

环境沟通主要靠视觉和触动觉，这就要求环境创设要有利于阅读。因此，家长园地的光线要充足，位置高低要适宜，文字要规范正确，字迹要干净清晰，字号要设定得偏大，必要的时候需要提供老花镜和放大镜，在家园联系簿旁边提供签字笔。有的班级还配置了饮水机、休息椅、装有纸巾的方便箱等设施。贴心服务重在细节，幼儿园或班级未必投入很多，却可以在细节上温暖人心。

第十一章

幼儿成长档案促进家园共育个性化

◆ ◆ ◆

最近菲菲妈妈的微博在妈妈圈里"火"了,她上传的图片看似并不"新鲜",是班级老师给每个小朋友都做的成长档案,实际上是她把幼儿园版成长档案改编制作成一套家庭版成长档案,详细记录了孩子在成长过程中的点滴故事和妈妈的育儿心得。读起来,让人时而感动于细腻的母爱,时而感慨于家长的睿智,时而开怀大笑于孩子的童言稚语,平时家庭生活中神态各异的照片再现了孩子幸福的童年生活。粉丝妈妈们纷纷转发、评论,认为"家庭版"、"电子版"的成长档案是给孩子最好的成长礼物!

一、幼儿成长档案的特殊意义

幼儿成长档案是教师与家长在一定时期内有计划、有目的、有系统地收集和记录各类反映幼儿成长轨迹的原始资料,并按照一定的结构加以整理之后制作成册。制作幼儿成长档案的过程也是家园共育的过程。幼儿成长档案以幼儿为主角,以教师为主导,以教师和家长为双主体,包括文字、图片、表格、音频、视频等多种表现方式,在幼儿成长过程中发挥着特殊的积极作用。

(一)使跟踪观察和记录方法更加科学

从工作方法来说,对幼儿的各种活动与表现进行跟踪观察与记录,是幼儿教师的常规工作之一；但是从工作水平来说，幼儿成长档案对幼儿教师的跟踪观察、收集资料以及记录整理的能力要求更高。因为幼儿成长档案不是随意堆砌而成的生活资料，而是收集那些反映孩子成长里程碑、具有特殊意义的资料，这就要求教师能够敏锐地发现孩子成长中所处的状态与变化，并准确地判断这一状态与变化对教育的影响。

跟踪观察和记录还要求教师心中有计划，把注意力分配到所有孩子身上，同时对每个孩子的观察与记录又各有侧重；既不是千人一面的记录，也不是流水账式的记录，更不是零散的资料积累，而是既客观规范又有血有肉，还持续不断地收集、整理。最后呈现出来的成长档案都是"唯一的"，即不用看姓名与照片，仅根据记录内容就知道是哪个小朋友的，这样的成长档案才是有效的、成功的。

（二）为个性化教育方案提供参考依据

为每个幼儿制订个性化教育方案是教师和家长的共同心愿与理想。《纲要》明确指出："教师要尊重幼儿的发展水平、能力、经验、学习方式等方面的个体差异，因材施教，努力使每一个幼儿都能获得满足和成功。"教师可以通过各种途径与家长商讨个性化教育的想法与建议，而幼儿成长档案则是家园共同制订个性化教育方案最重要的参考依据。幼儿成长档案旨在帮助教师和家长发现"世界上没有两个完全相同的儿童"，尊重和爱护每个孩子的个体差异，不用同一个尺度衡量所有的孩子，使教师与家长对孩子的关注与评价避免单纯的横向比较，有了因人而异的特殊视角和因材施教的依据，帮助每个孩子在自己的原有水平上不断成长，为每个孩子都奠定适合他自己的最佳人生开端。

（三）促进幼儿、教师和家长共同成长

幼儿教育不仅是针对幼儿的教育，而且是幼儿教师、幼儿家长与幼儿共同成长的过程，尤其是个性化的幼儿教育更能促进教师的专业成长和

第十一章 幼儿成长档案促进家园共育个性化

家长教育能力的提升。幼儿教师不是照本宣科的教书匠，不实施模式固定、教材统一的课堂教学，而是以支持者、合作者、引导者的身份关注每个孩子的言谈举止，敏锐地察觉幼儿的个体差异，个别化地指导幼儿。教师要不断地研究幼儿、加强学习、反思教育，使自己的教育指导与幼儿的成长变化相一致，使自己的专业成长水平因此不断地得到锻炼与提高。家长虽然是孩子的第一任启蒙老师，却不是受过专业培训的专职教育工作者，家长主要通过言传身教、以身作则的方式影响幼儿的成长，幼儿成长档案为家长从专业视角观察与教育孩子开辟了路径，家长自然的、非专业的教育观念、教育态度和教育方法得到调整与规范。因此，制作幼儿成长档案的过程，不但使家长的教育能力得到提高，而且优化了亲子关系与家庭关系，促进了孩子的人格发展。

（四）比传统家园联系册更科学、更系统

幼儿成长档案不同于传统的家园联系册和幼儿成长册，前者比后者更科学、更系统。幼儿成长档案不再只是教师建立的幼儿个案，而是与幼儿、家长合作建立的个性化历史记录；不再只是反映孩子在幼儿园的生活状况，而且反映孩子的家庭生活、社区与社会生活等全方位的成长背景；不再只是量化的成绩单和静态的幼儿作品，还记载了有意义的成长故事和有背景的动态事件；不再只是图片和资料的堆砌，而且有教师和家长的解读与反思；不再是教师和家长的零星记录，而是一个有计划、有目的的建档过程；不再只是教师的活动观察记录，而是反映孩子作为一个完整的人的全面发展历程，如幼儿生长发育和健康发展记录，幼儿体能、智能、情感、社会性、人际交往等发展记录等。幼儿成长档案是每个幼儿成长经历的真实写照，是每个幼儿成长轨迹的完整记录，不但可以在以后唤起孩子对童年生活的回忆，而且为孩子形成完整的自我概念、可持续发展的人生规划都提供了有价值的参考。

二、幼儿成长档案的创建

创建幼儿成长档案,关键在于结构的创设和内容的选择,不要过分重视华而不实的形式。颜色鲜艳、纸张精美、装帧高档固然惹人喜爱,但是充实的内容、有意义的资料更加重要。

(一)幼儿成长档案的创建模式

目前,幼儿成长档案的创建已经普遍受到幼儿园的重视,但是全国没有形成统一的模式。调查显示,幼儿成长档案从结构内容与存档介质方面各有不同的模式。

1. 结构内容方面的五种模式

根据幼儿成长档案创建者所要达到的目的和所强调的侧重点不同,幼儿成长档案的结构内容安排主要有以下五种模式。

(1)时间模式

时间模式的幼儿成长档案脉络清晰、操作简单,主要是按照时间顺序收集和整理幼儿的成长资料,一般是由家长记录、教师记录和育儿指导三部分组成。时间顺序主要体现幼儿的年龄特点,一般情况下是以周或者月为单位进行记录,并配备简短的育儿指导要点。这种成长档案比较笼统、零散,以按照栏目收集照片和作品为主,较少有背景记录和资料分析,如"我的身高与体重"、"我的小手印"、"我的小脚丫"、"我的足迹"、"我的朋友"、"我的家人"、"生日快乐"、"我的爱好"、"我的本领"、"童言稚语"等。

(2)发展模式

发展模式的幼儿成长档案虽然也有时间顺序,但是它的逻辑性比较强,是按照心理现象设计栏目,力图较为全面地反映幼儿的成长面貌。从普通心理学的角度来说,心理现象包括心理过程和个性心理两个部分,其中心理过程包括认知过程（感觉、知觉、记忆、思维、想象等）、情感过程（情绪、情感、情操）和意志过程（主要体现为行为特点和行为习惯），个性心理包括个性倾向（需要、动机、兴趣、理想、信念等）和个性心理特征（能力、气质、性格等）。当然，幼儿成长档案并非完全按照心理学结构创建，而是对其进行选择和整合，最后设计出教师和家长可操作的板块，如"心情驿站"、"本领渐长"、"行为习惯"、"个性十足"等。制作这种模式的成长档案对教师和家长的心理学水平要求较高。

（3）**领域模式**

领域模式的幼儿成长档案是按照《纲要》设计的。《纲要》在"教育内容与要求"中指出："幼儿园的教育内容是全面的、启蒙性的，可以相对划分为健康、语言、社会、科学、艺术五个领域。"于是，幼儿园的课程以领域划分，幼儿成长档案也以周、月或者学期为单位，设计成健康、语言、社会、科学、艺术五大板块，力图在领域划分和结构形式上达成家园共育的目的。这种模式的档案专业性较强，彰显了教师的主导作用，家长主要是起到配合作用。

（4）**课程模式**

现在很多幼儿园都有园本课程，幼儿成长档案便配合课程模式创建。比如很多幼儿园都实施主题教育模式，班级教师是主题课程创设的主导者，家长则是课程资源与课程实施的配合者。幼儿成长档案由主题教育、家园共育和幼儿发展三部分组成，"主题教育"包括主题由来、主题教育目标、主题教育网络图等内容，"家园共育"的内容是主题教育相关内容在家庭中的延伸，"幼儿发展"显示的是幼儿在主题教育系列活动中的突出表现。这种模式具有明显的园本特色，对教师的专业水平要求较高，家长也要起到重要的配合作用。

（5）**生活模式**

生活模式的幼儿成长档案是按照幼儿园一日生活环节收集和整理孩子的成长资料，主要包括饮食、睡眠、游戏、锻炼、学习、交往等方面的内容，同时穿插节日和季节活动内容。因为教师是按照一日生活环节和一年四季顺序来组织活动的，所以这种模式的档案非常方便教师使用；同时幼儿的家庭生活也可以被大致划分为相应的环节，家长使用起来感觉也比较顺手。但是经过教师观察发现，这种模式的成长档案容易出现流水账式的记录，对幼儿档案的解读与分析也不够。

2. 存档介质方面的两种模式

根据幼儿成长档案的存档载体有所不同，可以把幼儿成长档案分为以下两种模式。

（1）纸质档案

传统的幼儿成长档案都是纸介质档案，是指存储在纸张上的档案资料，人们在纸张上手写、印刷或打印文字资料，粘贴图片资料，也会直接在纸上绘制表格、图画等。纸质档案是目前大多数幼儿园仍然在使用的形式，具有不易改写、易携带、人工识读等特点，但是存在容易陈旧破损、存储空间有限、不易备份、耗材较多等问题。

从制作方式来说，纸介质的幼儿成长档案又分为活页和书刊两种。活页式的成长档案就是每次家园共建档案资料的时候，需要几张纸就用几张纸，学期末再把活页装订在一起。书刊式的成长档案就是每次都在整本书或者册子上操作，学期末完成所有内容。活页纸张可随意拆卸、更换、组合，可单张打印，但是散页容易丢失或破损。装订好的书刊纸张容易保存，但是无法单张打印，教师只能手工书写。

（2）电子档案

电子档案，是指储存在硬盘、光盘等里面，由计算机处理的档案。与纸质档案相比，它具有环保节约、存储空间大、容易保存和备份、多种格式文件兼容的优点，在无纸化办公时代，电子档案是幼儿成长档案发展的趋势。目前的纸质档案经过扫描和数码相机翻拍都可以转化为电子档案，在一定程度上满足了教师备份档案的需求，这样虽然已经升班或上小学的孩子带走档案了，教师仍然可以利用备份做研究。有条件

的幼儿园可以联合技术部门开发互联网电子档案,与幼儿园网站或教师博客相链接,提高幼儿成长档案创建的现代化技术水平。

(二)幼儿成长档案的创建原则

从理论上来说,每一种幼儿园成长档案模式都有利有弊,幼儿成长档案的质量主要取决于教师和家长在建档意识和操作行为上是否遵循制作成长档案的最佳原则。

1. 面向全体

幼儿成长档案是面向全体幼儿的,不是说天资聪明的孩子、特别调皮的孩子或者有特殊需求的孩子才有"档案"可记,"平凡的"、"普通的"的孩子就无事可记。教师和家长要尊重和爱护每个孩子的存在状态,善于从平凡的事件中发现孩子成长的秘密,善于在日常生活中发现每个孩子的个性特点和闪光点,帮助每个孩子点亮自己的幸福人生。

2. 客观真实

"档案"的基本特点就是客观真实,人们不能戴着"有色眼镜"随意美化或者丑化历史的本来面目。幼儿成长档案虽然不如社会档案、历史档案那样严谨,但是如果失去了客观性与真实性,成长档案就失去了为教育服务的意义,失去了孩子以后阅读人生的自传意义。因此,教师与家长要尽量减少个人偏好和先入为主的观念,尽量还原孩子的本来面目,帮助孩子在真实自我的基础之上健康成长。

3. 富有意义

除了客观真实以外,进入幼儿成长档案的资料还必须富有意义,因为有限的成长档案难以容纳无限延展的生活空间。"意义"不是"浮现"于事物表面的,不是靠"肉眼"看见的,而是深藏于事物背后、靠"头脑"建构的。成人头脑里的科学知识(主要是幼儿教育学和儿童心理学知识)越多,解读孩子的能力就越强,透过现象看本质的水平也就越高,这样进入"档案"的资料也就越有价值。同时,一些有意思的资料也是有意义的,类似童言稚语的儿童式幽默本身就反映了孩子的率真天性和儿童特有的思维方式，这些资料既能帮助教师和家长解读孩子的心理特点，也为孩子的"档案"带来趣味和个性化色彩。

4. 科学分析

优秀的成长档案不是流水账，也不是照单全收的储藏柜，而是在有意义的、客观真实的资料基础之上进行科学的分析，尤其是幼儿成长档案要为孩子的个性化教育服务，解读孩子的原始档案是制订教育方案、引领孩子成长的重要途径。鉴于档案的简明扼要性，科学分析不必长篇大论，也不必引经据典，但求入木三分、点评到位。在档案中过度展开议论则减少了客观事实的分量，就喧宾夺主了。

5. 持久连续

成长档案应该是持久连续的，主要体现在三个方面：①在把握每个孩子成长的切入点上，应该是持久的观察、记录与分析，突显孩子在这一方面的变化历程；②在把握孩子成长的空间方面，幼儿园和家庭应该是同时进行的，双方既有分工又有合作；③在把握孩子成长的历程方面，成长档案应该是随着时间流逝而延绵不断，幼儿园小班、中班与大班之间不间断，小学与幼儿园之间不间断，中学与小学之间不间断……相互衔接的成长档案才是完整的成长档案。但是孩子在上学期间会不断地更换学校和老师，成长档案也未必能够不间断衔接，而家长始终伴随孩子的成长历程，所以培养家长为孩子坚持建立成长档案的意识非常重要。

6. 家园共建

幼儿阶段的成长档案必须家园共建，因为孩子虽然是生活的主角，却没有叙事与记录的能力，成人必须代替孩子建档。调查发现，目前的成长档案是以幼儿园为主导，具有浓厚的幼儿园教育色彩，家长观察孩子、记录建档的主动性和创造性还远远没有发挥出来，导致丰富多彩的家庭生活和亲子活动随着岁月流失而记忆褪色，成长档案中的家庭痕迹被轻描淡写，许多珍贵的家庭记忆在岁月中被遗憾地"蒸发"掉了。事实上，现在也有很多家长为孩子记录成长故事,但是一方面这样的家长仍旧是少数群体,其他广大家长的建档意识还很薄弱;另一方面家长自发的建档意识和归档经验终究缺乏专业引领,缺乏与幼儿园合作共建的优势。因此,家园共建是完善幼儿成长档案的必由之路。

7. 融于教育过程

以往的幼儿成长册或家园联系册主要是用于评价孩子,是在学期末给孩子下评语、汇报孩子的学习成绩或学习成果时的参考依据,因此"成长册"和"联系册"往往发生在教育过程之后,是孩子学期学习过程之后的"最后一件事"。幼儿成长档案则不是这种形式化的期末整理,它是教育过程不可分割的一部分,时时刻刻都可见教师、幼儿和家长三方协作的痕迹,其内容在观察—评价—计划—行动—反思—调整这一循环往复的过程中不断得到丰富。可见,幼儿成长档案的特点是过程重于结果,内容重于形式,成长重于成绩。

8. 计划性与灵活性相结合

成长档案既要照顾全体幼儿,又要照顾幼儿的全面发展,因此没有计划就无法高质量地创建档案。同时,幼儿的生活以无意识活动为主,幼儿的生命状态又是开放的、变化迅速的,幼儿的心理活动也是人为不可控制的,所以幼儿成长档案的创建要把计划性与灵活性相结合。在内容上可以突破已有的结构,做到不放弃、不忽视幼儿的随机行为,以多样化的内容立体地反映孩子的成长面貌;在形式上追求最有利于反映内容的各种方式,充分发挥文本、图片、图画、表格、作品、视频、音频等各种形式的优势,使它们相得益彰地为内容服务。

三、幼儿成长档案的记录方法

幼儿成长档案应该像一本五彩斑斓的故事书,反映幼儿丰富多彩的童年生活,这就要求教师和家长善于采用灵活多样的记录方法,全面展示幼儿的成长面貌。

（一）轶事记录法

轶事记录法，是指在日常生活情境中，将幼儿随机的自然表现和言谈举止进行原始的、真实的记录，然后对之进行精要的分析和教育反思，是教师和家长经常使用的记录方法。它的特点是成人需要一直保持细心观察孩子的态度，但未必每次观察都有明确的目标，一旦有所触动就敏锐地捕捉孩子的成长足迹。在成长档案中可以设置"成长故事"、"分析措施"和"家园互动"三个小板块。

1. 教师记录轶事

教师记录轶事是基于孩子在幼儿园的生活、游戏与学习情况，随机观察，随机记录，在有的幼儿园被称为教师教育笔记或者教师观察日记，但是这些轶事进入到幼儿成长档案之后，需要增加家园互动内容，鼓励家长通过轶事了解孩子，与教师进行对话。

成长故事

"老师好！"这是我每天早上都能听到的甜美声音，但是今天早上可儿的这声问候让我感觉更加甜美，看着她睁着大大的眼睛看着我，我的心头突然涌起一股热流，眼眶有点湿润，竟然有几秒钟的停顿，不知道说什么好。我蹲下来抱住她，连声说："好！好！好！老师喜欢每天早上看见可儿高兴的样子。好了，跟爸爸说再见，老师带你洗手吃早饭。"看得出可儿为自己的进步很得意，高兴得一直咧着嘴笑。

分析措施

开学三个月以来，大部分幼儿都已经适应了幼儿园的生活，早上高高兴兴地上幼儿园，但可儿不是大哭着不进班，就是低着头谁也不理。我认为主要原因是家长不能坚持每天送孩子上幼儿园，这样不但导致孩子入园适应慢，还让孩子学会了用发脾气强迫家长满足自己的愿望，为此我与可儿的爸爸妈妈交流多次。现在，孩子终于告别了过去。感谢家长的支持与

第十一章　幼儿成长档案促进家园共育个性化

配合！祝贺可儿小朋友通过自己的努力所取得的进步！

家园互动

孩子上幼儿园，是迈出家庭的第一步，作为家长我们真不忍心看见她与我们"惨痛分别"的样子。经过教师的安慰与鼓励，我们认识到孩子总要走出独立的第一步，关键是如老师所说的，不能因此让孩子学会要挟人的坏习惯。现在，我们亲眼见证了孩子的成长。谢谢老师对可儿的关心与照顾！谢谢老师与我们数次恳谈！

这份轶事记录反映出教师以儿童为中心的思维角度与视角。其实，"老师好"是教师每天都会接收到的来自孩子的问候，但她并没有因此失去"新鲜感"，而是敏锐地抓住了孩子生命历程中一件有意义的小事。因为她是从一个孩子成长的角度来感受孩子的变化，并为此感动，让自己的心跳与孩子的成长保持同一步调。"分析措施"与"家园互动"的内容也真实地反映了老师和家长为孩子付出的关爱，展现了事件发生的背景，为"成长"积累了有益的经验和美好的回忆。

2. 家长记录轶事

现在的很多年轻家长喜欢积累和记录幼儿的成长故事，但是也有很多家长记录轶事的意识和能力有待进一步提高。

有一位家长在日记中写道："今天是星期天，天气挺好的。昊天的爸爸说出去转转，然后在外面吃饭。一大家子人把车塞得满满的，可能是车里空气不好，昊天在车里睡着了。在公园转的时候，他也不愿意走，我们只好轮流背着他。到了饭店，我们发现菜做得有点辣，昊天没吃多少，只喝了一些汤。回来之后，我们大人都累了，我睡了一会儿，而昊天在看动画片。"

这是典型的流水账式记录，虽然孩子也是"主角"，但是发生在孩子身上的故事平淡，没有归档价值。家长不能为记录而记录，教师可以引导家长也按照"成长故事"、"分析措施"和"家园互动"三个小板块进行记录，这样会敦促家长选择有意义的素材并做相应的思考与分析。

成长故事

最近，妮子的话特别多，尤其是疑问句多得要把大人折磨疯了。她一天从早到晚问个不停，但是很多问题没有什么含金量，是明知故问，甚至是废话。比如她知道一个叔叔在抽烟，还问："妈妈，那个叔叔在干什么？"看到我正在给她倒水，会问："妈妈，你在干什么？"甚至她喝了一口水，也会问："妈妈，我喝的是什么？"

分析措施

我整天被她问得头晕，确切地说，我不知道要不要回答她和怎么回答她。

家园互动

三四岁是幼儿语言迅速发展的关键期，他们不再满足于说一些单词和简单的肯定句，开始尝试多种句式。从妮子的表现可以看出，最近她对疑问句特别感兴趣，她反复地明知故问就是在自发地锻炼并非常满足于疑问句的表达方式，所以家长不必有问必答，但是应该有积极的回应，只要重复她的问题就可以，比如"是啊，那个叔叔在干什么呢？"或者"装萌"地说："我也不知道那个叔叔在干什么，宝宝最聪明，宝宝一定知道！"事实上，孩子需要的就是一种语言游戏，请您试试吧！

家长在"分析措施"中表达了困惑，主动向教师寻求专业的支持，教师的解答具有很强的针对性和指导性，达到了家园共育的目的。

（二）谈话记录法

语言是人们表达思想、展现自我、进行人际交往、提高学习能力的重要工具，教师主动与孩子谈话、倾听孩子的交谈是建立档案资料的重要内容。谈话记录的特点是要尊重孩子原有的措辞与句式，运用回忆记录的时候不要修改孩子的原话，如果都改为成人的成熟的语言表达方式，就失去了原汁原味的童趣。师幼谈话、亲子谈话、同伴谈话以及孩子的

第十一章 幼儿成长档案促进家园共育个性化

自言自语都可以使用谈话记录法。

谈话记录

音乐课前的等待时间，瑞瑞主动与我交流。

瑞瑞："我妈妈昨天在看书。"（瑞瑞具有主动沟通、善于交流的优点）

老师："是什么书？"

瑞瑞："育儿入书。"（可见妈妈与孩子的亲子沟通很充分）

老师："你还知道是育儿用书呀？"

瑞瑞："是育儿入书。"

老师："哦，应该说成育儿用书。"（看来孩子鹦鹉学舌会有纰漏）

老师："这本书是谁写的？"（瑞瑞特别爱读书，可以指导他提高阅读水平）

瑞瑞："没有写。"

老师："那你回家再看看，问问妈妈。"

瑞瑞："我妈妈今天来接我。"（主动表达了盼望妈妈接自己的心情）

老师："你是怎么知道的？"

瑞瑞："她星期一告诉我的。"（进一步反映了孩子盼望妈妈接自己的心情）

老师："今天是星期几？"

瑞瑞："星期三，17号。"（能使用复合时间概念，在小班处于领先水平）

老师："明天是星期几？"（锻炼孩子的数理逻辑能力）

瑞瑞："星期四，18号。"

老师："后天是星期几？"（试探是否理解"后天"的概念）

瑞瑞："星期五，19号。"

老师："昨天是星期几？"（试探是否理解"昨天"的概念）

瑞瑞："星期二，16号。"

老师："前天是星期几？"（试探是否理解"前天"的概念）

瑞瑞："星期一，15号。"（问题是递推的，所以按照递推的规律孩子能理解后天、明天、昨天和前天，时间概念比较清晰。我打算提高问题的难度，观察孩子的理解水平。）

老师："今天是星期几？"

瑞瑞："星期三，17号。"

老师："后天是星期几？"（问题跨度大，孩子失去递推线索）

瑞瑞："是往前还是往后？"（瑞瑞迷糊了）

老师："你说呢？"

瑞瑞："不知道。"

老师："那前天是星期几？"

瑞瑞："是昨天的后面吗？"（很聪明，在寻找递推线索）

老师："是的。"

瑞瑞："星期一。"

老师："后天是星期几？"（再次试探孩子）

瑞瑞："不知道。"（如果我说"后天是明天的后面"，他可能回答"后天是星期五"，可是我没有包办代替他的提问与思考，我很纳闷他为什么不自己接着找递推依据，比如"后天是明天的后面吗"，可能是孩子思维疲劳了，也可能是……孩子的心灵如同"黑箱"，永远解读不透又永远吸引人去解读……）

教师反思

瑞瑞在班里是数得着的聪明孩子，他的语言表达能力很强，是家长经常与孩子谈话交流的结果，希望家长继续保持这种教育优势。孩子的时间概念是根据生活情境来理解的，平时家长经常跟孩子说清晰完整的话很重要。在一句话或者一段话中，有时间、地点、人物以及事件的起因、经过和结果，既锻炼了孩子的倾听能力，也锻炼了孩子的思维水平。瑞瑞的家长能够做到这样，很可能与瑞瑞妈妈是中学老师有关，瑞瑞妈妈说话的逻辑性就很强，孩子耳濡目染，语言表达能力自然非常棒。

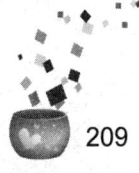

以上谈话记录中穿插教师的想法与评价,最后有教师的反思,揭示了师幼谈话不断推进的语境,反映了教师随机观察与随机教育的灵活性。教师的反思引起家庭教育对儿童语言发展的积极影响,具有归入幼儿成长档案的价值。

(三)口头讲述法

谈话记录法主要反映孩子关于话语和情境语的发展水平,进一步发展目标应该是独白语和连贯语。对话语是儿童与成人之间交互问答的谈话,独白语是一个人独自向对方讲述。比起一问一答的对话语,独自叙述自己的体验、经验和意愿对孩子的生活经验、思维水平和口语表达能力都有更高的要求,这意味着孩子有更主动的表达愿望,能较为清楚地向他人讲述自己所要表达的事情了。幼儿期口语表达能力的另一个发展趋势是从情境语向连贯语发展,情境语是指儿童的口语表达缺乏连续性和逻辑性,结合一定的情境才能理解;连贯语则有一定的逻辑性,儿童能独立、完整地表述自己的思想和感受。

3—5岁是幼儿口语表达能力迅速发展的时期,独白语与连贯语的发展是口语表达能力发展的重要标志,也是孩子将来适应小学学习的重要准备。教师特别组织的教学活动或者特别布置的家园共育作业,有助于锻炼孩子独白语与连贯语的口头讲述能力;看图说话可以帮助孩子从情境语向连贯语过渡;鼓励孩子讲述自己的爱好、见闻或者创编故事则直接促进孩子锻炼独白语与连贯语。

比如节假日回来,教师让小朋友讲述自己的节日活动经历,或者放学回来,家长让孩子讲述自己的幼儿园生活,都是在锻炼孩子的独白语与连贯语。幼儿园组织春游或者秋游活动之后,教师可以布置一个"口头作文"作业,请家长记录(或者录音)小朋友"原汁原味"的讲述,然后教师与家长一起分析孩子的口头讲述特点与对应的教育引导方法。在分析与评价的时候,最重要的是关注和鼓励孩子大胆表达、大声表达以及主动讲述的积极性,对于孩子存在的措辞有误、顺序不当以及语言逻辑混乱等问题不必过度矫正;孩子讲述的时候出现停顿、重复、磕巴等现象时,教师与家长要不催促、不打断、不纠正,耐心地倾听孩子讲述完毕。

(四)作品分析法

幼儿的涂鸦、绘画、手工、建筑、舞蹈等有意义的作品经过分析与解读,都可以纳入成长档案。这些作品是否有意义不能仅仅取决于教师和家长认为孩子是否有进步,我们不能以成人的眼光来判断这些作品"像不像"、"好不好",更要注重倾听孩子的心声,鼓励孩子讲述作品的含义和自己的想法,只要作品表达了孩子的某种生活经验或者某种心理活动,都是有意义的作品。

春天来了,小班教师鼓励家长带孩子出去踏青,然后制作一幅《寻找春天》的作品。一位妈妈周末带女儿去了郊区,住在农家小院,女儿对小院里的小鸡非常喜爱,摸摸小鸡,喂喂小鸡,目不转睛地盯着小鸡吃食。妈妈与女儿商量即兴制作一幅亲子画。由于女儿还画不好小鸡,妈妈就先画了一只母鸡和一只小鸡,由女儿给鸡妈妈和鸡宝宝涂颜色,最后女儿还添画了绿树、小草、小虫子和米粒。母女完成的作品生动有趣,随后教师把它粘贴在成长档案之中,并在作品下面设置了以下三个栏目。

我的作品对你说

星期天,鸡妈妈带着鸡宝宝到草地上玩。哇,有虫子。小鸡把一只小虫子送给妈妈吃,妈妈高兴地说:"鸡宝宝长大了。"

家长留言

我们带孩子出去的本意是让宝宝知道春天到了,要多出去走走,晒晒太阳,锻炼身体,才能长得壮。小鸡捉虫给鸡妈妈吃,是宝宝自己想到的,这应该是受老师近期教育的影响,而且宝宝还与我们一起创编了《小鸡长大啦》的儿歌,很有趣!这首儿歌是这样的:"小小鸡,叽叽叽,捉到虫儿;小虫儿,给谁吃,送给亲爱的好妈妈。鸡妈妈,咕咕咕,点点头,夸小鸡,

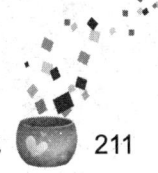

长大啦!"

教师留言

宝宝很聪明,有丰富的想象力,语言发展很好,这与家长的积极引导是分不开的。这幅画很漂亮,又有创意,非常好!

在这个作品的记录与分析中,不但可以看出创作的背景,还可以看出作品创作的过程。教师、家长与幼儿三者之间的分工与合作情况;家长的想法;幼儿的解释与创新;幼儿的绘画能力、语言表达能力和思想情感等信息都蕴含在这份档案资料里。

(五)问卷表格法

幼儿园里会有很多调查问卷、评价量表和观察记录表,其中有涉及家长的,也有涉及幼儿的。教师可以选取具有典型意义的问卷和表格附在成长档案之中。

例1

家长调查问卷

尊敬的家长朋友:

您的孩子即将入园了,我们需要家园携手紧密合作,相互沟通,共育幼儿。为此,我们设计了这份调查问卷,请您根据真实情况认真填写下表,我们将统计分析出调查结果,并逐步有针对性地开展工作,促进幼儿的发展。

我们真诚地感谢您的合作!

请在以下问题中选择与您及您的孩子<u>在家的真实状况</u>相匹配的选项(均指在一般情况下),用"√"表示。

1. 您家庭的结构是:(1)两代同堂 (2)三代同堂 (3)四代同堂
2. 您是孩子的:(1)父亲 (2)母亲 (3)祖辈 (4)其他

3. 您为孩子请保姆了吗？ （1）有 （2）没有

4. 白天接送您孩子的是：

    （1）父亲 （2）母亲 （3）祖辈 （4）保姆 （5）其他

5. 回家后陪孩子玩的主要是：

    （1）父亲 （2）母亲 （3）祖辈 （4）保姆 （5）其他

6. 回家后您孩子能自己玩：

    （1）10～30分钟 （2）30～50分钟 （3）50～70分钟

7. 您家庭成员中的最高学历是：

    （1）高中以下 （2）大中专 （3）本科 （4）硕士 （5）博士

8. 您的孩子有专门的儿童房吗？ （1）有 （2）没有

9. 养育孩子对您的工作业绩：

    （1）影响非常大 （2）比较有影响 （3）不太影响 （4）没影响

10. 养育孩子使您对生活的感受：

    （1）非常好 （2）比较好 （3）不太好 （4）不好

11. 孩子愿意来幼儿园吗？

    （1）非常愿意 （2）比较愿意 （3）不太愿意 （4）不愿意

12. 您的孩子离开幼儿园时的情绪：

    （1）非常好 （2）比较好 （3）不太好 （4）不好

13. 您的孩子吃饭时很难哄吗？

    （1）非常难 （2）比较难 （3）不太难 （4）不难

14. 孩子在家服药难吗？

    （1）非常难 （2）比较难 （3）不太难 （4）不难

15. 孩子在家吃饭需要大人喂吗？

    （1）每次都喂 （2）经常喂 （3）偶尔喂 （4）不喂

16. 孩子在家边吃边玩吗？

    （1）每次都是 （2）经常是 （3）偶尔是 （4）不是

17. 孩子离园回家后吃东西：

(1) 非常多 (2) 比较多 (3) 不多 (4) 不吃

18. 孩子离园回家后主要吃（喝）：

(1) 牛奶 (2) 水果或蔬菜 (3) 饼干或主食 (4) 肉

19. 孩子在家吃巧克力多吗？

(1) 非常多 (2) 比较多 (3) 不多 (4) 不吃

20. 孩子在家吃膨化食品多吗？

(1) 非常多 (2) 比较多 (3) 不多 (4) 不吃

21. 孩子在家吃甜食多吗？

(1) 非常多 (2) 比较多 (3) 不多 (4) 不吃

22. 孩子在家早晚刷牙吗？

(1) 每次都刷 (2) 经常刷 (3) 偶尔刷 (4) 不刷

23. 孩子在家吃完饭漱口吗？

(1) 每次都漱 (2) 经常漱 (3) 偶尔漱 (4) 不漱

24. 孩子饭前便后洗手吗？

(1) 每次都洗 (2) 经常洗 (3) 偶尔洗 (4) 不洗

25. 孩子是独立如厕吗？

(1) 每次都是 (2) 经常是 (3) 偶尔是 (4) 不是

26. 孩子入睡时对大人或物品有依赖吗？

(1) 每次都有 (2) 经常有 (3) 偶尔有 (4) 没有

27. 孩子在家喝水经常用：(1) 奶瓶 (2) 水杯 (3) 吸管

28. 孩子在家喝的最多的是：

(1) 白开水 (2) 牛奶 (3) 果汁 (4) 碳酸饮料

29. 孩子在家会主动表达自己的需要吗？

(1) 经常会 (2) 偶尔会 (3) 不会

30. 您的孩子偏食吗？ (1) 非常明显 (2) 不太明显 (3) 不存在

31. 您的孩子厌食吗？ (1) 非常明显 (2) 不太明显 (3) 不存在

32. 孩子玩完玩具是否自己放回原处？

(1) 经常 (2) 偶尔 (3) 没有

33. 孩子吃东西时是否能与大人分享？

    (1) 经常 (2) 偶尔 (3) 没有

34. 当孩子用哭闹来强迫大人满足其某种需要时，您会：

    (1) 迁就孩子 (2) 不理睬孩子 (3) 转移注意力

    (4) 打骂孩子 (5) 关黑屋

35. 当孩子抓咬别人，您会：

    (1) 打孩子的手或斥责 (2) 把孩子抱开 (3) 随他的便

36. 当孩子摔倒时，您会：

    (1) 又亲又抱地安慰 (2) 以后要牵着孩子走

    (3) 很平静，让他自己爬起来

37. 当孩子摔伤时，您会：

    (1) 马上送医院 (2) 先观察再决定 (3) 根据常识在家护理

38. 当孩子要别人的东西时，您会：

    (1) 训斥孩子 (2) 转移注意力 (3) 交换玩具

    (4) 不理睬孩子 (5) 耐心讲道理

39. 当孩子把玩具损坏时，您会：

    (1) 训斥 (2) 不理睬 (3) 耐心讲道理

    (4) 收回玩具 (5) 欣赏孩子的行为

40. 您是否用"老虎"、"大灰狼"、"医生打针"、"送（或不送）你去幼儿园"一类的话吓唬孩子？ (1) 经常 (2) 偶尔 (3) 没有

41. 您是否给孩子写成长日记？ (1) 经常写 (2) 偶尔写 (3) 不写

42. 双休日早上孩子起床的大概时间是：

    (1) 七点 (2) 八点 (3) 九点 (4) 十点

43. 双休日孩子午睡的时间大概是：

    (1) 十二点半 (2) 下午一点 (3) 下午两点 (4) 不午睡

44. 双休日孩子会午睡多长时间？

第十一章 幼儿成长档案促进家园共育个性化

(1) 一个小时 (2) 两个小时 (3) 三个小时 (4) 不午睡

45. 双休日孩子晚上睡觉的时间大概是：

(1) 晚上八点 (2) 晚上九点 (3) 晚上十点

46. 双休日孩子的进餐时间是否与家长的一致？

(1) 比较一致 (3) 不太一致 (4) 不一致

47. 双休日孩子吃的饭菜与大人一样吗？

(1) 一样 (2) 略有不同 (3) 完全不同

例 2

小班幼儿拍球记录表

幼儿姓名：_____

时间	三月				四月				五月			
	第一周	第二周	第三周	第四周	第一周	第二周	第三周	第四周	第一周	第二周	第三周	第四周
个数												
点评												
拍球靓照												

例 3

幼儿选择区域活动记录表

幼儿姓名：_____

时间		建筑区	美工区	娃娃家	音乐区	益智区	……
第一周	周一						
	周二						
	周三						
	周四						
	周五						
	幼儿兴趣点评： 全面发展教育建议：						
第二周	周一						
	周二						
	周三						
	周四						
	周五						
	幼儿兴趣点评： 全面发展教育建议：						
……							

（六）照片记录法

随着数码相机的普遍使用，照片记录法已经被广泛使用。使用照片记录法目前存在的主要问题有两个方面，一个是关于照片的选择，一个是关于照片的注解。很多家长喜欢选择孩子的生日照和正面照，自然的生活照和活动照较少，而且照片上除了有日期以外，旁边没有注解。其实，成长档案不是影集，教师应该指导家长关注孩子的生活，选择一些典型场景和有意义的活动进行拍摄，并标注孩子在其中的言谈举止与情绪状况，让照片"有话可说"。为此，教师可以先为家长做出示范，比如拍下孩子在活动区的照片，虽然照片上可能有其他小朋友，也可能是孩子的侧面照，但是要在照片旁边标注孩子在活动中的角色与创意，挖掘孩子在活动中具体表现背后的原因，展现孩子真实的成长环境与积极的成长状态，为研究和解读儿童做准备。

（七）音频视频法

利用音频手段和视频手段记录资料，可以与电子成长档案融为一个整体；如果是纸质成长档案，需要把音频和视频资料另外单独存为一个文件，可以把文件名附在纸张档案目录中，便于以后查找。

第十二章

在幼儿园课程中渗透家庭教育指导

◆ ◆ ◆

妈妈从超市里买回了几管牙膏,为了节省抽屉的存放空间,妈妈把牙膏从牙膏盒里拿出来,然后把牙膏盒随手扔在了垃圾箱里。结果,刚扔到垃圾箱里,乐乐就捡了出来,说:"不要扔牙膏盒,老师说了应该废物利用。"妈妈问:"你用它们做什么呀?"乐乐说:"大牙膏盒可以做楼房,小牙膏盒可以做小汽车。"妈妈听了很高兴地说:"你现在要不要做一个?"乐乐说没问题。虽然乐乐做得不规整,但是作品看起来像个小汽车。后来,再扔东西的时候,妈妈就主动问乐乐:"你要不要做玩具呀?"

由上述案例可见,教师的手工教育观念不但影响了孩子,也影响了家长。孩子和家长在废物改造的过程中,不但培养了节约和环保意识,而且还培养了在生活中发现美、创造美的审美情趣和创新能力。手工活动作为幼儿园课程的一种组织形式,对家庭教育产生了积极的引导作用。

一、幼儿园课程的特殊意义

幼儿园课程是幼儿教师按照幼儿发展特点和幼儿教育规律有效组织的各种活动,旨在帮助幼儿获得有益的学习经验,促进其身心全面、和谐的发展。班级教师是幼儿园课程的决策者、组织者和实施者,因此通过课程影响幼儿及其家长,成为幼儿教师进行家庭教育指导必不可少的途径。

尽管现在的幼儿园课程有不同的模式，有的幼儿园还有自己的园本课程，幼儿园和班级教师选择课程内容和教育组织形式的自主性很强，但是都会遵循全面发展、保教结合的基本原则，都会采取理性的教育态度，都会非常重视幼儿社会性的发展，这些核心观念与教养态度对于当今家庭教育普遍存在的一些问题具有重要的引领作用和补偿教育作用。

（一）幼儿园重视"五大领域，全面发展"，有助于减少家长片面教育的倾向

做家长的大都希望孩子早日成才，这种愿望是好的，也是可以理解的。要实现这一愿望，家长就要从实际出发，按照人的成长规律和教育规律进行，不能随心所欲地将自己不切实际的主观意志强加于孩子，采取强行灌输、揠苗助长的错误方法，对孩子进行知识灌输、技能训练的片面教育。

人才的成长是一个漫长的过程，而孩童时期是全面打基础的阶段。幼儿园教育特别注重根据孩子的心理特点，采取适合孩子接受的内容与游戏方法，量力而行，循序渐进，以丰富孩子的生活经验为主，提高孩子的具体形象思维和动手操作能力，使他们在健康、语言、社会、科学、艺术五大领域得到全面发展。只有这样做，孩子长大之后才能成为身心健康、适应社会发展进而为社会做出贡献的人才。所以，幼儿园教育有助于减少家长片面教育的倾向。

（二）幼儿园重视"保教结合，注重自理"，有助于减少家长养教分离的倾向

保教结合即保育与教育相结合，是幼儿园教育区别于中小学教育的根本特征。保育就是要求教师精心地照看和保护身心稚嫩的孩子，做好安全、卫生、保健方面的工作；但是还要逐渐教育孩子学会照顾自己，培养和锻炼其生活自理能力，使孩子在情感、社会性、个性等方面都得到

良好的发展。保教结合对应的家庭教育要求就是养教结合，即养育与教育相结合，它要求家长既要悉心照顾孩子，满足孩子的基本需求，同时还要锻炼孩子养成自己的事情自己做的好习惯。但是，因为现在的孩子多是独生子女，他们在家庭中既享受了充分的父母之爱和家庭温暖，也存在着家长对孩子过度照顾、束缚孩子动手操作的不利影响。

孩子进入幼儿园以后，失去了以前由几个家长照顾他一个人的优越环境，面临着三四个老师照顾十几个孩子的新环境，教师因此会特别注意培养孩子的独立生活能力，指导孩子在老师的帮助下自己的事情自己做。所以，幼儿园保教结合的特点和特殊环境有助于减少家长出现养教分离、养育多教育少的倾向。

（三）幼儿园重视"面向全体，强调交往"，有助于减少家长忽略交往的倾向

中国传统的家庭结构比较复杂，家庭规模大，"三代同堂"、"四世同堂"的大家庭很普遍。家庭成员多、家庭代际关系复杂，就需要孩子认知和学习相应的家庭关系及其伦理规范，有利于培养他们尊重长辈、孝敬父母的品德。现代的家庭结构相对简单，以父母和子女两代人的家庭为主，减少了孩子学习和处理复杂人际关系的机会。在独生子女家庭，孩子是小家庭中的"大太阳"，很多"大太阳"汇集在幼儿园里，就成了班级大家庭中的"小星星"。

孩子从"大太阳"变成"小星星"，是集体生活的需要，是适应社会的需要，是孩子发展交往能力的需要，更是孩子健康成长的教育途径。在家庭中，家长也与孩子玩耍，但是家长一般都会让着孩子，哄孩子开心。久而久之，孩子会觉得别人就应该让着自己，形成只能赢不能输的心态和以自我为中心的思维方式。在幼儿园里，孩子与小朋友是平等的伙伴关系，在游戏规则面前人人平等，因此孩子要学会与别人协商，尊重别人的想法；对于游戏结果，要既能享受赢局，也能承受输局。孩子在这一过程中，

交往能力将得到很大程度的提高。所以，幼儿园的集体教育环境有助于减少家长忽略孩子人际交往能力的倾向。

（四）幼儿园重视"理智施爱，爱而不娇"，有助于减少家长溺爱孩子的倾向

幼小的孩子不具备独立生存和生活的能力，日常生活需要家长给予精心的照料；在精神生活上，家长也需要给予他们爱抚、温存和体贴。久而久之，对于孩子的种种要求和需要，家长容易有求必应和包办代替。实际上，随着孩子渐渐长大，家长不能也不必再像新生儿那样完全满足他的要求，一切都替他做好，因为一味地满足孩子的要求，直接受害的是孩子。法国教育家卢梭说："你们知道造成你们儿童的不幸的最可靠的方法是什么吗？那就是他要什么便给他什么。"

但是，家长并不容易觉察到自己对孩子的溺爱，因为爱孩子是父母自然流露的天性；对孩子应该慈爱到什么程度是最有益的，家长也不容易把握。在这方面，幼儿园教育能给孩子有益的帮助并给父母适时的提醒。当父母把孩子委托给幼儿园的时候，幼儿园教师作为"代理父母"来教养孩子。但是因为一个老师同时是很多孩子的"代理父母"，所以教师要尽量做到公平对待每个孩子，并教育孩子学会理解和尊重其他孩子的需要，在生活中学会等待，在游戏中学会分享，在交往中学会互惠，在锻炼中学会坚强。所以，这种教师之爱是理智之爱，不是溺爱。它从孩子的长远利益和长远发展考虑，对孩子做到了爱而不娇，有助于纠正家长溺爱孩子的倾向。

二、幼儿园课程在家庭教育指导中的主要问题

虽然幼儿园教育通过各种课程组织形式对幼儿及其家长产生诸如以上的积极影响，但令人尴尬的是家长并不了解幼儿园课程，他们对幼儿园课程存在各种各样的模糊认识甚至是误解，导致幼儿园课程的积极作用

第十二章 在幼儿园课程中渗透家庭教育指导

并没有完全发挥出来;导致幼儿园课程并不是在有意识地、主动地影响家长,而是在"默默无闻"地、"被动"地影响家长。

(一)重视课程实施,忽视课程宣传

幼儿园都有课程,有的幼儿园还建构了具有本园特色的园本课程,这是幼儿教师皆知的简单事实;但是经过对家长的深度访谈与问卷调查,笔者了解到家长对此几乎一无所知。

研究者:"您的孩子已经上了两(三)年幼儿园,你觉得幼儿园有课程吗?"

家长:"没有。"

(下面是研究者针对家长的回答一步一步进行的追问,以探讨家长的幼儿园课程意识与观念)

研究者:"为什么您觉得幼儿园没有课程?"

家长:"没听孩子说上过什么课。"

研究者:"您觉得什么是课程?"

家长:"一些基本的科目,教孩子知道一些简单的知识和常识。"

研究者:"既然您觉得幼儿园没有课程,那么您觉得孩子有进步吗?"

家长:"有进步。孩子喜欢上幼儿园了,生活自理能力强了,与小朋友相处的能力增强了。"

研究者:"孩子的这些进步,您觉得应该归功于谁?"

家长:"当然是老师的教导。"

研究者:"那么老师教孩子学习以上本领,您觉得算不算课程?"

家长:"算课程。"

研究者:"刚才您还说幼儿园没有课程,您是不是自相矛盾?"

家长:"哈哈!有点儿自相矛盾。可能是我对课程的要求高了点儿,我希望孩子认得一些数字、汉字,会说简单的英语单词,明白一些生活现象背后的科学道理。比如孩子小时候对家里的开关很感兴趣,我就找了电路实验器材,让孩子知道了灯泡亮的原理。我还给孩子做风车,让孩子

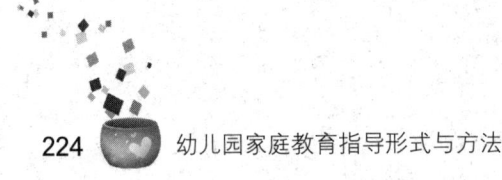

知道了风车转动的原理。"

研究者:"您认为孩子边玩边学很重要?"

家长:"对,这样孩子学起来才有兴趣。"

研究者:"那么您认为'玩'算不算课程?"

家长:"不能算,但是晚上的兴趣班算课程。哦,我想起一件事情,幼儿园好像有英语课程,有一天孩子回来说班里来了一位新老师,我问老师姓什么,儿子说姓'hai',她的名字叫'Helen',把我们一家人都逗乐了。"

研究者:"哈哈!孩子的思维和表达方式是很有趣的。最后再问您一个问题,您觉得幼儿园有专业性吗?"

家长:"有专业性。主要体现在日常生活有规律,不像在家里那样懒散;还有就是幼儿园老师能歌善舞、心灵手巧,这些不经过专业培训是不行的。"

从访谈中可见家长对幼儿园的课程了解甚少,对幼儿园专业性的认识也很模糊、不够准确,实际上这并不是个别现象。一份调查数据显示,有81%的家长对幼儿园课程"不了解",没有一个家长"非常了解";83%的家长所理解的幼儿园课程就是上课;还分别有8%和9%的家长认可游戏和一日生活是幼儿园课程。

访谈和问卷调查结果还是令幼教工作者感到比较伤心的。问题表现在家长身上,原因却是幼儿园自身对家长的宣传教育工作不足。最近10年来,幼儿园课程建设、园本教研以及教师专业发展都是在"业内"开展得红红火火、热热闹闹,但是在家长的视野中是冷冷清清的。如果家长对幼儿园课程的粗浅认识都不足,幼儿园则很难将家园共育和家庭教育指导深入进行下去,也很难树立幼儿教师是"幼教全科"的专业形象。

(二)重视课程活动,忽视课程理念

如果说幼儿园忽视课程宣传,可能有的幼儿园和班级教师会觉得很

第十二章 在幼儿园课程中渗透家庭教育指导

委屈，因为幼儿园都很重视家长参与幼儿园的课程建设，家长开放活动、家长助教、家长园地、幼儿园网站等，处处都有家长参与幼儿园活动的身影，但是家长依然感觉"幼儿园没有课程"。出现这种情况的原因，除了家长对"课本、课堂和科目才是课程"的概念根深蒂固以外，还因为幼儿园和班级教师都只顾重视组织课程活动，只是邀请家长参加，却不向家长宣传和渗透幼儿园课程的基本理念，这样在家长的思想意识里，自己参与的是"活动"，并不是"课程"；他们认为幼儿教师有"专业"，但幼儿园没有"课程"，幼儿园课程的专业性因而没有得到家长的理解与认可。

（三）重视"特色"课程，忽视课程质量

调查发现，不同幼儿园的家长对课程的认识差别很大。有的幼儿园重视宣传"有形"的"分科课程"，以此来吸引家长，家长就认为这个幼儿园有课程，而且是"特色课程"，比如幼儿园普遍存在的"双语特色课程"、"外教特色课程"、"体育特色课程"、"艺术特色课程"等。一些幼儿教育改革实验园或者《纲要》的试点园，则倾向于建构"无形"的"园本课程"，将课程融于生活之中、活动之中、游戏之中，课程也不分科，提倡"一日生活皆教育"，班级教师也经常给小朋友"上课"，但是尽量淡化"上课"的痕迹，把它称之为"教育活动"或者"集体活动"。这样幼儿有"上课"的经验，却没有"上课"的概念，因此家长会说"没听孩子说上过什么课"，因而也就以为幼儿园没有课程。

分科课程和园本课程虽然都是幼儿园课程，但课程质量是不同的。事实上，孩子的学习活动不仅在"课堂"上，一切活动对孩子都有学习价值。"有形"的"分科课程"只是幼儿学习的部分内容，"集体教学"也只是幼儿学习的一种方式。只重视所谓的"特色课程"，对于拓展孩子的学习兴趣、培养孩子的学习习惯以及丰富孩子的学习经验，是远远不够的。优质的幼儿园课程应该通过集体活动、生活活动和活动区活动等多种组织形式，使孩子在情感、态度、能力、知识和技能等各个方面都得到发展，

而不仅仅是知识和技能。目前，各种名目的幼儿园课程质量参差不齐，教师的执教能力也参差不齐，而只有有质量保证的幼儿园课程才能对幼儿成长和家庭教育起到真正的引领作用。

三、幼儿园课程渗透家庭教育指导的关键策略

课程是实现幼儿教育功能的重要工具，因为课程可以把一个幼儿园的核心要素都统筹在一起，比如幼儿、教师、家长、管理、环境、社区资源等幼儿园的一切人力、物力和环境资源以及软硬件系统都围绕课程建设有机地结合在一起，所以教师在建构课程的时候主动挖掘家长资源、渗透家庭教育指导是一举多得的工作方法。

1. 创建适合家长了解课程的文本

调查发现，家长对幼儿园课程的认识参差不齐，有的家长能够认识到活动本身就是课程，家长参与活动就是支持幼儿园的课程；有的家长认为幼儿园没有课程，因为孩子的学习活动"不像上课"；有的家长认为幼儿园就不需要课程，孩子健康快乐地好好玩就行了；有的家长认为幼儿园应该有课程，为孩子以后上学减轻学习负担；有的家长对幼儿园课程的认识自相矛盾……这种千差万别的态度和认识水平说明家长主要是依靠自己的感观和过去的经验来理解幼儿园课程，他们缺乏统一了解幼儿园课程的学习机会，而幼儿园也没有把培养家长正确的课程意识纳入到常规工作计划之中，因此家长对幼儿园课程的理解具有强烈的个性化色彩，把幼儿园课程与中小学课程混为一谈，对幼儿园课程的特殊性认识不足。

当然，对家长普及课程意识与对教师进行课程培训有不一样的出发点和不一样的工作要求。家长培训不宜长篇大论，也不宜过度学术化和理论化，幼儿园要根据本园家长群体的学历层次、文化背景和习惯态度等特点，创建出适合他们阅读和理解的文本，这种文本要语言通俗、篇幅短小、自成系列、理论联系实际，且切入点符合家长的关注点。幼儿园

可以在园刊园报、家长园地、家长学校、家长讲座、家长会或者网站上向家长宣传幼儿园课程的特点,每学年都对家长进行关于幼儿园课程的调查问卷,收集家长的困惑,进而通过培训提升家长的认识,消除家长对幼儿园课程的误解。

2. 教师要有主动诠释课程的意识

调查发现,有的幼儿园经常给家长发放各种资料,赠送幼儿园出版的书籍,或者在网站上上传大量的园本课程活动案例;教师平时在家长园地、家园联系册或者幼儿成长档案中也都粘贴了教学计划、主题教育计划,但是被调查的家长依然说"没注意"、"不知道这是幼儿园课程"。这种现象不能被简单地归因为家长不关心、家长看不懂,而是因为幼儿园和班级教师没有主动诠释课程的意识。幼儿园不能寄希望于家长自学,也不能寄希望于家长听一次讲座就能彻底明白和接受幼儿园课程,幼儿园应该结合本园的各种活动向家长渗透课程意识。可是,班级的日常活动与通知总是非常简单地告诉家长配合幼儿园要做的事情,却不向家长阐明做这些事的课程价值与教育目的。

通　知

各位家长:您们好!

下周主题《我的好朋友》请家长为幼儿准备如下物品:

(1)幼儿近期照片一张。

(2)各种豆子,供幼儿点数、分类。

(3)小牛、小猫、小兔子、狐狸的头饰以及玩具小花伞,供幼儿表演。

(4)小镜子一面。

(5)各种发芽的洋葱、大蒜、土豆、地瓜等。

谢谢您对我们工作的理解和支持!

中(2)班

这样的通知在幼儿园比比皆是,且不说第一句话"各位家长您们好!

下周主题《我的好朋友》请家长为幼儿准备如下物品"在措辞和语法上都不够严谨，而且教师没有给家长解释的文本，家长没有"理解"的空间，只能按照清单"支持"班级教师的工作。长此以往，家长自然以为自己只是配合幼儿园做配角、提供服务，自然误以为幼儿园活动确实很多，却没课程。当然，如果教师在通知上没有解释的文本，在以后的活动总结中向家长解释生活材料的教育价值、家长参与活动对幼儿学习和课程建设的意义，那么家长对幼儿园课程就会有既具体又深入的理解了。

3. 围绕家庭组织相关教育内容

幼儿园课程可以自主选择教育内容，教师可以根据"生活即教育"的课程理念，围绕家庭组织教育内容，比如现在很多幼儿园都是以主题的形式设计和选择教育内容，那么教师可以与孩子一起进行"我爱我家"、"我的爸爸妈妈"、"亲亲一家人"、"快乐的一家"等相关主题教育活动。其中，有些活动需要请小朋友了解家长的生活习惯、兴趣爱好和职业特点，可以让小朋友做小记者采访家长，并以图画的形式做记录；还可以让小朋友做一些力所能及的家务事，然后班级每周展示若干个"劳动之星"；节假日很多家长会带孩子出游，可以鼓励小朋友用绘画的形式写"旅行日记"，然后装订成册，"出版"小朋友自己的个性化图书，在全班小朋友之间交流分享。教师在指导家长参与这些课程的时候，不要只是简单地给家长布置任务，要用口头或者书面的形式向家长阐明这些活动的教育意义，让家长不但知其然，而且知其所以然。

4. 通过幼儿影响家长

幼儿是课程的直接受益者，教师引导家长通过幼儿了解课程是一个非常有效的渠道。不管幼儿是在集体教育活动中所获得的学习经验，还是与小朋友交往、参与活动区活动或者教师对孩子进行的个别教育，都渗透了教师有目的、有意识的教育理念与教育方案，都属于幼儿园课程。教师可以鼓励幼儿每天对家长讲述，这样不但锻炼了幼儿的口头表达能力、有意回忆能力和思维的逻辑性与流畅性，而且让家长感受到孩子每

第十二章 在幼儿园课程中渗透家庭教育指导

天在幼儿园的进步与成长。教师可以利用每天下午幼儿离园之前的时间,与幼儿一起总结当天的生活、游戏与学习情况,引导幼儿围绕"今天我给妈妈讲件事"、"今天我的开心事"、"今天我学习的新本领"、"今天我发现的新鲜事"等话题积极、主动地回忆,久而久之,就能培养幼儿主动总结生活、积极表达感受的好习惯。

5. 通过家长教育家长

"家长教育家长"有时比教师指导家长的效果更好。家长群体的范围很广,对于新教师而言,教师与家长之间不甚了解,这时教师要善于做好个别家长的工作,然后发挥他的榜样带动作用;至于个别家长的工作,则可以从个别幼儿入手,鼓励个别幼儿与老师一起邀请家长参与幼儿园的各种活动。榜样家长出现之后,教师可以搭建平台让他与其他家长交流分享自己的经验与体会,可以口头交流,也可以张贴文章,还可以讲座宣读。值得注意的是,教师需要结合家长所做的工作或者所参与的活动,把幼儿园课程的教育理念渗透给家长,有时可以把关键的专业概念与理论告诉家长、写给家长,让家长结合自己的实际情况现身说法,这样就把家长的话语体系与幼儿园的话语体系有机地对接起来,不但提高了榜样家长的认识水平,也通过"家长教育家长"的方式增强了幼儿园课程宣传的说服力与影响力。

6. 提高家长资源的整合能力

幼儿园课程需要丰富的园内外资源的支持,家长资源是最重要的课程资源之一。尤其是园本课程建设,更是离不开家长资源以及社区资源的大力支持。从某种意义上说,任何家长都拥有教育资源,只不过这种资源是以静态的方式存在着的,需要教师去发现与挖掘,才能进入课程成为幼儿的学习资源,因此教师对家长资源的整合能力非常重要。教师一方面要了解家长的职业、兴趣与爱好,另一方面按照服务、助教和管理三个维度(见第八章中"家长志愿者的工作种类")把所有的家长资源进行分类,这样就可以有针对性把家长资源融入到课程建设中,必要的时候可以与家长个别交流或者采取临时招募的办法，采纳家长的建议与接受帮助。值得注意的是，教师不要过度利用家长资源，需要事先征求家长的意愿，不能影响家长的工作与生活；也不要"特别照顾"有家长资源的孩子，这样会给其他家长带来心理压力，造成教育不公平的现象。

7. 课程建设紧跟时代发展

　　幼儿园课程的活力就在于紧跟生活的变化和时代的发展，不局限于一成不变的课本和狭隘有限的课堂空间。幼儿的基本保教目标会随着家庭生活和社会生活的变化而融入新的内容。比如保护幼儿视力一直都是健康教育的重要目标，以往的教育内容一般是教育孩子不要在太暗或者太强的光线下看书，不要边走边看书，注意保持正确的阅读与书写姿势。现在的情况发生了变化，幼儿的视力问题主要产生于过度用眼，比如家长让孩子过长时间地看电视、玩计算机或者玩手机，这是电子产品和数码设备走入千家万户而家长的教育意识不足所导致的问题。对此，有的家长不以为然，有的家长则采取封杀电视与计算机的办法。"不以为然"的态度已经导致孩子的视力下降，"封杀"的态度不但操作起来比较困难，而且把电子设备给孩子带来的益处也拒之门外，正确的态度是对孩子因势利导，趋利避害。但是，幼儿接触电子产品的主要时间是在家庭，并不在幼儿园，为此幼儿园课程需要融入家庭教育指导内容。教师可以首先开展家长调查问卷，了解本班小朋友接触电子传媒的种类、时间、主要行为方式以及家长对此的认识与态度，然后设计一系列的教育活动，既包括在幼儿园对孩子进行用眼常识的教育，还包括对家长进行的家庭教育指导。这样，幼儿园课程就是鲜活的，紧跟时代脚步的，是真正给幼儿及其家长带来福祉的园本课程。

8. 加强家庭教育指导研究

　　幼儿园现在都很重视园本教研和课题研究，但是关注课程比较多，关注家庭教育指导比较少，关注幼儿园课程渗透家庭教育指导的专题更少。这样就导致家庭教育指导在教师的实践之中，却在教师的研究之外。没

第十二章 在幼儿园课程中渗透家庭教育指导  231

有研究的引领,实践经验的总结难以有认识水平的突破,也难以在实践上有实质性的提升。没有家庭教育指导的专题研究,还会导致幼儿园关门搞教研。教师在园里兢兢业业地做研究,家长却不知道,还误以为幼儿园既没有课程也没有研究,不利于树立幼儿教师的专业形象,也不利于幼儿园深入开展家园共育。因此,幼儿园不但应把家庭教育指导纳入幼儿园课程建设的实践之中,还应该纳入园本教研和课题研究之中,以适当的形式邀请家长了解、旁听或者参与到园本教研和课题研究之中,让家长有一定的渠道来了解与认可幼儿园课程及幼儿教师的专业性。

9. 避免幼儿园化的家庭教育指导

幼儿园课程渗透家庭教育指导,能有效地将幼儿园教育与家庭教育有机地结合起来,但是也容易导致幼儿园化的家庭教育指导,也就是说,教师用幼儿园教育的思维来指导家庭教育。突出表现在班级教师过多地向家长摊派任务,主要强调家长支持与配合班级工作,却没有主动关心家长的需求和教育困惑,家长自己的问题始终得不到有效的指导与帮助;家长的服务工作较多,很难看见家长在课程决策与课程评价中的身影。还有一个突出表现就是游戏指导,幼儿教师都知道幼儿园课程"以游戏为基本活动形式",都非常重视游戏指导能力,于是有的教师就把家庭教育指导思路局限在游戏指导方面,要么给家长提供的游戏不便于家长操作,要么要求家长创编亲子游戏,追求表面上的热热闹闹,却不善于从家庭教育的角度关注符合家长需求的家教指导内容。

第十三章

搭建家庭教育指导网络平台

◆ ◆ ◆

张老师班级有几个幼儿的家长频繁到外地出差,还有几个家长出国在外,平时都是爷爷奶奶或者保姆接送孩子,但是孩子的父母还是不放心,非常想了解孩子在园的生活与学习情况。总是一个一个地接打电话也不现实,后来张老师就在互联网上创建了自己的博客,这样每天的20:00—22:00就成为这个班级最活跃的家园沟通时间。那些平时不能亲自接送孩子的家长,通过网络沟通实现了与教师"零距离"的沟通,他们对"远在千里之外能看到孩子和他认识的小朋友","感到很欣慰"。可见,网络延长和拓展了家园沟通的时空。

一、家庭教育指导网络平台的特殊意义

随着网络的迅速发展和民众媒介素养的提高,网络沟通越来越成为年轻教师和家长的选择,这是因为网络沟通具有传统沟通方式所不具备的优点,也反映了信息时代家庭教育指导的新需求、新特点。

1. 网络沟通超越了时空限制

随着现代工作和生活节奏的加快,以及工作场所流动性的频繁,人与人之间面对面的交流常常受到时间和空间的限制,但是幼儿身心健康状况的发展变化很快,生活、游戏、学习、交往习惯也要在日常生活中逐渐养成,这就要求教师与家长之间要经常交流,这就需要家园共育突破时

间与空间的限制。与普通的家园沟通模式相比，网络沟通解决这个矛盾的效果是最好的。不管是教师还是家长，都可以在自己方便的时间和地点阅读、发表或者回复班级留言，网络使人们能够及时了解、沟通和交流信息。

2. 网络沟通实现了多方互动

有效的沟通和交流依赖于丰富的信息来源和积极的互动应答。任何一位沟通成员都可以对任何一条班级留言进行回复，这样教师和家长发出的邀请或者求助信息就可以实现多方互动，提高了家园共育的效果。

有一位妈妈在校友录上说："大家上传了很多集体活动的照片，孩子们很可爱，可惜没有看到强强是什么样子。强强在妈妈肚子里的时候就不爱动，我担心出现什么问题，还专门去检查一次……这里还得请教老师和各位家长，怎样才能锻炼孩子的运动技能？"这条求助信息发表于9:49，接着从当天的19:33到第二天的9:19，有1位老师和7位家长针对这个问题回复了9条消息，他们从多个角度提出了教育建议和方法，让求助的妈妈受益匪浅。

网络沟通使不同的家长在不同的时间和空间实现信息与交流的多方互动，充分发挥了教师与家长之间、家长与家长之间教育资源共享的作用。

3. 网络沟通能更好地满足家长对视频与音频信息的需要

幼儿园是幼儿走出家庭、迈向社会的第一个舞台，家长对年幼的孩子有很多牵挂和担心，对幼儿园和教师也有一个了解和信任的过程，所以家长特别想知道孩子在幼儿园的生活、学习和交往情况。以往，教师要满足家长的这个需求，就得把孩子的在园情况拍摄下来，然后洗出照片给家长看；如果是录像，也得集中一个时间和地点播给家长看或者花费一定的时间把录像内容刻录成光盘发给家长，这两种方式都会给教师增加一定的工作量，家长也需要一定的等待时间。网络沟通能帮助教师把孩子在幼儿园的照片、录音和录像直接上传到网站,家长则可以随时点击收看或者下载这些视频或音频文件,这样教师减少了重复劳动,家长也能更快、更多地获得孩子在幼儿园的多媒体信息。

4. 网络沟通有利于发挥家长的积极性和主动性

虽然一般情况下,网络沟通的管理员是班主任老师,只有他有权限对家长的班级留言、班级相册和各种文件进行删减、修改和调整,但是每个成员都可以在页面上主动发言或者提出倡议,所以每位家长都有机会发挥主人翁作用。调查发现,每逢双休日或者节假日,尤其是寒暑假,常常有家长通过网络倡议开展一些活动,如带领孩子逛公园、去游乐场、看儿童剧、采摘、爬山、春游、秋游或者在某个家庭举行聚会等。家庭之间自由组合、结伴参与这些活动,不但为孩子们的节假日生活增添了快乐,而且为独生子女创造了与同伴交往的机会,从而有助于孩子们社会性的发展。家长在家园共育中的这种主动性与积极性,对教师的幼儿教育起到良好的配合与促进作用。

5. 网络沟通增强了班集体的归属感和凝聚力

班级不等于班集体,班级是幼儿园按照一定标准编成固定人数的教学组织形式,因此有幼儿园就有班级,但班级不一定就能形成班集体,有共同的奋斗目标和较强的凝聚力的班级才是班集体。由于幼儿的班集体意识比较弱,所以教师塑造班集体的能力以及家长的班集体意识对于推动班级群体的发展具有重要作用。网络信息传递与交流平台使教师能够及时地对家长进行健康、卫生和安全教育方面的提示,家长之间也能进行保育和教育经验的交流。尤其是孩子一生病就容易紧张的年轻父母,以及孩子一有行为问题就不知所措的家长,会在网络沟通中感受到温暖、关怀与帮助。班级中的每个孩子作为与自己孩子健康成长密切相关的重要他人(important others),让家长感受到了一个相亲相爱的班集体对于孩子的重要意义。所以,网络沟通增强了班集体的归属感,培养了家长在家园共育中的凝聚力。比如有一个学年是个"多事之秋",除了班级惯常的教育和班级事务以外，国家相继发生了一些重大事件：雪灾、手足口疫情、地震、大型体育赛事。社会生活是幼儿教育的天然资源，很多班级家长都通过网络主动发起了捐助赈灾、疾病防控和体育健身的系列活动，有的活动是教师组织的，有的活动是家长组织的，这样幼儿园和家庭之间密切合作，展现了一个团结、上进的班集体面貌，为幼儿营造了良好的成长环境。

二、家庭教育指导网络平台的主要形式

网络沟通是利用基于信息技术的计算机互联网络来实现信息沟通的方式，并因信息技术的不同而提供了不同形式、不同特点的网络沟通平台。根据目前互联网技术发展现状和幼儿教育工作的性质，教师通常选择以下六种网络沟通形式。

1. E-mail

E-mail 是电子邮件，又称电子信箱、电子邮政，是互联网应用最广的服务，它可以把文字、图像、声音等文件以非常低廉的价格和非常快速的方式，与世界上任何一个角落的网络用户联系。E-mail 传输的信件内容只有收发双方可以阅读，所以适合交流一些不便让第三者知道的话题（群发邮件除外），适合一对一的家庭教育咨询和家庭教育指导。

2. 微信和飞信

教师以班级为单位组建微信或飞信收发群体，是近年兴起的家园联系方式，具有信息量大、传播速度快、使用灵活的特点，可以作为电话联系方式的补充和拓展。微信或飞信通过手机或计算机实现群发短信的功能，可以使教师一次性通知所有家长，也能与家长进行个别交流。家长也可以即时回复短信给教师，实现家园双向交流，避免了家长打扰教师带班或者教师找不到家长的尴尬局面。

3. 微博

微博即微型博客，是目前最受人们欢迎的博客形式。微博作者不需要撰写很长的文章，大部分微博限制在140字以内。大部分人用微博表达心情，传递通知，转发消息。

4. 博客

博客，又被译为网络日志，是一种通常由个人管理、不定期张贴新文章的个性化沟通平台。它能够让人们简易、迅速、便捷地发布自己的心得，同时它所提供的内容又是公开的，可以用来进行互动交流。很多教师使用博客发表自己的教育计划与内容以及教育心得体会，传达班级最新动态，上传班级活动照片或者转发别人的好文章等。家长则可以浏览、复制、下载或者留言。很多家长也有博客，这样多个博客之间可以进行链接，扩大彼此的博客圈。博客对教师的要求较高，能够较好地体现教师的敬业精神和专业水平。

5. QQ群

QQ是一种免费聊天工具，人们可以在QQ上建立QQ群。群主在创建群以后，可以邀请朋友或者有共同兴趣爱好的人到一个群里面聊天，还可以使用群BBS、相册、共享文件等多种方式进行交流。普通群可加入100人，高级群可加入200人，实现在线实时互动交流。QQ群为大家创设了自由关注、自由对话和自由谈论的空间，方便人们以聊天的形式询问或者讨论育儿话题，具有集思广益的积极作用。

6. 班级校友录

校友录在网络上营造了一个相对封闭的班级氛围，具有使人们多方互动、畅所欲言的优势。如果教师带着一个班级从小班升到中班再到大班，那么这个校友录就可以连续使用三年；如果教师在新学年带了新班级，原班的校友录一般就会解散，教师需要为新班家长重新建立班级校友录。

三、家庭教育指导网络平台的主要问题

网络平台的多种形式在家庭教育指导中所发挥的特殊意义，一方面依赖于网络和计算机等硬件设备的保障，另一方面依赖于班级教师是否善于解决在网络平台创建和发展过程中出现的问题。

1. 沟通内容要有所选择、及时更新

网络沟通方式本身并没有问题，确实密切了教师与家长的关系，但教师应该分清幼儿园与家庭的教育责任各有侧重，注意沟通内容，有所选择地将一些有利于促进幼儿发展的情况告知家长，倡导积极向上、科学保教的话题，不要事无巨细、罗列堆砌，也不要随意向家长摊派任务、布置作业，间接地把幼儿园的工作转移给家长。比如班级开展主题教育活动，有的教师过多地让家长承担了资料收集的任务，让家长感觉有压力又难以拒绝。

网络的生命力在于信息更新速度快，教师要及时上传新的文字、照片或者视频，及时回复家长的留言。因为不断有新内容出现，家长才愿意上网访问。当然，教师会遇到工作忙、时间紧的情况，为此班级三位教师可以轮流上网，也可以邀请热心的家长暂时代为管理网络，以保持网络沟通的活跃状态。

2. 探索幼儿在网络沟通中的主体地位

因为幼儿的年龄较小，还不完全具备使用网络的能力，所以网络沟通的用户名一般都是幼儿的姓名或者乳名，发言的成员则主要是幼儿家长，也很少有教师和家长注意到应该调动幼儿发言的积极性，网络成了名副其实的"家长俱乐部"，这是幼儿园网络区别于大学、中学和小学班级网络平台的重要特点。实际上，让幼儿理解老师和家长怎样关心自己，并学会关心老师和家长以及小朋友之间互相关心，也是幼儿教育的一个重要方面，教师和家长应该进一步发挥幼儿在网络沟通中的主体地位。

3. 进一步改进网络沟通的风格与特点

众所周知，网络语言以灵活、机智、幽默见长，阅读起来感觉轻松、有趣，已经形成独特的风格。幼儿园网络沟通以幼儿教育为主，所以不会像休闲娱乐的网络论坛那样随意。目前，幼儿园网络沟通风格比较朴实、真诚、清新，洋溢着文明、健康的风尚，这是需要发扬的好传统。

现在还存在的问题是，有的教师原文照搬了较多和较长的文章，阅读起来比较累，所以家长的阅读率比较低，互动发言也比较少。教师要对文章有所选择，有所摘要，有所提示，加强理论知识与实际的联系，以引起家长的阅读、思考和讨论，这样才能真正发挥网络论坛的特殊作用。

4. 网络沟通不宜太随意，注意维护教师形象

在各种网络沟通形式中，博客是较为认真严谨的，微博、飞信、微信、QQ 群就比较随意，前者主要是发布消息、上传教育计划和活动方案，总结和反思比较多；后者表达情绪比较多，但是教师表达的内容仍然不宜太过随意。

一位上海的幼儿园老师在微博上上传了本班小朋友的一张照片：一个穿粉红色上衣的小女孩伏在墙边，该教师称她"不正常"。该微博被许多网友愤怒地转发，虽然该教师表示自己在网上骂小朋友"并不是出于恶意，是在开玩笑"，但是负面影响还是很大。

一位苏州的幼儿园老师在微博上上传了一张清晰的孩子哭泣的照片，并说："恶心的人又开始发病……一天哭无数次，他家要死人了……"这条微博一发，立刻遭到网友们的集体声讨，尽管这位教师随后删除了微博并致歉，但是已经无法正常地开展工作。

可见，教师要善用网络传播正面信息，网络上的"言谈举止"也要注意维护教师形象。

四、家庭教育指导网络平台的关键策略

家庭教育指导网络平台是一种现代化的互动交流途径，需要教师掌握一些新技术、新方法，摸索出一套网上沟通的新策略。

1. 克服抵触心理，避免功能性文盲

对于有的教师来说，网络沟通属于新事物，他们既怕麻烦又担心自己学不会，因而迟迟不愿尝试。事实上，网络属于大众传媒，具有简单易学的特点，真正的困难不在于操作技巧，而是心理退缩、心理抵触。在现代社会，这种退缩心理会导致"功能性文盲"。这是联合国提出的新文盲现象，指的是受过一定传统教育，会基本的读、写、算，却不能识别现代信息符号及图表，无法利用现代化生活设施的人。过度落后于时代的发展，不但影响工作，也会与自己的孩子形成代沟。功能性文盲并不可怕，每个人都有成为功能性文盲的可能，只要保持不断学习的心态，积极地、循序渐进地尝试新事物，就会避免自己成为功能性文盲。

2. 具有良好的职业意识与进取精神

调查发现，有的幼儿园是所有教师都利用网络沟通平台，有的幼儿园是部分教师自觉自愿地选择网络沟通方式。教师最初使用不熟练的时候，经常会在下班以后利用自己的业余时间做家庭教育指导工作。当问他们为什么这么做的时候，三位班主任分别从不同的角度表达了自己的价值观念。小班班主任说："每个人对自己的要求是不一样的，我做事情就喜欢尽善尽美，这样我才感觉到踏实和满足。"中班班主任说："我喜欢尝试新鲜事物，再说年轻人就应该有创新精神。"大班班主任说："家长工作对于我开展班级工作太重要了，网络沟通大大提高了家长工作的效率和效果。"可见，搭建网络家庭教育指导平台需要教师具备良好的职业追求和自觉自愿的奉献精神。

3. 现实班级氛围决定网络的班级氛围

网络沟通是现实班级的家园关系在网络上的自然延伸，所以现实的班级氛围决定了网络的班级氛围。班级成员之间只有相互尊重、相互关心、团结向上，网络沟通才能有活力。班主任在营造平和、温馨的班集体氛围方面，发挥着主导作用和协调作用。班主任是班集体的主心骨，要主动关心幼儿和家长，主动发起论坛主题，主动回复家长疑问。比如当幼儿过生日、生病了或取得了进步时，教师要主动问候；当幼儿之间、家长之间或幼儿、家长与教师之间有什么误会时，也要主动调解。总之，网络平台的工作效果要以日常工作为基础，班主任和班级教师只有营造良好的班集体氛围，才能卓有成效地利用网络平台开展工作。

4. 多种网络沟通形式相结合

现在的普通用户网络平台越来越便于操作，技术更新也很快，因而喜欢和熟练使用网络的教师会"一通百通"、"无师自通"，并综合利用各种网络沟通方式辅助开展工作。有的幼儿园有自己的网站，同时为每个班级开辟了博客空间，这样幼儿园官网与教师博客联系在一起，很受教师和家长的欢迎。有的教师已经建立了博客，发表一些篇幅长的、品质高的内容；同时开通微信、飞信或者QQ群，用于发布通知或者做简短的沟通。有的教师发现有的家长是"微博控"、"QQ控"，便发挥他们的积极性和主人翁精神，邀请他们承担班级的部分网络沟通工作。

5. 与传统沟通方式相结合

网络沟通具有特殊的优势，但它也不是万能的，不能完全取代传统沟通方式的作用。比如网络信息过于繁杂，分散了家长的注意力，对家长辨别信息的真伪也是一个考验；网络沟通缺乏面对面交谈时表情、动作和情境所传达的丰富语义；网络沟通虽然扩大了人与人之间的横向沟通范围，但是纵向沟通被弱化了，难以进行一对一的深入交流。有的班级家长以祖辈和保姆为主，他们的网络媒介素养比较弱，使用网络有困难。因此，教师要根据工作需要，把传统沟通方式与网络沟通方式有机地结合起来，把线上交流与线下交流有机地结合起来，最大限度地发挥各种沟通方式对工作促进的效果。

6. 尊重隐私和知识产权

博客空间是完全开放的，其他网络沟通方式也是面对部分群体开放的，因此存在隐私权和知识产权问题。教师经常会上传一些幼儿的照片和视频文件，记录一些孩子的成长故事，这样就会涉及幼儿的肖像权与隐私权，为此教师应该征求家长的意见甚至签署协议，得到家长同意之后再上传文件。有时教师还会推荐和转发一些比较好的文章，自己写文章的时候可能也会引用别人的观点或者研究成果，这些要求教师均要注明出处，尊重作者的知识产权。有的网络沟通平台既有开放空间，也有私密空间，设置了"悄悄话"、"发短信"等互动栏目，教师和家长之间可以在此就平时面对面交流不方便，或者在集体留言板交流不方便的话题进行交谈。

7. 注意保护孩子的安全

幼儿很少直接参与网络交流，但是他们的信息和照片经常被"晒"在网上，给孩子的安全带来隐患。南方有一个人贩子就是从网络上打印了孩子的照片，冒充孩子的舅舅去幼儿园接孩子，所幸幼儿园保安比较警觉，人贩子没有得逞。事情虽然"有惊无险"，但是足以引起教师和家长的警惕。有的家长喜欢通过微博或社交网络"晒"宝宝的"萌照"，分享生活趣事；有的家长还把孩子的照片作为微博头像，总会在微博中提到孩子以及所在幼儿园的名字，上传的图片也经常会暴露自己居住的小区，自己的行程和生活习惯都会被"关注"到，给他人留下可乘之机。因此，教师和家长在网络交流中要注意保护孩子的隐私与安全，接送孩子的人务必是稳定的家人。

8. 配套的幼儿园管理与支持

家庭教育指导网络平台需要幼儿园提供一定的硬件支持，如数码照相机、数码摄像机、计算机、宽带、局域网等。管理上配套的"软件支持"同样重要，因为班级教师收集、整理、编辑、撰写文件都需要时间，所以幼儿园需要调整教师的工作方式与工作量,有的工作内容可以适当削减,有的工作内容可以妥善合并,不要让教师长期透支时间与精力。比较稳妥的做法是幼儿园先选择几位班级教师做尝试,发现问题之后在管理上做相应的调整,如果调整的效果不错,在积累了一些有益的经验之后,再在全园推广。

五、网上留言与回复的方法

多留言、多回复是网络沟通"火爆"的法宝。但是因为教师与家长之间的留言与回复,其实是一种建立在家园互动基础之上的家庭教育指导方式,留言与回复之间有很强的针对性;同时作为教育工作的一部分,这种回复方式具有一定的表达特点,需要教师妥善运用。

(一)网上留言与回复的语言特点

教师与家长之间的网络留言与回复具有介于口语和书面语两者之间的特点。它既不能像正式的书面表达那样用过多的术语和过长的句式,又不能像口语交流那样依赖关键词和当时的语境,即用不完整的句式就能达到沟通交流的效果。由于教师与家长之间是一种工作关系,也不能像对待朋友那样语气过于随意。另外,很多网络平台的留言和回复是公开的,会留下书面记录,而"白纸黑字"的痕迹代表教师的形象,所以教师要用严谨、认真而又自然、轻松的语言完成回复工作。

(二)网上留言与回复的技巧

沟通重在你一言我一言,有对话有交流才不会冷场,网上沟通也是如此。但是网络沟通的迅捷性和公开性要求教师掌握网上留言与回复的技巧,才能使网络沟通扬长避短。

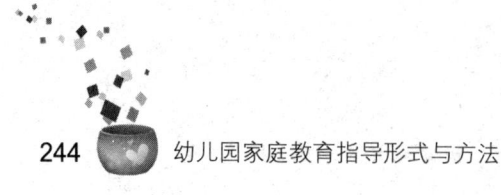

1. "及时"是基本礼仪

既然开通了网络沟通平台，那么"及时沟通"就是第一要义，反映了教师对家长的尊重和网络沟通的基本礼仪。如果家长没有面对面提问，也没有电话询问，说明家长并非急于请教师回答，而是给教师一定的缓冲时间；但这不意味着教师就可以数日不予回复，延迟的态度会打击家长与教师互动交流的积极性，降低网络人气。虽然教师未必当日就能回复，但最迟应该在三日之内回复；如果有放假、请假、出差、计算机、网络等方面的问题造成回复延迟的情况，教师需要诚恳地向家长做出解释。

2. 嘘寒问暖聚集人气

没有人气，网络交流会很寂寞；主动关心家长，多给家长贴心的提示和真诚的祝福，人气必然逐步升高。

一位幼儿教师平时待人热情、富有活力，在微博中依旧散发着这种人格魅力。她除了经常发布班级活动和教育心得以外，也会频繁地发一些充满爱心与快乐的短信息，比如"今天宝宝对着镜子笑了吗？摆出一个酷酷的造型吧！""3月8日是妈妈的节日，祝美丽又辛勤的妈妈们节日快乐！""天气寒冷湿滑，路上请注意安全。""夏天要多喝白开水，少吃冷饮，老师希望宝宝们身体棒棒的！"

从该教师随时随地所发的微博可以看出，老师对孩子的爱、对家长的提醒也是随时随地的。这位教师深受家长的"追捧"，家长们纷纷加入她的微博，成为她的"粉丝"。因此，该教师通过微博发送的信息几乎"一呼百应"，家园关系非常融洽。

3. 短信发送的四个要领

手机短信以及微信、飞信是目前教师经常发送通知的途径。短信内容字数少、编辑简单、可以群发，具有方便使用的特点。然而，调查发现，目前教师发送短信存在四个问题，需要教师尽量避免与克服。

● 措辞不准确，内容模糊。比如"明天下午四点开家长会，请准时到

达。"教师可能以为自己写得很清楚,却没有从阅读者的角度考虑问题。"明天"应该改为"几月几日星期几",并且应注明开家长会的具体地点。

- 发号施令,缺乏尊重。比如"明天幼儿园有参观,家长务必给孩子穿园服,切记!"教师虽然把事情表达得很清楚,但是语气强硬,给人发号施令的感觉,对人缺乏尊重。可以改为:"明天幼儿园有参观,统一穿园服可以显示良好的精神风貌,请您记着为孩子穿园服哦,谢谢支持!"
- 错别字较多,有语法错误,缺乏文字修养。教师编辑短信的时候应该打好腹稿,发送前再仔细检查一两遍。
- 经常出现"刚才信息发错了"等随意发送现象,还有的教师不署名,或者仅写一个姓,这些都是不礼貌的表现。教师发送信息的时候不要急躁,应该署上完整的姓名;平时给家长打电话的时候,也应该首先自报姓名。

4. 理性面对"不客气"的留言

网络交流并非总是一派和气,有的家长会用匿名的方式发出质疑,言辞生硬在所难免。一位家长的留言是这样的:"连续三天送孩子入园,都发现小朋友的马桶坏了,却一直没人修,难道非要家长找上级才能解决问题吗?老师没有看见吗?为什么不及时报修?女孩子怎么上厕所?"还有一位家长留言:"儿子回家之后就给我一张广告纸,说是老师让他给爸爸妈妈的,要求我必须周日带孩子去一个体验馆。幼儿园怎么能发小广告呢?让孩子传递广告更阴险,幼儿园不要有商业行为,玷污了孩子纯洁的心灵!"从言辞中可见家长已经产生不满情绪,如果教师认为事实并非完全如此,觉得自己被误解、很委屈,就更要注意控制自己的情绪,理性面对家长"不客气"的留言。教师需要尽快澄清事实而不是一味地辩解,尽快制订出解决问题的方案,并以诚恳、客气的态度回复家长的留言。

5. 回复应该简洁又全面

网络留言公开呈现之后，会产生"仁者见仁，智者见智"的反应。作为教师，既不能回避网络回复，又不宜过于展开细节。回复留言除了及时、礼貌、理性之外，还应该简洁而又全面，尽量从各个角度澄清事实，帮助家长消除疑虑。

一位中班家长接孩子回家之后，发现孩子的屁股和裤子上还有大便，就对教师的保育工作产生了不满的情绪。教师立即做了简洁而又全面的回复。教师首先向孩子及其家长表示道歉，同时又阐述了中班保育工作情况。教师说："开学第一天，老师就教导所有小朋友上中班要学会三项本领：使用筷子，做值日生和自己擦小屁股。老师会给孩子一个过渡适应的时期，先让小朋友自己擦屁股，然后再帮助孩子检查一遍，同时指导孩子擦屁股的正确方法。您的宝宝所出现的情况我已经调查了。孩子离园前进厕所的时候跟老师说小便，结果他大便了，最后就自己擦了屁股出来了，而老师并不知道他大便了。请您相信孩子，理解老师，我们一方面会加强护理，另一方面会不断地锻炼孩子的自我服务能力，孩子的自理能力一定会不断地得到提高的。"

6. 不便回复则预约面谈

有些问题虽然是家长网上留言提出的，但如果教师不便公开回复或者网络回复需要使用较多的字节，可以由线上交流改为线下交流。同时，教师需要在留言上表明已与该家长"预约面谈"，用于告知关注这一留言的其他家长问题已经得到解决。

附 录

全国家庭教育指导大纲（幼儿部分）

◆ ◆ ◆

为了深入贯彻落实《中共中央国务院关于进一步加强和改进未成年人思想道德建设的若干意见》，提高全国家庭教育总体水平，促进儿童全面健康发展，依据《中华人民共和国未成年人保护法》、《中华人民共和国义务教育法》、《中华人民共和国母婴保健法》、《中华人民共和国预防未成年人犯罪法》等法律法规，特制定《全国家庭教育指导大纲》（以下简称《大纲》）。

一、适用范围

《大纲》适用于各级各类家庭教育指导机构和相关职能部门、社会团体、宣传媒体等组织对新婚夫妇、孕妇、18岁以下儿童的家长或监护人开展的家庭教育指导行为。

二、指导原则

家庭教育指导应注重科学性、针对性和适用性。一是坚持"儿童为本"原则。家庭教育指导应尊重儿童身心发展规律，尊重儿童合理需要与个性，创设适合儿童成长的必要条件和生活情景，保护儿童的合法权益，特别关注女孩的合法权益，促进儿童自然发展、全面发展、充分发展。二是坚持"家长主体"原则。指导者应确立为家长服务的观念，了解不同类型家庭之家长需求，尊重家长愿望，调动家长参与的积极性，重视发挥父母双方在指导过程中的主体作用和影响，指导家长确立责任意识，不断学习、掌握有关家庭教育的知识，提高自身修养，为子女树立榜样，为其健

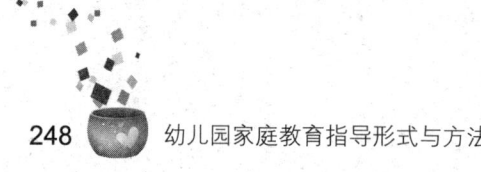

康成长提供必要条件。三是坚持"多向互动"原则。家庭教育指导应建立指导者与家长、儿童，家长与家长，家庭之间，家校之间的互动，努力形成相互学习、相互尊重、相互促进的环境与条件。

三、家庭教育指导内容及要求

（一）新婚期及孕期的家庭教育指导

1. 家庭教育指导重点

新婚期及孕期的家庭教育指导主要是引导夫妇共同做好优生、优育、优教的知识准备，并为新生命的诞生做好心理准备和物质准备。

2. 家庭教育指导内容要点

（1）重视婚检、孕前检查和优生指导，提高出生人口素质。鼓励新婚夫妇主动参与婚前医学健康检查，选择适宜的受孕年龄和季节，并注意形成良好的生活习惯，鼓励计划怀孕夫妇在怀孕前参加健康教育、健康检查、风险评估、咨询指导等专项服务。对于大龄孕妇、有致畸因素接触史的孕妇、怀孕后有疾病的孕妇以及具有其他不利优生因素的孕妇，督促其做好产前医学健康咨询及诊断。对于不孕不育者，引导其科学诊断、对症治疗，并给予心理辅导。

（2）关注孕期保健，孕育健康胎儿。指导孕妇掌握优生优育知识，配合医院进行孕期筛查和产前诊断，做到早发现，早干预；避免烟酒、农药、化肥、辐射等化学物理致畸因素，预防病毒、寄生虫等致畸因素的影响；科学地增加营养、合理作息、适度运动，进行心理调适，促进胎儿健康发育。

（3）做好相应准备，迎接新生命降临。指导准家长做好新生儿出生的相应准备，学习育儿的方法和技巧，购置儿童生活必备用品和保障母婴健康的基本卫生用品，营造安全温馨的家庭环境。

（4）提倡自然分娩，保障母婴健康。加大宣传力度，指导孕妇认识自然分娩的益处，认真做好孕妇产前医学检查，并协助舒缓临盆孕妇的焦虑心理。

附 录 全国家庭教育指导大纲（幼儿部分）  249

(二) 0—3岁年龄段的家庭教育指导

1. 0—3岁儿童的身心发展特点

婴幼儿期即从出生到大约3岁，是个体神经系统结构发展的重要时期，儿童身高和体重均有显著增长；遵循由头至脚、由中心至外围、由大动作至小动作的发展原则，逐渐掌握人类行为的基本动作；语言迅速发展；表现出一定的交往倾向，乐于探索周围世界；逐步建立亲子依恋关系。

2. 家庭教育指导内容要点

(1) 提倡母乳喂养，增强婴儿免疫力。指导乳母加强乳房保健，在产后尽早用正确的方法哺乳；在睡眠、情绪和健康等方面保持良好状态，科学饮食，增加营养；在母乳不充分的阶段采取科学的混合喂养方法，适时添加辅食。

(2) 鼓励主动学习，掌握儿童日常养育和照料的科学方法。指导家长按时为儿童预防接种，培养儿童健康的卫生习惯，注意科学的饮食调配；及早对孩子进行发展干预，让孩子多看、多听、多运动、多抚触，带领儿童开展适当的运动、游戏，增强儿童体质；了解儿童成长阶段的特点和表现，学会倾听、分辨儿童的"语言"，安抚儿童的情绪；学会了解儿童的发病征兆及应对方法，掌握病后护理常识。

(3) 设定生活规则，养成儿童良好的生活行为习惯。指导家长了解婴幼儿成长的规律及特点，为儿童设定日常生活规则，并按照规则指导儿童的日常生活行为；重视发挥父亲的角色作用，利用生活场景进行随机教育；指导家长采用鼓励、表扬等正面强化教育措施，塑造儿童的健康生活方式。

(4) 加强感知训练，提高儿童感官能力，预防儿童伤害。指导家长创设儿童自如爬行、充分活动的独立空间与条件，随时、充分地利用日常生活中的真实物品和现象，挖掘其内含的教育价值，让儿童在爬行、观察、听闻、触摸等训练过程中获得各种感官活动的经验，促进儿童的感官发展。同时要加强家庭保护，防止意外伤害发生。

(5)关注儿童需求,激发儿童想象力和好奇心。指导家长为儿童提供抓握、把玩、涂鸦、拆卸等活动的设施、工具和材料;用亲子游戏的形式发展儿童双手协调、手眼协调等精细动作;用心欣赏儿童的行为和作品并给予鼓励,分享儿童的快乐,促进儿童直觉动作思维发展,满足儿童好奇、好玩的认知需要。

(6)提供言语示范,促进儿童语言能力发展。指导家长为儿童创设宽松愉快的语言环境;提高自身口语素养,为儿童提供良好的言语示范;为儿童的语言学习和模仿提供丰富的物质材料,运用多种方法鼓励儿童多开口;积极回应儿童的言语需求,鼓励儿童之间的模仿和交流。

(7)加强亲子沟通,养成儿童良好情绪。指导家长关注、尊重、理解儿童的情绪,多给与儿童鼓励和支持;学习亲子沟通的技巧,以民主、平等、开放的姿态与儿童沟通;客观了解和合理对待儿童过度的情绪化行为,有针对性地实施适合儿童个性的教养策略。培养良好的亲子依恋关系。

(8)帮助儿童适应幼儿园生活。入园前,指导家长有意识地养成儿童自理能力、听从指令并遵循简单规则的能力等。入园后,指导家长积极了解儿童对幼儿园的适应情况,在儿童出现不良情绪时通过耐心沟通与疏导来稳定儿童的情绪,分析入园不适应的原因,正确面对分离焦虑。

(三)4—6岁年龄段的家庭教育指导

1. 4—6岁儿童的身心发展特点

4—6岁是儿童身心快速发展时期,具体表现在:儿童的身高、体重、大脑、神经、动作技能等方面获得长足的进步;大肌肉的发展已能保证儿童从事各种简单活动;儿童直觉行动思维相当熟练,并逐渐掌握具体形象思维;儿童词汇量迅速增长,基本掌握各种语法结构;儿童开始表现出一定兴趣、爱好、脾气等个性倾向以及与同伴一起玩耍的倾向。

2. 家庭教育指导内容要点

(1)加强儿童营养保健和体育锻炼。指导家长带领儿童积极开展体育锻炼;根据儿童的个人特点,寻找科学合理而又能为儿童接受的膳食方式;科学搭配儿童饮食,做到营养均衡、种类多样、比例适当、饮食定量、调配得当;不断学习关于儿童营养的新理念、新知识。

(2) 培养儿童良好的生活和卫生习惯。指导家长与儿童一起制定儿童的家庭生活作息制度;积极运用奖励与忽视并行的方式纠正并消除儿童不良的行为方式与癖好;定期带领儿童进行健康检查。

(3) 抓好安全教育,减少儿童意外伤害。指导家长提高安全意识,尽可能消除居室和周边环境中的伤害性因素;以良好的榜样影响、教育、启迪儿童;结合儿童的生活和学习,在共同参与的过程中对儿童实施安全教育,提高儿童的生命意识;重视儿童的体能素质,通过活动提高其自我保护能力。

(4) 培养儿童良好的人际交往能力。指导家长关注儿童日常交往行为,对儿童的交往态度、行为和技巧及时提供帮助和辅导;注意培养儿童多方面的兴趣、爱好和特长,增强儿童交往的自信心;开展角色扮演游戏,帮助儿童在家中练习社交技巧,并积极为儿童创造与同伴交往的机会,培养儿童乐于与人交往的习惯和品质。

(5) 增强儿童社会适应性,培养儿童抗挫折能力。指导家长鼓励儿童以开放的心态充分展示自己,同时树立面对挫折的良好榜样;充分利用传播媒介,引导儿童学习面对挫折的方法;适时、适宜地在儿童成长过程中创设面对变化与应对挫折的生活情境与锻炼机会;在儿童遇到困难时以鼓励、疏导的方式给孩子以必要的帮助与支持。

(6) 丰富儿童感性知识,激发儿童早期智能。指导家长带领儿童关心周围事物及现象,多开展户外活动,以开阔儿童的眼界,丰富儿童的感性知识;灵活采用个别化教育手段,有针对性地鼓励儿童积极活动、主动参与、积累经验、发展潜能;改变传统的灌输、说教方式,以开放互动的方式让儿童在玩中学、在操作中探索、在游戏中成长。

(四) 7—12岁年龄段的家庭教育指导(略)

(五) 13—15岁年龄段的家庭教育指导(略)

（六）16—18岁年龄段的家庭教育指导（略）

（七）特殊儿童、特殊家庭及灾害背景下的家庭教育指导（略）

四、保障措施（略）

全国妇联　　教育部

中央文明办　　民政部

卫生部　　国家人口计生委

中国关工委

2010年2月8日

万千教育 学前教育类书目

书号	书名	著、译者	定价(元)
幼儿园家长工作指导			
2345	幼儿成长揭秘——常见问题分析与家园共育策略	王普华 等 著	48.00
1934	幼儿教师与家长沟通之道（第二版）	晏红 著	46.00
364	幼儿园家长工作技能与艺术	莫源秋 编著	45.00
806	破解家园沟通的44个难题	胡剑红 主编	35.00
9610	幼儿教师的家长工作技巧	张春炬 主编	34.00
9592	幼儿园家长开放日活动设计与实践指导	卢筱红 主编	25.00
9322	幼儿园家庭教育指导形式与方法	晏红 著	34.00
幼儿园家长工作指导合计			267.00
幼儿园教师教育技能与活动指导			
2096	让幼儿都爱听你说（第二版）	马希武 等 译	36.00
1707	有力的师幼互动	王连江 译	36.00
9903	幼儿教师与幼儿有效互动策略	莫源秋 等 编著	35.00
1197	幼儿教育中的心理效应	莫源秋 等 编著	32.00

9950	让幼儿都爱听你说 ——幼儿教师说话的艺术	马希武 等 译	20.00
8953	幼儿教师实用教育教学技能	莫源秋 等 著	30.00
784	幼儿教师必须掌握的教育技巧	莫源秋 著	35.00
193	跟蒙台梭利学做快乐的幼儿教师	刘 文 主编	58.00
7511	做幼儿喜爱的魅力教师	莫源秋 著	25.00
7303	老师，你在听吗？ ——幼儿教育活动中的师幼对话	汪寒鹭 等 译	28.00
幼儿园教师教育技能与活动指导合计			335.00

幼儿心理与发展指导			
2205	幼儿行为管理的方法与策略	莫源秋 著	46.00
1779	幼儿情绪管理的方法与策略	莫源秋 著	48.00
9496	透视幼儿心理世界 ——给幼儿教师和家长的心理学建议	冯夏婷 主编	36.00
0783	透视0—3岁婴幼儿心理世界 ——给教师和家长的心理学建议	冯夏婷 主编	38.00
0183	幼儿常见心理行为问题：诊断与教育	莫源秋 著	38.00
6608	幼儿心理健康教育	刘 文 编著	25.00
幼儿心理与发展指导合计			231.00

幼儿行为观察与应对指导			
2308	0—8岁儿童纪律教育 ——给教师和家长的心理学建议（第七版）	蔡 菡 译	72.00

......
欲了解更多图书信息，请登录：www.wqedu.com
联系地址：北京市西城区三里河路6号院2号楼213室　万千教育
咨询电话：010-65181109，65262933

*本目录定价如有错误或变动，以实际出书为准。